U0904795

风险视角下投资与分红的最优策略研究

Fengxian Shijiaoxia Touzi yu Fenhong de Zuiyou Celüe Yanjiu

王跃　林桐　刘璐　张帮正　王玉峰　著

西南财经大学出版社
Southwestern University of Finance & Economics Press

中国·成都

图书在版编目(CIP)数据

风险视角下投资与分红的最优策略研究/王跃等著.—成都:西南财经大学出版社,2020.12
ISBN 978-7-5504-4440-9

Ⅰ.①风… Ⅱ.①王… Ⅲ.①证券投资—风险管理—研究
Ⅳ.①F830.91

中国版本图书馆 CIP 数据核字(2020)第 111289 号

风险视角下投资与分红的最优策略研究
王跃　林桐　刘璐　张帮正　王玉峰　著

策划编辑:王琳
责任编辑:王琳
封面设计:张姗姗
责任印制:朱曼丽

出版发行	西南财经大学出版社(四川省成都市光华村街 55 号)
网　　址	http://www.bookcj.com
电子邮件	bookcj@foxmail.com
邮政编码	610074
电　　话	028-87353785
照　　排	四川胜翔数码印务设计有限公司
印　　刷	四川新财印务有限公司
成品尺寸	170mm×240mm
印　　张	15.5
字　　数	268 千字
版　　次	2020 年 12 月第 1 版
印　　次	2020 年 12 月第 1 次印刷
书　　号	ISBN 978-7-5504-4440-9
定　　价	88.00 元

前　言

本书主要研究风险视角下投资与分红最优策略问题。最优投资组合的目标是寻找最优策略，使得投资者选择的投资组合在收益和风险这两方面达到最优均衡；最优分红是考虑漂移和扩散系数存在随机波动风险的情况下，在某种约束下找到最优策略，使得投资者或股东的效用最大化。

国家统计局公布的数据显示，2018 年中国国民平均可支配收入为 28 228元。其中，城镇人均可支配收入为 39 251 元。随着人们可支配收入的逐年增加，如何合理投资成为人们需要面对的新的课题，尤其对于其中需要分散投资以期保值甚至增值的大众富裕阶层，解决这个问题变得尤为急迫。福布斯推出的《2017 年中国大众富裕阶层理财趋势报告》显示，2017 年年底，家庭可投资资产在 100 万~500 万元的中国大众富裕阶层人数达 2 092 万人；截至 2020 年年底，人数将突破 3 000 万人。报告显示，固定收益类产品、基金及股票是大众富裕阶层青睐的三种金融投资产品。其中，固定收益类产品主要包含国债、地方政府债券、金融债券和信用债券，基金主要包含股票型基金、债券型基金和股票债券混合型基金。因此，如何在一定的资金约束下，对以股票和债券为主体的金融产品进行最优配比，成为当前中国家庭和个人面临的相当紧迫的社会问题。除了家庭和个人，拥有巨额资金的金融机构也面临如何合理投资的难题。例如，《中国基金报》报道，2018 年公私募基金共募集 25.79 万亿元的巨额资金。另外，《中国社会保险发展年度报告 2018》显示，2018 年全国城镇企业养老保险基金累计结余近 5 万亿元，其他机构的可投资资金也巨大，如何使用这些资金进行合理的投资，特别是在控制风险的前提下保证较大收益，是学术界和业界讨论的热点问题。本书第一部分就研究了基于最大化风险调整收益的带广义线性约束的任意多项风险资产的静态和动态最优投资组合问题。

分红，是指股份公司盈利后，每年依照一定的规则，将公司利润的一部分分发给投资者或股东。如果一个公司持续不断地分红，很大程度上说明，公司管理层有信心在将来的经营中一定能够盈利，这种举措最重要的作用是，给股东或投资者，甚至经营者本身带来信心和激励。收到红利的投资者或股东，基于对公司的信心，一般会重新对公司进行投资，这个投资可能比公司发放的红利要多得多，因此，分红表面上是减少了公司的流动资金，实际上反而提升了公司的价值。

成熟的资本主义市场，如美国，早就看到了分红的必要性和重要性，美国经济学家拉佐尼克（William Lazonick）针对标准普尔500成分股的现金分红和股票回购情况进行了一项研究，2004—2013年始终位列标普500成分股的上市公司有454家，统计结果显示，这454家公司在过去10年里用于股票回购的资金占这些公司净利润的51%，现金分红占净利润的35%，二者合计占86%。2014年，美国上市公司的现金分红达3 500亿美元（1美元约等于7.058元，下同）、股票回购金额为5 530亿美元，二者合计为9 030亿美元，相当于当年美国上市公司净利润的95%，这些数据用事实说明了分红对公司发展的正面作用远大于负面阻碍。当然，这些公司能够在分红的同时健康地发展，合理的分红策略功不可没，这也是本书所要研究的主要内容。

在我国，数年来公司的分红数量极少、分红频率极低，特别是2014年之前。统计数据显示，2005年年底前上市的A股上市公司共1 307家，2005—2014年连续10年不分配现金红利的上市公司达177家，占比13.5%。截至2014年年底，沪深两市上市公司共2 587家，2014年不分红公司与股利支付率低于30%的公司二者合计1 560家，占比60.3%。其中，不分红的上市公司720家，占比27.8%，超过四分之一的上市公司2014年没有进行现金分红。与美国等成熟资本市场相比，我国上市公司不仅现金分红金额低，用于股票回购的金额也很少，2014年A股上市公司仅有62家上市公司实施股票回购，回购金额合计为94.1亿元，仅相当于2014年A股上市公司净利润总额24 516亿元的0.38%。2015年，中国证券监督管理委员会、中华人民共和国财政部等联合发文，鼓励我国A股上市公司提高分红数量，增加分红频率，鼓励公司进行中期分红。这说明分红在我国已成为一个亟待解决的问题。经过国家监管部门的不懈努力，2016年，沪深两市有2 053家公司进行现金分红，占比约67.27%，分红金额为

8 307. 77亿元；1 128 家上市公司连续 5 年进行现金分红，占比 43. 2%；1 415家上市公司连续 3 年现金分红，占比 46. 7%。2019 年，我国 A 股市场共有 2 608 家公司进行现金分红，占全部上市公司数量的 75. 14%，分红总额为 10 180. 48 亿元。

在监管部门的鼓励政策和监管措施共同促进公司进行大比例分红之前，我国大中型公司的分红力度很小，当然有它自身特殊的原因。中国的市场经济仍然处于蓬勃发展的上升阶段，因此，很多大公司少发甚至不发红利的原因是把公司有限的宝贵流动资产继续转换为投资，以便获得更多的收益。可是如果这些企业把资产投资在盈利前景不大，甚至极可能亏损的项目上，最终将会造成投资收益很低，甚至亏损，不如发放一部分红利给投资者或股东。他们用这些资金去投资，得到的收益可能更大。对那些盈利能力较强的公司，是否进行分红，需要根据具体情况决定。如果这些公司有盈利前景很好的项目可以投资，那么可以暂时不分红，等到没有太好的投资机会，有较多的流动资金时再进行分红。不管如何，分红是必然的，区别只是时间早晚而已。如果公司的流动资金太多，公司的盈利有很大的可能性下降，一方面，大额的可用资金，极有可能被大股东挪用，而中小股东的利益必然受到侵犯；另一方面，公司流动资金太多，会加大公司盲目投资的概率。目前，中国的监管及其他相关制度正处于发展阶段，有待进一步完善。

另外，增大红利发放力度，对调整我国现阶段的经济结构有非常积极的作用。过去的 20 多年，我国经济在政府的高度重视下，持续超高速地增长，受大环境的影响，基本上所有的公司，都有强烈的投资冲动。在我国，一方面，大企业在追求利润的同时，还带有额外任务，他们要为地方政府增加生产总值做出重要贡献；另一方面，大企业还要贡献大量的税收，这样通常是少分或者不分红，而是会把剩余有限的流动资金进行重新投资。但是，2008 年以来，我国出现了严重产能过剩情况，以致经济结构失衡，究其原因，盲目投资的负作用不容忽视。如果公司加大分红力度，一方面，公司为了追求生产总值的增长而盲目投资的情形会得到初步的改善；另一方面，投资者或股东也能得到经常的现金回报，如果他们用其中的一部分去消费，那么我国居民的消费能力也能得到提高，这样一来就能从另一角度去优化我国的经济结构。

综上可知，分红是大势所趋，短期来看，符合所有股东和投资者的利益；长期来说也能促进公司的健康良性发展；从我们国家的具体情况来看，可以优化国家的经济结构。因此，对一个越来越成熟的中国市场来说，分红是必然的，从学术界到企业界，从国家监管部门到具体公司，越来越接受这种观点。可是，分红不能盲目，分红的时间及数量都要符合某种要求，才能使得分红既有利于公司的健康发展，又能让股东们时时感受到投资带来的实实在在的盈利，增强股东们的投资信心，这就涉及最优分红策略问题。

分红策略的研究先后经历了假设公司收益、风险暴露为定值和公司价值或财富的函数等条件下求解最优分红策略的历程。但是，任意公司的收益和风险暴露都不可能固定不变，假设为公司价值或财富的函数也很不严谨。基于此，本书所要研究的第二个问题就是，借助一个经典模型，假设在比较现实的世界里，公司收益和风险暴露存在不确定性，研究公司特别是保险公司的再保险及一些约束条件的最优分红问题。

不管是最优投资组合问题还是最优分红问题，本书详细的理论分析和大量的数值模拟结果都显示，我们提出的理论更加合理，也更符合现实情况。笔者希望本书的研究结果，不仅能为我们的学术宝库里增加一种可以参考的策略方法，而且能够为广大企业提供一种切实可用的投资和分红方法，方便他们合理投资，对投资所得再进行合理分红。

王跃

2020 年 6 月

目　录

1　导论

1.1　研究背景

本书主要从风险角度研究投资组合和分红最优策略问题。投资组合理论主要寻找最优策略，使得投资者选择的投资组合能够在收益和风险这两方面找到均衡点。最优分红问题，则是考虑平均收益或风险存在波动风险的情形下，找到最佳策略，使得投资者或股东的效用最大化。投资组合和分红都是通过优化目标函数，找到最优策略。

自从马科维茨（Markowitz）于 1952 年提出著名的均值-方差模型以来，投资组合理论得到了广泛的研究和应用。均值-方差模型是在固定收益的条件下，求解最小风险，或者固定风险，研究最大收益，托宾（Tobin）在 1958 年提出了两基金分离定理，进一步发展了这一方法。基于他们的理论，夏普（Sharp）等于 20 世纪 60 年代提出了资本资产定价模型（CAPM），这个模型实际上隐含一种假定，即影响证券收益率的共同因素仅仅是单个的市场因素。紧接着，罗斯（Ross）于 1976 年提出套利定价理论（APT）。至此，广义的投资组合理论的基础框架基本搭建完成。狭义的投资组合理论也得到迅速的发展。马科维茨（Markowitz，1959）和茅（Mao，1970）分别提出了均值-下半方差模型。均值-方差-偏度模型基于均值-下半方差模型不能解决收益非对称问题的缺点，也应运而生。萨缪尔森（Samuelson，1970）与黄星京和萨切尔（Hwang & Satchell，1999）分别研究了带收益三阶矩和四阶矩约束的最优投资组合。科诺（Konno，1991）等用绝对偏差的期望值代表风险。也有学者从控制损失的概率的角度控制风险，罗伊（Roy，1952）提出了安全第一模型，即极小化投资组合收益小于某个水平的概率。VaR（在险价值）模型基于同样的思路。可是，VaR 模型不满足相容性条件中的次可加性，因此普夫卢格（Pflug，2000）等给出一种修正模型——CVaR 模型。

以上关于狭义投资组合理论的研究都是把风险和收益分开讨论，有一些学者认为，现实世界中，收益或风险不发生变化是不现实的，假设它们都会变化，在目标函数中综合考虑收益和风险，如考虑风险调整收益（risk adjusted return，RAR）最大化，可能更加符合理性投资人的心理。哈特米和卡蒂布（Hatemi-J & EI-Khatib，2015）给出了预算约束下，投资于两项风险资产的最优组合的显式解，本书拓展了哈特米和卡蒂布（Hatemi-J & EI-Khatib）的工作，研究了基于最大化风险调整收益的带广义线性约束的任意多项风险资产的最优投资组合问题，包括静态和动态组合两个方面。这本质上是一个非线性优化问题。本书通过引入辅助变量，对模型进行化简和分析，利用辅助变量的函数关于该变量严格单调递减的性质，设计了二分法算法进行求解。与传统的马科维茨（Markowitz）最小风险法进行实证比较的结果显示，不论是样本内还是样本外的单位风险期望收益，都是本书研究的最大风险调整收益法明显优于传统的最小风险法。

而最优分红问题是公司，特别是大公司管理层需要特别关注的问题。早期的研究者们认为公司管理层的优化目标应该是最小化公司破产概率，使得公司尽可能生存下去。随着公司理论的不断发展，一些研究者又认为应该最优化股东利益，目标应该是最大化股东未来收益贴现的期望值。也有一些学者认为，公司管理层的目标应该是最大化公司价值，即公司净收益的贴现的期望最大化，可见，最优分红问题是公司管理策略中比较重要的一个分支。

关于最优分红策略，米勒和莫迪利亚尼（Miller & Modigliani）于 1961 年指出，在拥有完美无缺的资本市场里，分红是不正确的，是不应该被实施的，因为公司总是能够通过增加资金的方式以实现连续不断的操作。但是，现实世界不可能是完美的，研究者们发现在不完美的条件下，如存在金融约束、信息不对称、代理成本、税收、不完全风险暴露、交易成本及其他的不利条件，总是存在一个最优分红策略的，他们在不同的约束条件下，分别给出了各种情况下的最优分红策略。

然而，一个公司想要健康运行，除了在公司资产盈余大于一定值时合理分红，保持公司良性发展，有时还要进行投资，包括投资本来专业或其他方向，目的是获得更大的利润。另外，为了降低未来可能的风险，公司还可能会拿出资产盈余的一部分进行担保，这对于集中了高风险的保险公司来说，尤其必要。所以，研究者们在研究最优分红问题时，除了寻找约束条件，研究在某种约束条件下的最优分红之外，又把视角投向如何能够增加分红的措施上，即加强投融资以增加公司盈余资产，增大分红概率，另外进行再保险，特别是自身风险特别大的保险公司，通过再保险，将公司可能损失降至最低，也能增加分红的概率。

拉德纳和薛普（Radner & Shepp，1996）及帕尔森和耶辛（Paulsen & Gjessing，1997）在这方面做了开创性的工作，他们在最优分红的问题中，考虑了投融资，接着库伦科和希米德利（Kulenko & Schimidli，2008）则考虑了一个包含红利分配和资本注入的经典模型。而在保险和再保险领域，戈贝尔（Gerber）等是研究比例再保险问题的先行者。阿斯穆森（Asmussen）、霍加特（Højgaard）及塔克萨尔（Taksar）等首次研究了非比例再保险，不过，他们在比例再保险方面的工作的影响更大，塔克萨尔（Taksar）等人对最优比例再保险和带再保险的最优分红问题的理论框架的搭建贡献卓著，霍贾加德和塔克萨尔随后提出应用随机控制理论，经过非常严密的理论分析，推出了关于带交易成本的最优比例再保险策略。另外，塔克萨尔和卡德尼拉斯（Taksar & Cadenillas，2006）应用脉冲模型研究了带交易成本、分红税，同时考虑公司进行再保险条件下，公司的最优分红策略，本书的理论推导同样严密。上述研究不但为后来者研究最优再保险问题和带再保险的最优分红问题提供了严密的理论基础，而且具有相当现实的意义。本书后半部分的工作即是有关改进，扩展了他们的工作的内容。

研究分红问题使用的随机控制方法和传统 Markowitz 模型所使用的优化方法分别是动态和静态优化方法，两种方法各有优劣，本书通过研究最优投资和分红策略体会两种方法的侧重点。事实上，那些将部分盈余资金用于投资的公司管理者，会依具体情况选择优化方法，如用静态方法找到一个单周期投资组合，或者用随机控制方法找到一个动态的多周期投资组合，以取得公司收益最大化。

1.2 研究意义

首先，基于最大化风险调整收益的最优投资组合研究，不但能为投资组合的学术宝库中增加一种可供参考的策略方法，最重要的是能为现实世界中的投资者提供一种可用的投资策略。理性的投资者一般都会同时考虑收益和风险，他们投资的风险资产数一般都是大于 2 的。本书考虑的最大化风险调整收益的多项风险资产的最优投资策略正好满足这些人的需求。

其次，关于最优分红策略，在成熟的资本主义市场已经被研究得比较多，可是，在现阶段的我国，该研究依然有重要的意义。国外的学者已经对是否分红有了明确的定论，就是必须分红，只是分红策略要依不同的具体条件而定。自从米勒和莫迪利亚尼（Miller & Modigliani）于 1961 年指出，在拥有完美无摩擦的资本市场里，不应该实施分红，分红策略问题随后得到了广泛的研究，特别是在不完美的、动态的环境中。最近 20 年，最优分红问题延伸到了保险和再保险领域，在我们的保险业处于蓬勃发展的时期，很多法律法规不够健全，同国外成熟的保险行业一样，我国保险业也必然存在大规模的分红问题，如何分红，在什么样的时间点分红，每次分红多少，是相当关键的问题。本书借助一个经典模型，假设在比较现实的世界里，对数据进行计算，最终理论和数值模拟结果都显示，本书提出的理论更加符合现实情况。希望本书的研究结果不但能为我们的学术宝库里增加一种可以参考的策略方法，而且能够为广大实业公司提供一种切实可用的分红方法，方便他们合理分红。

1.3 研究内容和框架

本书共分 9 章，主要内容如下：

第 1 章是导论，包含最优投资组合和最优分红策略的研究背景和研究意义、本书的研究内容和框架，以及本书的主要贡献和不足。

第 2 章是文献回顾，包含最优投资策略文献回顾和最优分红策略文献回顾。

第 3 章是预备知识。第 1 节介绍了风险涵义与测度。第 2 节介绍了最优投资相关基础，包括广义逆矩阵及其性质、Markowitz 投资组合理论。第 3 节介绍了最优分红相关基础，包括随机控制基础和二阶变系数偏微分方程的几种解法。

第 4 章是基于风险调整收益最大化的最优静态投资组合研究。本章基于风险调整收益的最大化，研究任意多种风险资产的最优静态投资组合问题。目标函数为一个带广义线性约束的非线性优化问题。本章通过引入辅助变量，对模型进行化简和分析，发现最优投资组合与辅助变量的非线性函数的零点有关。利用该函数关于辅助变量严格单调递减的性质，本章设计了二分法算法进行求解。为了验证理论的合理性，本章将该方法与传统的最小风险法进行比较，结果显示，不论是样本内还是样本外的风险调整收益，都是最大风险调整收益法好于传统的最小风险法。

第 5 章是基于风险调整收益最大化的最优动态投资组合研究。本章基于风险调整收益的最大化，研究任意多种风险资产的最优动态投资组合问题。目标函数为一个带广义线性约束的非线性优化问题。本章通过引入辅助变量，对模型进行化简和分析，发现最优投资组合与辅助变量的非线性函数的零点有关。利用该函数关于辅助变量严格单调递减的性质，本章设计了二分法算法进行求解。与第 4 章的区别在于，本章设计一种算法，动态更换基础数据，以便动态修改投资组合中各资产（指数）的比例。为了验证理论的合理性，本章将该方法与静态方法进行比较，结果显示，本章研究的动态最优投资组合方法是对第 4 章的研究理论的改进和提升。

第 6 章为漂移系数服从几何布朗运动的最优分红策略研究。本章考虑带交易成本和红利税及再保险的最优分红策略问题。在本书中，和卡德尼拉斯（Cadenillas，2006）等一样，仍然假设流动资产遵循一个带漂移和扩散项的随机过程，漂移与扩散项会同比例地增长或减少。而且，分红事件用一系列的离散值描述。漂移项代表一个公司的单位时间的收益，而且负收益是不可能提供一个针对分红支付的最优机会的。所以，在本书中，假设收益总是正的。一个公司单位时间的收益不是一成不变的。因此，本章考虑随机收益遵循几何布朗运动的情形，同时，鉴于风险系数波动不大，依然把它设置成常量。首先，本章给出收益遵循的过程及相应的解释，然后针对最优控制问题，提出了一个合理的分红模型。其次，本章研究了值函数的一些属性，将目标问题转换成一个拟变分不等式（QVI）问题。再次，本章探索了 QVI 的一个可能解，这个可能解是个级数解，是光滑的。上面的分析给出了解的形式，但是一些参数和节点都还是未知的，随后我们讨论并计算 QVI 解中包含的未知参数和未知节点。自然地，在求出的未知参数和节点后，我们给出了值函数的具体形式，并给出了最优分红策略的具体形式。最后，我们给出了大量的数值算例，数值结果和大量的参数之间的关系图像证明了我们理论的正确性。

第 7 章为漂移系数服从拥挤环境人口增长过程的最优分红策略研究。本章同样研究了最优分红策略，假设随机收益遵循拥挤环境中的人口增长的随机过程，其他设定和第 6 章一致。首先，本章研究值函数的一些属性，并且把问题同样转换成一个 QVI 问题。其次，本章化简了这个拟变分不等式，把它化为二元变系数线性微分方程，通过合理的设定，我们将这个二元微分方程化为只含随机收益的一元二阶变系数微分方程，通过对这个方程的研究，找到了这个 QVI 的一个相对简单的解函数，这个解函数带有一些未知参数和未知节点。再次，本章通过构造值函数的导函数，并通过分析这个函数的性质，找到了唯一的未知参数和节点。针对构造函数的特性，本章给出了一个合理的求解包含这些未知参数和节点的非线性方程组。在求出具体的解函数后，本章证明了前半部分找出的具体解就是 QVI 问题的解，同时这个解函数就是值函数，基于这个解的策略就是最优分红策略。最后，大量的数值算例显示，本章求出的最优分红策略包含变化的分红壁和分红数量，说明本章提出的随机漂移系数的设定更符合现实。

第 8 章是扩散系数服从特殊随机过程的最优分红策略研究。本章同样研究了最优分红策略，假设风险暴露服从一种特殊的随机过程，其他设定和第 6 章一致。首先，本章同样把问题转换成一个 QVI 问题。其次，化简这个拟变分不等式，把它化为二元变系数线性微分方程，通过合理的设定，将这个二元微分方程化为只含随机风险暴露的一元二阶变系数微分方程，这个方程符合一种特定变系数微分方程的形式。基于此，我们找到了这个 QVI 的一个相对简单的解函数，这个解函数同样带有一些未知参数和未知节点。再次，本章通过构造函数找到了未知参数和节点。针对构造函数的特性，本章给出了一个合理的求解包含这些未知参数和节点的非线性方程组。在得出具体的 QVI 解后，本章随后证明了这个解函数就是值函数，对应这个解的策略就是最优分红策略。最后，本章也给出了数值算例，显示我们提出的随机扩散系数的设定更符合现实。

第 9 章是总结与后续研究。

为了能更直接地了解本书的架构，本书研究框架图见图 1-1。

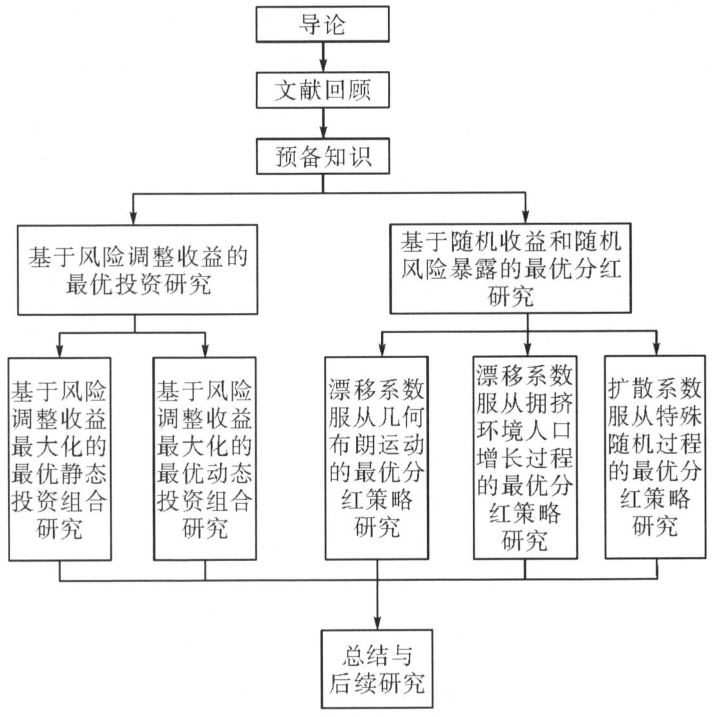

图 1-1 本书研究框架图

1.4 主要贡献和不足

1.4.1 主要贡献

本书主要贡献为第 4 章、第 5 章、第 6 章、第 7 章、第 8 章的研究结论，总结如下：

第 4 章中，第一，本章将已有研究中投资组合仅包含两项风险资产的限制扩展到可以包含任意多项资产，更加符合实际应用背景，因为投资者可以在大量的资产中做各种选择。第二，本章将约束条件从简单的预算约束拓展到广义线性等式约束，可以包含任意个一般线性等式约束，通过引入辅助变量，对该带广义线性约束的非线性优化问题进行化简和分析，设计二分法进行求解，最终求得风险调整收益最大化的最优投资组合。

第 5 章中，第一，本章将第 4 章的研究进一步拓展，研究投资组合包含任意多项资产、约束同样为广义线性约束的动态最优投资组合。我们认为，投资组合不应该是静态不变的，应该以一定的频率进行修正，这样更加符合实际应用背景。第二，本章提出了一种基于实时数据更新的动态最优投资组合的算法。

第 6 章中，第一，假设漂移系数遵循一个随机过程，以更加贴合实际。作为最常见的过程，本章假设它遵循几何布朗运动。第二，本章假设了 QVI 问题的一个级数解的形式，然后通过复杂的运算，将它解出来，当然，包含一些未知参数，在值函数导数的性态分析的帮助下，最终确定了这些未知数的值。相比之前的研究，我们的结论明显更加符合现实情况。

第 7 章中，第一，假设漂移系数遵循一个更加复杂的随机过程，即拥挤环境中的人口增长运动，这个运动的漂移项是二次的，本书藉此研究如果公司的单位收益的轨迹更加复杂时的最优分红策略。第二，本章针对 QVI 问题化简后的一元二阶变系数微分方程，采用此类方程一般求解方法，求得了一个含有指数和积分的一般解，解的形式相对简单，通过边界条件，以及构造一个凸函数或部分凸、部分增的函数。本书在这一章说明了，凸函数并非唯一解答的必要条件，部分凸、部分增的函数，也是符合要求的一类函数。随后给出了一个简单算法，最终解出了非线性方程组，求得了唯一的未知参数和节点。因此，包含这些未知参数和节点的最优策略也是唯一的。数值算例也证明了最优分红策略的不确定性，这依赖于公司的资产盈余轨迹和单位时间期望收益的轨迹，以及成本相关系数。

第 8 章中，第一，本章假设扩散系数遵循一个特殊的随机过程，研究如果公司的单位风险暴露不确定变化时的最优分红策略。第二，本章针对 QVI 问题化简后的一元二阶变系数微分方程，通过分析，采用此类方程特殊求解方法，求得了一个含有指数和幂函数的一般解，当然，其中包含未知参数，解的形式相对简单，通过边界条件，以及相关函数解出了非线性方程组，求得了未知参数和节点。继而求出包含这些未知参数的最优策略。数值算例也证明了最优分红策略的不确定性，这依赖于公司的资产盈余轨迹和单位时间风险暴露的轨迹，以及其他相关系数。

1.4.2 不足之处

本书的不足之处如下：

在第 4 章和第 5 章中，我们的模型中假设各项风险资产是可以卖空的，在资产不能卖空限制条件下的最大化风险调整收益的最优投资组合是我们下一步拟研究的问题。

在第 6 章中，从 QVI 问题转换而来的二元二阶变系数微分方程，仅仅在$\sigma^2-2\lambda\leqslant 0$有实数解及唯一解。因此，本章研究仅仅涉及这种情况，对于$\sigma^2-2\lambda>0$的情形，或者方程无解，或者有无穷多解，本章没有讨论这种情况。

在第 7 章中，因为漂移遵循的随机过程的系数取值不同，解的形式完全不同。由于本章相关解函数包含以漂移系数为底的幂函数部分，所以如果系数不符合要求，解将没有意义。本章仅仅研究了 k_2 为 0 的情形，即漂移系数遵循的过程的漂移项只包含二次项的情形。

另外，本书的整个研究过程，都没有包含未知节点 x_0 小于 0 的情形。这种情形在第 7 章 k_2 不等于 0 时会出现。关于 x_0 小于 0 的讨论相对比较复杂，这个是我们下一阶段要完成的工作。

2 文献回顾

2.1 最优投资策略文献回顾

众所周知，投资组合理论起源于马科维茨（Markowitz，1952）发表的一篇论文《证券组合理论》。他建立了均值-方差模型，将投资组合的数学期望作为收益，将投资组合的方差作为风险。为了确定最优的投资组合，他的目标函数是在固定收益的约束下，求最小风险，或在固定风险的约束下，求最大收益。从那之后，广义和狭义的投资组合理论都得到快速发展。1964 年，夏普（Sharp，1964）提出了单因素模型，单因素模型的基本思想是：当市场股价指数上升时市场中大量的股票价格升高；当市场指数下滑时，大量股票价格下跌。据此，可以用证券的收益率和股价指数的收益率的相关关系得出模型，该模型揭示了证券收益与指数（一个因素）的相互关系，丰富了广义的投资组合理论。同一年，夏普（Sharp，1964）率先提出了资本资产定价模型（CAPM），模型假设所有投资者都按马科维茨（Markowitz）的资产选择理论进行投资，对期望收益、方差和协方差等的估计完全相同，投资人可自由借贷。基于此假设，资本资产定价模型研究的重点是寻找风险资产收益与风险的数量关系，即为了补偿某一特定程度的风险，投资者应该获得多少报酬。当然他同时代的另外两位研究者也给出了同样的模型，对于投资组合理论而言是极大的补充。1976 年，针对 CAPM 模型的缺陷，罗斯（Rose，1976）提出了套利定价模型（APT），其理论基础是一项资产的价格受不同因素影响，将这些因素乘上该因素对资产价格影响的贝塔系数并加总，再加上无风险收益率，就等于该资产的价值，此模型丰富了多指数投资方法在实践中的广泛应用。至此，投资组合理论的基础框架趋于完善。

狭义的投资组合模型也得到了快速的发展。经典的 Markowitz 均值-方差模型基于对投资组合的数学期望和方差的估计，如果这些估计不够准确，将严重影响投资组合的性能。另外，方差作为描述风险的变量在现实生活中不够准确，学者们提出了一批新的风险度量来代替方差。

马科维茨（Markowitz，1959）和茅（Mao，1970）分别提出了均值-下半方差模型。当收益分布对称时，这个模型的有效前沿和均值-方差模型的有效前沿完全相同。研究表明，收益并非对称，所以，新的投资组合模型又被开发出来，即均值-方差-偏度模型，马科维茨（Markowitz）的均值-方差模型是基于资产组合收益率遵循正态分布的假设，可现实世界中，收益率的分布并非正态，而是一个不对称的厚尾分布（Simkowitz & Beedles，1978；Pomchai et al.，1997）。

萨缪尔森（Samuelson，1970）与黄星京和萨切尔（Hwang & Satchell，1999）分别研究了带三阶矩和四阶矩约束的最优投资组合，他们分别发现投资者偏爱三阶中心矩的收益率，而同为四阶矩，峰度比偏度更具影响力。科诺（Konno，1991）等在标准投资组合分析中假定投资者是规避风险的，并且假定投资者的效用是投资组合收益率的均值和方差的函数，或近似为这样，证明如果资产回报率的分布在平均值附近是不对称的，那么偏度起着重要作用。特别是，如果均值和方差相同，投资者更喜欢偏度较大的投资组合。基于此，他们提出了一种在一阶矩和二阶矩约束下获得三阶矩较大的证券组合的实用方法。罗（Low，2015）认为股票市场的非对称依赖已经被证明对投资组合的多样化有不利影响，因为在市场低迷期间，投资组合内的资产表现出比市场上升时更大的相关性。其通过应用 Clayton-CVC 建立非对称依赖模型，得到了一个衡量资产组合系统风险的指标。尼日尔和王（Niu & Wang，2019）采用 DC（凸差分）规划方法解决高阶矩（均方差偏斜峰度）投资组合选择问题。具有高阶矩的投资组合可以表示为非凸四次多元多项式优化。基于多项式优化的凸和差分（DC-SOS）分解技术的最新发展，他们将此问题重新表述为一个 DC 程序，该程序可由著名的 DC 算法求解。

国内也有大量相关研究。何朝林、孟卫东（2009）在风险资产收益分布为非正态的假设下，通过矩分析，研究收益的高阶矩对资产组合选择的影响。首先，假设风险资产收益存在有限阶矩，泰勒展开边际财富期望效用，获得静态资产组合选择的近似解。其次，假设收益过程的跳跃产生收益分布的非正态性，采用随机控制方法获得资产组合选择的近似解析解，从高阶矩角度解释其特征。彭胜志（2012）对高阶矩的投资组合优化问题进行了系统研究。首先，在直接法下，对均值-方差-偏度-峰度框架下的投资组合问题进行扩展研究，提出半定规划松弛算法，解决了高阶性和非凸性带来的求解困难问题。其次，在间接法下，对基于高阶矩的投资组合问题进行扩展研究，将间接法的适用范围从指数效用函数扩展为 HARA 函数。再次，解决了基于高阶矩的动态投资组合研究中所遇到的条件协偏度阵、协峰度阵难于估计的问题，实现了基于高阶矩的投资组合研究由静态向动态的扩展。最后，以前四阶矩为基础，进一步深化基于高阶矩的投资组合优化研究。

迟国泰、吴灏文、闫达文（2012）以银行各资产组合收益率最大化为目标函数，以 VaR 度量贷款组合的风险价值，以偏度控制贷款组合收益率的整体分布向大于均值方向倾斜，以减少发生总体损失的单侧风险，以峰度测度贷款组合收益率分布出现极端情况的双侧风险，建立了收益率均值-方差-偏度-峰度模型，其在马可维茨均值-方差模型的基础上，增加了偏度和峰度，建立了收益率均值-方差-偏度-峰度模型，从多个角度控制了贷款组合的风险，拓展了经典的均值-方差优化思路。杨建辉、林日冀（2014）认为金融资产收益普遍具有非对称、尖峰厚尾的特性，传统的马克维茨投资组合模型仅仅考虑了均值、方差的约束，这是不充分的，所以二人考虑了三阶矩偏度和四阶矩峰度对投资组合的影响，假设交易费为 V 型函数，建立了均值-方差-偏度-峰度投资组合模型，基于多目标优化求解的复杂性，设计遗传算法程序求解这一高阶矩投资组合。

国内关于高阶矩的最新研究来自于孝建、陈曦（2018），他们提出用风险平价模型衡量资产波动风险，忽略资产收益分布的尾部特征。他们在风险平价模型中引入高阶矩风险，得到九种高阶矩风险平价模型，并选取平均相关性低的大类资产样本及平均相关性高的国内行业指数样本，对九种模型进行分析。研究结果显示：当标的资产间平均相关性较高时，含偏度的高阶风险平价模型性能更好，投资组合的风险更小，收益更高。另外，当标的资产间平均相关性较低时，风险平价模型性能更优。

以上方法基本上是直接优化代表风险或收益的相关统计量，罗伊（Roy，1952）提出了另一种控制风险的思路，即控制损失的概率，他的模型的目标是投资组合收益小于某个水平的概率尽可能的低，这就是著名的安全第一模型。VaR（在险价值）模型基于同样的思路，计算 VaR，可以对整体最大可能损失一目了然，这也是很多公司高层喜欢并迅速推崇这个模型的原因，加上它只用一阶和二阶矩便可借助契比雪夫不等式估计出上界，简单实用，所以被广泛采纳。可是，VaR 模型有个比较致命的缺点，就是不满足相容性条件中的次可加性，所以菲夫卢格（Pflug，2000）等给出一种修正 VaR 的模型——CVaR 模型。这种模型计算超过最大损失的条件期望，比 VaR 的模型更加合理，同时这个模型也满足次可加性，所以这个模型也备受推崇。

孔西利（Consigli，2002）重点讨论了当市场处于严重不稳定时期时，不同的风险度量技术和投资组合优化策略的含义，导致收益与主流金融通常采用的正态性假设存在显著偏差。在一系列具有不同风险状况的债券和股票市场上，他给出了 1 天 VaR（99%）估计的比较结果。他的论文中参考期包括几次市场冲击，特别是 2001 年 7 月的阿根廷欧洲债券危机，在 mean-VaR 99% 投资组合空间中讨论了危机期间最优投资组合问题的解。亚历山大和巴普蒂斯塔（Alexander & Baptista，2004）分析了在均值-方差模型上施加风险值（VaR）约束所产生的影响，并将其与施加条件风险值（CVaR）约束所产生的影响进行了比较。其证明，在给定的置信水平下，如果 CVaR 和 VaR 边界重合，CVaR 约束比 VaR 约束更紧。因此，CVaR 约束比 VaR 约束更有效，因为它是控制轻微风险厌恶代理的工具，但是在没有无风险证券的情况下，它有一个反常的结果，因为它更可能迫使高度风险厌恶代理选择标准差较大的投资组合。然而，当 CVaR 界限适当大于 VaR 界限或者存在无风险证券时，CVaR 约束作为风险管理工具支配 VaR 约束。

王、蔡和唐（Wang，Cai & Tang，2017）鉴于股票波动具有显著的多尺度特征，将二元经验模式分解（BEMD）和 Copula-GARCH 算法相结合，提出了一种新的 VaR 模型，即 BEMD-Copula-GARCH 模型。该模型包括数据分解、个体风险度量和全面风险集成三个主要步骤。首先，采用二元 EMD 技术将一对复杂的交互式股票序列分解成相对简单的独立分量，降低建模难度。然后，引入 Copula-GARCH 模型，根据不同时间尺度下的 VaR，分别捕获分解后动态相关性。最后，将各个结果集成到最终 VaR 中。陈、阮和斯塔杰（Chen，Nguyen & Stadje，2018）研究在 VaR 和组合保险约束下的金融机构最优投资问题。这一分析尤其适用于据偿付能力 II

条例运营的保险公司，该条例旨在最大限度提高股东的预期效用，同时要求保险公司向投保人提供最低担保金额。他们利用静态拉格朗日方法，仔细比较局部极大值与跳跃点或边界，求解逐点效用优化问题，得到全局最大值。

除了以上两种主要思路，风险控制还有一个方向，鲍贝克和斯盖尔（Boubaker & Sghaier，2013）考虑风险资产收益的统计相关性，用 copula 的模型去刻画该相关性。

另外，经典的 Markowitz 均值-方差模型只考虑了投资组合的预算约束。亚历山大和巴普蒂斯塔（Alexander & Baptista，2006）、夏尔马和梅赫拉（Sharma & Mehra，2013）等根据实际应用中的不同约束，丰富了均值-方差模型中的约束条件，研究最优投资组合问题。

亚历山大和巴普蒂斯塔（Alexander & Baptista，2006）提出了投资组合的最大亏损的概念，并在均值-方差模型中加入最大亏损的约束，得到该约束条件下的均值-方差边界和最优投资组合。傅、拉瓦萨尼和李（Fu，Lari-Lavassani & Li，2010）考虑一种借贷约束，导出了高借贷率约束下动态均值-方差组合选择问题的有效前沿及最优投资策略的显式闭式解，所采用的方法为随机分段线性二次型（PLQ）控制框架中的 Hamilton-Jacobi-Bellman（HJB）方程，并以实例说明了计算结果。

夏尔马和梅赫拉（Sharma & Mehra，2013）在均值-方差模型中引入了一个基于 minimax 安全测度的约束，作为投资者对投资资金安全性保障的模型，得到一个双目标的线性规划数学模型并求解。博因顿（Boynton）等（2015）提出了基于 tracking-error 约束的均值-方差模型，旨在控制投资组合的潜在风险。博内利和博斯克（Bonelli 和 Bossy，2017）分析了在财富值不低于其运行最大值的固定分数的 drawdown 约束下的最优投资策略，通过数值求解代表有限水平期望效用最大化问题的 Hamilton-Jacobi-Bellman 方程，得到了具有 S 型及幂效用的投资者的最优配置方案。通过随机模拟，他们发现，根据效用最大化，在电力公司的最优投资组合中，对于某些市场配置及投资范围，实施降额约束是有益的。研究表明，对于 S 型效用投资者来说，具有缩编约束的最优策略并非最优投资，而是等价最优策略。事实上，后一种投资类似于部分投资组合保险，在最优投资组合中，额外的支出约束对该投资者似乎没有价值。

蒙赫（Monge，2017）提出并讨论了不同的 0-1 线性模型，采用因子模型解决基数约束的投资组合问题。因子模型用于建立投资组合跟踪指数，与其他目标一起，采用比经典的 Markowitz 模型更少的参数来估计。基数约束的增加限制了投资组合中证券的数量，基于此获得一个集中的投资组合，降低风险并限制交易成本。为了解决这一问题，他提出了一个纯 0-1模型，并用分段线性逼近的方法构造了 0-1 模型。同时还提出了最小边加权群问题，以获得一个等式加权基数约束的投资组合。希塔杰和赞布鲁诺（Hitaj & Zambruno，2018）从实证的角度研究了在均值-方差和均值-方差偏度优化的情况下，约束对组合修正 Herfindahl 指数的影响。他们发现，在投资组合多样化水平上施加约束会导致更好的样本外绩效和显著收益。

国内对约束条件的拓展也有大量研究。

郑明川、吴晓梁（2003）认为投资组合管理在 VaR 限制下的目标是在风险不超过期望最大损失下获得最大收益。VaR 约束线和分离定理中的资本市场线相交可得有效投资边界，研究显示，是否服从正态分布对 VaR 约束会产生显著的影响。陈志平、袁晓玲、郤峰（2005）为了克服经典 MV 模型苛刻的假设条件，针对已有相关文献在对 MV 模型进行修正时仅考虑部分投资约束等不足，通过考虑现实经济中存在的各类限制条件，建立了带有多投资约束的广义 MV 模型。屈颖爽、陈守东、王晨（2008）以沪深 300 指数为标的指数，利用五种不同样本协方差矩阵，考虑带跟踪误差约束下指数化投资组合的优化问题，对比跟踪误差波动（TEV）模型和常数波动跟踪误差波动（C-TEV）模型在不同协方差矩阵下投资组合的绩效。

张卫国、陈云霞、杜倩（2011）结合证券市场的实际情况，加入最小交易单位、交易费用约束，改进了基于可变安全第一准则的风险定义，将风险表示为与投资者意愿及交易约束相关的一条曲线。他们提出了一个新的基于可变安全第一准则的具有一般交易费用函数的投资组合调整优化模型，并给出求解该模型的两种算法步骤：基于遗传算法及随机模拟的混合智能算法，并结合交易费用的实际情况，建立了具有两种交易费用（线性和二次分段凹型交易费用）的投资组合调整模型。李洁（2017）利用马科维茨的均值-方差模型，在目前我国企业年金投资约束条件下测算四种主要投资工具在不同投资组合下的收益率及风险。郭晨霞（2019）将极端损失约束引入投资组合问题，构建了极端损失约束的均值-方差投资组合模型，通过拉格朗日乘数法，求得最优投资组合策略及有效边界的解析解，并对投资策略运用方面进行了实证分析。结果表明：方差-均值坐标中的有效边界与经典模型的均值-方差模型的有效边界的形状是一致的，但极端损失约束越紧，有效前沿越向方差-均值坐标的右侧方向移动；在经典的均值-方差模型中加入极端损失约束可改善投资组合的业绩表现，相对于等权组合策略和最小方差策略，适当的极端损失约束可以给投资者带来更好的投资业绩。张鹏、黄梅雨、彭壁玉（2019）基于可信性理论，考虑交易成本、借贷约束、阈值约束和基数约束等现实约束，提出了一种新的具有机会约束的多阶段可信性均值-绝对偏差（M-AD）投资组合优化模型，运用可信性均值和绝对偏差度量资产的收益和风险，并基于可信性理论，将该模型转化为动态优化问题，继而提出一种新的前向动态规划方法，以获得最优投资组合策略。研究结果表明：基于机会约束理论，该模型在给定的置信水平下，收益率会大于等于某个预先给定的值。

本书第 4 章考虑了广义线性等式约束模型，其可以处理包含预算约束的多个一般线性等式约束。

上述文献虽然在风险的度量或投资组合的约束上对 Markowitz 均值-方差模型有所改进，然而其优化策略仍然是将风险和收益分开考虑，即固定收益最小化风险，或固定风险最大化收益。考虑到理性的投资者会同时兼顾风险和收益，哈特米和卡蒂布（Hatemi-J & EI-Khatib，2015）提出了基于风险调整收益（risk adjusted return，RAR）最大化的最优投资组合问题。其中，风险调整收益定义为单位风险的期望收益。最大化风险调整收益意味着，如果每增加一个单位的风险，那么作为增加风险的补偿，其期望收益与风险之间的比率应该有所增加。该策略本质上也是投资者在风险和收益之间的一种权衡。

可是，哈特米和卡蒂布（Hatemi-J & EI-Khatib，2015）仅给出投资组合包含两项风险资产的最优投资策略。然而，在实际应用中，投资者往往会在大量的风险资产中做各种选择，显然不会局限在两项风险资产中。本书的主要工作便是研究任意多项风险资产的最大化风险调整收益的最优静态和动态投资组合问题。

另外，根据投资组合是否随时间动态变化，投资组合又可分为单周期投资组合模型和多周期投资组合模型。单周期投资组合模型是指，投资者在某一期的开始即保持一种投资组合不变，直到期末。我们如果考虑单期的投资组合模型不能够很好地应对瞬息万变的市场，那么就需要用动态的多期模型模拟投资组合问题。默顿（Merton，1969，1971，1973）用随机控制的方法研究连续的时间条件下，多期投资组合模型选择。萨缪尔森（Samuelson，1969）等研究了离散的多期投资组合问题。他们是率先使用动态随机控制的方法研究投资组合的人。他们的工作为用随机控制研究动态投资组合问题打下坚实的基础，至今，不断有学者在继续完善这种方法。

我国也有很多学者对单周期投资组合进行大量研究。

刘澜飚、张靖佳（2012）从中美经济的本质差异出发，通过刻画我国外汇储备对外投资的循环路径，构建含央行、金融市场和实体经济的斯塔克尔伯格及古诺模型，模拟我国外汇储备对外投资对本国经济的间接贡献、合意的外汇储备投资组合及最优外汇储备投资规模。张保帅、姜婷、周孝华等（2019）认为传统的资产配置模型在资产组合优化中没有考虑系统性风险扩散，在面临极端风险时将会使资产组合受到极大损失。为了解决此问题，文章通过改进马科维茨的效率前沿，把引起少数标的资产收益率变动的因素纳入系统性风险考量，应用 CoVaR 模型衡量系统性风险扩散，提出了新的基于 Mean-CoVaR 资产配置模型。结果表明：在考虑系统性风险冲击时，系统性风险扩散对 Mean-CoVaR 投资组合的影响显著小于传统的 Mean-Variance 投资组合，Mean-CoVaR 模型对投资组合配置更加有效。

我国一些学者对多周期投资组合也进行了研究。

卞世博、刘海龙（2012）研究了当存在违约风险时，代表性投资者投资于可违约债券、股票、银行存款的最优资产配置问题。他们利用简约化模型描述可违约债券的违约风险，给出其价格的动态过程，通过随机控制方法给出此优化问题的解析解。结果表明：因跳跃（违约）风险的存在，可违约债券的最优投资策略不再是连续函数。当可违约债券违约时，投资者对可违约债券的最佳持有量为零；当债券未发生违约时，投资者对可违约债券的最优持有量是信用利差、违约强度及投资期限等因素的函数。卞世博、张熠、周金花（2017）认为以往对信用债券最优投资策略的研究大多是基于投资者的自融资策略展开的，这篇论文放松了这一假设，探讨了当工资为一个随机过程时，确定缴费型（DC）企业年金如何对三种金融资产（信用债券、股票以及银行存款）进行最优资产配置的问题。他们假定企业年金的投资目标为基于最终财富的期望效用最大化，采用鞅方法给出了此问题的解，最终得到了多期动态投资组合策略。

章小叶（2017）运用鞅方法研究在不完备市场下保险公司的风险控制和最优投资策略问题，其假设保险公司投资于一种无风险资产和多种风险资产，其中风险资产价格过程遵循几何布朗运动，保险公司每单位份额保单的赔付遵循带纯跳的 Levy 过程，自身风险能够利用保单数量进行控制和管理。他们首先通过降维的方法将不完备市场转为完备市场，继而采用鞅方法求解均值-方差准则下保险公司的风险控制和最优投资策略。周忠宝、刘湘晖、肖和录等（2018）针对复杂投资组合优化问题，首先在广义的多阶段均值-方差理论框架下，构建一类投资组合优化模型，此模型存在凸锥约束，进而提出了一种有效的线性反馈策略，他们通过计算投资组合在各阶段财富值的收益和风险值，将该随机控制问题转化为传统的凸优化问题。结果表明：其所提出的开环策略优于已有的策略，且能够有效地拟合由动态规划所求得的精确投资策略。

本书第 4 章的研究属于单周期投资组合模型，第 5 章的研究从另一个视角探索多周期投资组合问题。

2.2 最优分红策略文献回顾

早在 1961 年，米勒和莫迪利亚尼（Miller & Modigliani）提出了完美确定性条件下无限时域的公司价值方程，他们指出，在拥有完美的资本市场世界里，因为公司总是可以增加资金去满足继续操作的需求，所以分红是不恰当的。从那以后，公司分红策略已被广泛研究，而且越来越合理，他们把研究背景从完全理想的假设拓展到更加现实的条件下。

早期的学者们，为了推翻 MM 理论，都倾向于寻找适当的符合现实条件的约束条件，然后在约束条件下，寻找最优分红策略，我们首先回顾带有哪些约束条件的最优分红策略已经被研究。

存在调整成本，以及信息不对称条件下的红利调整过程首先被李（Lee，1987）等研究，他们讨论了在存在调整成本，以及信息不对称条件下的红利调整过程，提出一种和现实中的决定过程一致的组合模型，从而模拟红利调整过程。通过理论分析，他们证明了剩余股利理论，局部调整模型、适应性预期模型都是他们提出的组合模型的特例。他们用非线性回归分析方法估计这个模型的参数，所使用的数据是随机选取的收入和红利的季度和年度数据。通过数值模拟现实，他们提出的组合模型很好地解释了红利调整过程。

阿斯穆森和塔克萨尔（Asmussen & Taksar，1997）研究了初始保留金的约束下的最优的分红策略。他们假设一个保险公司的保留金遵循一个随机微分方程。其中，方程的漂移项是一个常数与分红的比率之差，而分红的比率是一个时间的函数，他们的目标是使总的折现分红达到最大。为了系统地研究最优分红策略，他们分两种情形来讨论，包括限制分红函数和不限制分红函数，分别得到了相对应的最优分红策略。

如果公司每个固定的时间点都有债务需要偿还的话，那么分红策略必然受到很大的影响，带固定债务约束的分红策略问题首先被塔克萨尔和周（Taksar & Zhou，1998）研究，然后被乔尔（Choulli，2001）等发展并进行深入研究。塔克萨尔和周（Taksar & Zhou，1998）假设一个公司能够在可选的控制策略集中选择一种公司策略，这个控制集包含不同的期望收益及与之有关的风险。另外，这个策略里面也包含一种选择，就是发放一定数量的红利给股东们。需要特别注意的是，他们在模型中考虑了固定的公司债务的偿还情况，就是说，不管公司最后选择的策略是怎样的，公司都要偿还一定的债务，如债券债务及贷款分期偿还。他们的目标仍然是找到一个策略，可以最大化累积红利折现的期望值，这种累积会一直持续到公司破产。他们把公司资产动态性建模成一个扩散过程，这个扩散过程包含漂移系数和扩散系数，是风险控制变量的仿射函数。他们把累积红利建模成一个不断增长的过程。乔尔（Choulli，2001，2003）等分别考虑了一个面临常数债务支付约束及公司无力消除风险约束条件下的金融公司的风险控制和红利最优化的问题。他们解决了一种特殊的情况，那就是一个保险公司的超额赔款再保险的情况。在这种情况中，保险公司转移他们的一部分保费到另一个公司，而再保险者交换一种责任，即接手每一笔超过某个级别的索赔。他们考虑了红利的支付率有约束及没有约束两种情况。针对两种情况，他们都给出了详细的值函数及对应的最优策略。之后，他们为在公司行为存在约束的条件下的最优分红问题找到了对应的最优分红策略。

关于带有固定和成比例成本约束的最优分红问题被帕尔森（Paulsen）研究得很透彻，他在连续两年的论文中对这个问题做了深入的剖析。帕尔森（Paulsen，2007）考虑了一个一般的扩散模型的最优红利支付问题。在他的模型中，伴随着每一次红利支付，都有成比例的成本和股东成本存在。同时，他的模型里的漂移项和扩散项都是公司资本的函数，它们的值会随着公司资本的变化而不断变化。帕尔森（Paulsen，2008）继续研究有固定的和成比例的成本的最优分红问题。特别应该注意的是，帕尔森（Paulsen）在他的模型中流动资金遵循的随机过程包含的漂移项和扩散项，都是资产的函数，他认为漂移项和扩散项都会因资产盈余的变化而产生变化。在另一篇文章中，帕尔森（Paulsen，2013）利用带跳的随机过程研究了含交易税的最优分红策略。总体来说，帕尔森（Paulsen）在带固定交易税和交易成本的研究方面，涉猎了几个模型，并做出了相当大的贡献。

朱和陈（Zhu & Chen，2015）拓展了阿尔布雷斯和桑豪塞（Albrecher & Thonhauser，2008）及阿兹库和穆勒（Azcue & Muler，2005）的工作，研究了带保留金约束的公司的红利最优化问题。在保留金的约束下，即如果保留金在某个值之下，就不支付红利，反之即支付。在这个约束条件下，公司控制红利支付的时间和数目。目标是总的红利折现的期望值最大化。他们证明了在此约束下，最优分红策略是存在的，并找到了最优策略的具体形式。他们证明了带约束的最优策略，和不带约束的最优策略一样，也是一个带型策略。但是除非保留金的要求非常小，否则带约束的模型中，不同支付模式的切换点是完全不同于不带约束的模型，那么这两个模型中的具体的最优分红策略也是完全不同的，特别是在预先设定的分红壁非常大的时候。

基诺巴（Kei Noba，2019）等研究了在累积股利策略绝对连续的约束下带有制度转换的救市最优股利问题。当潜在风险模型遵循广义的谱负马尔可夫加性过程时，他们确认了区域调制折射反射策略的最优性。为了验证障碍型最优控制的猜想，首先，文章引入并研究了一个在指数终端时刻具有最终收益的辅助问题，并利用折射反射 Levy 过程的涨落恒等式明确地刻画了最优阈值；其次，文章将带有区域切换的问题转化为一个等价的局部优化问题，其最终收益在第一个区域切换时刻到达；最后，文章利用第一步的结果和一些辅助递归迭代的不动点参数，将具有区域调制阈值的折射反射策略证明为最优策略。

国内也有大量学者拓展约束条件，研究最优公司分红问题。

张帅琪、刘国欣（2012）研究了带有比例与固定费用的复合 Poisson 模型的最优注资和分红问题。每次分红和注资时，均存在比例及固定的交易费用，他们通过控制分红、注资的时刻及分红、注资量，实现破产之前最大化分红减去注资的折现的期望。由于固定交易费用的存在，这是一个脉冲控制问题。根据问题的参数不同，文章将问题的解分为两大类：一类解为只进行最优分红且不需注资；另一类情况是需要注资时，最优注资策略由最优注资上界及下界描述。当赤字小于最优注资下界的绝对值时，则进行注资。杨乐（2015）研究了存在非线性风险时分红与注资的最优控制问题。为了使风险过程更加贴近现实，文章加入一些其他实际因素：公司的借债偿还比率、控制变量的边界限制、分红及注资过程的比例交易税。其目标是寻求一种控制策略最大化破产前累计折现分红减去折现注资的期望，这个问题可抽象为非线性奇异脉冲控制问题。文章分别对两种情况中的再保险策略取值变化进行分析，以及对其不同形式的 HJB 方程进行求解，得出了各自值函数的具体形式和与其相对应的最优控制策略。

刘烨、马世霞（2016）研究了风险模型中有交易费用和贵的比例再保险下的最优分红和融资控制问题，其目标是找到最大化破产前使股东分红减去融资额的现值期望的策略。文章考虑了贵的比例再保险和两种交易费用，并且通过构造两类次最优控制模型解决最优控制问题，最终证明出两类次最优模型中的解等价于所寻找的最优策略下的值函数。傅立群、王传玉和王照（2019）针对企业破产前的最优分红问题，为了实现分红期望现值的最优分配，分析了在带扰动的对偶模型下，考虑服从 Erlang（n）过程的累积分红，且当分红决策时间服从 Erlang（2）分布时，在收入为固定收入时周期障碍策略的最优特性。

也有的学者研究 MM 理论成立的条件，深入研究是否真的存在某种约束下，股价不相关。其中，做出非常大的贡献的是迪安基洛（DeAngelo，2006），他们用分配部分红利的策略测试米勒（Miller，1961）年提出的股价不相关理论，研究发现，米勒得出的股价不相关理论是基于下面的假设：完美的无摩擦的市场中，公司要么支付全部红利，要么不支付红利，没有中间地带。因此，他得出结论，如果允许支付部分红利，那么股价有可能相关。股价相关理论是指股东们都是风险厌恶的，他们宁愿今天就拿到回报，也不愿意等到明天，公司付的红利与公司的股价是相关的，为了公司更好的发展，公司应该最大化股东的红利。文章使用弹性红利假设说明股价相关性理论。李（Lee，2011）等扩展了迪安基洛（DeAngelo，2006）的关于红利弹性假设下的最优红利分配问题。他们将增长率、系统性风险，以及总的风险变量引入模型，使用了美国1969—2009年的数据测试增长率，验证系统性风险和总的风险对最优红利支付率的影响。研究发现，基于弹性的考虑，当增长率减少的时候，公司应该减少红利支付。此外，他们还发现了红利支付比率与风险之间存在非线性关系。换句话说，当增长率大于公司总资产的收益率时，红利支付比率和风险之间是负相关的；当增长率小于公司的资产收益率时，他们之间的关系是正相关的。

还有学者研究偏好差异化约束下的最优分红。其中，陈（Chen，2014）等研究了保险公司经理有时间不一致性偏好时的最优分红策略。时间不一致性偏好是指在较早的时间和较晚的时间，偏好是不一样的。也就是说，偏好会随着时间改变。需要特别注意的是，在不一致偏好的假设下，价值函数缺少期望迭代的属性，因此贝尔曼最优化原理不再成立。他们在模型中考虑了两种完全不同的经理，一种是单纯的经理，一种是世故的经理，通过理论分析，得出了当理赔额服从指数分布时的最优分配策略。研究结果显示，有时间不一致性偏好的经理偏向于比有时间一致性偏好的经理早点分发红利；同时，老练世故的经理比单纯天真的经理更倾向于分发红利。

国内学者对这个方向也有大量研究。李仲飞、陈树敏和曾燕（2015）考虑具有时间不一致性偏好的企业管理者的最优分红策略。他们假定企业盈余资金遵循一般扩散模型，管理者的偏好遵从准双曲贴现函数，研究目标是最大化破产前的累积红利现值。文章基于管理者对自己未来偏好的认识，分别考虑幼稚型、成熟型管理者的最优分红策略。首先利用随机最优控制方法得到了两类管理者的HJB方程及验证定理，然后以常系数扩散模型为例，得到幼稚型、成熟型管理者的最优分红策略的解析式，并对分红策略进行敏感性分析。结果表明，常系数扩散模型下有时间不一致性偏好的管理者更愿意提前分红，而成熟型管理者比幼稚型管理者更倾向于发放红利。此外，通过对幼稚型与成熟型管理者施加合适的破产惩罚，我们可使幼稚型、成熟型管理者的最优策略与无破产惩罚的时间一致性偏好管理者的最优策略相同。王晓繁和马世霞（2018）研究了带扩散的对偶模型中带有时间不一致性偏好的最优注资和分红问题，假设管理者的这种时间不一致性偏好遵从准双曲贴现函数，假设比例交易费用存在且注资可以阻止破产发生，其目标是最大化分红减去注资的累积现值期望，当公司收益服从指数分布时，得到了最优策略及最优值函数的解析式。研究发现，具有时间不一致性偏好的管理者更倾向于提前分红。

不能不提塞西等（Sethi et al.，1984，1991，2002，2008）的工作，他们为最优红利研究打下坚实的数学基础。没有数学的支撑，任何研究都不会扎实，因此，本书认为他们做了相当重要的工作。他们找到股票价格等于累积到股票份额的将来红利的资本化的充分又必要条件。此外，他们还针对著名的金融估价的 MM 理论有一个相当重要的随机延伸。当然还有更多的最优分红策略，和前面所述的都比较类似，此处不再赘述。

这些持续的研究显示，在不完美的条件下，如存在金融约束、信息不对称、代理成本、税收、不完全风险暴露、交易成本、固定债务、管理等不利条件，总是存在一个最优分红策略。公司，特别是保险公司，集中巨大的风险在自己身上，对公司的流动资金的分配，除了满足恰当的条件时分红给投资者或股东，还可能包括投融资、再保险等操作。投融资是为了流动资产的增值，再保险是为了尽可能减少公司未来的风险。基于公司管理层的这些策略，学者们研究了除了包含部分以上提及的不利条件，带有投融资或再保险的最优分红策略。考虑这两种策略的原因是试图通过增加公司流动资产的方法实现更多的分红。当然，增加公司资产的方式有两种：一种是增加公司收入，可以通过投融资的方式；另外一种是减小公司未来可能的损失，这对于集中大量风险在自身的保险公司来说尤为重要，公司可以通过再保险实现公司风险最小化。因此，近 20 年来，大量学者又把研究方向转向包含投融资或再保险的最优分红策略。

首先把投融资考虑到最优分红策略中的是拉德纳和薛普（Radner & Shepp，1996），他们认为，一个总收入不确定的、有破产风险的公司必须用流动保留金在分红和再投资之间进行选择。而且，不同的选择意味不同的期望收益与期望方差的某种权衡。他们的目标是最大化公司累计收入与累计红利的差额。文章首先研究的是一个扩散的情形，其漂移和波动率是从一个有限集里面动态选择的。然后，研究了一个任意的非减的过程，这个过程是公司选择的。他们认为，公司的策略必须是非透明的。公司在一个时间破产，那个时候现金保留金减少到 0，当然这个时间点可能在无穷远处，公司的目标肯定是在给定初始保留金的前提下，最大化从 0 到破产时间点的累计期望折现红利，他们最终计算出这个最优值，其中对应的最优策略有以下形式：①如果保留金小于某个关键值，那么就不支付红利，如果大于的话，就支付所有的盈余。②对于这个最优策略，公司会以概率

1 在某个有限的时间破产。

几乎同时，帕尔森和耶辛（Paulsen & Gjessing）于 1997 年发表的一篇文章考虑了在投资上有随机回报的风险过程。他们的着眼点也是当公司使用一种简单的障碍策略时，直到公司破产，总的预付红利的现值的期望。他们找到了最优障碍点。在这个最优障碍点，公司能支付给股东最高的红利期望现值。接着，德康和维伦纽夫（Decamps & Villeneuve，2007）分析了在一个流动性受限的公司的增长机会中，在发放红利和投资之间的相互作用。由于要考虑这两个方面，他们最终把问题转换为一个混合的奇异的扩散模型的最优停时问题。库伦科和希米德利（Kulenko & Schimidli，2008）考虑了一个包含红利分配和资本注入的经典模型，德菲尼蒂（Definetti）的经典问题一样，他们也考虑一个目标函数的最大值，这个目标函数就是红利支付的折现减去加罚资本注入的折现。他们从这个问题得出了 Hamilton-Jacobi-Bellman 方程，然后证明了这个问题的最优策略是一个障碍策略，他们详细分析了当障碍点在 0 时的情形，然后找出了一个指数形式的解。姚（Yao，2011）等在一个对偶风险的模型中考虑最优红利和资本注入问题。这个模型可能对那些以发明和发现为特色的公司来说是很恰当的，因为他们会持续投资，但是回报是偶尔的。他们的目标是最大化一个差值，即红利的期望现值减去资本注入的折现成本。这个问题就是一个脉冲控制问题。他们使用拟变差不等式的反复解决了这个最优控制问题，最后也用数值算例说明他们的方法的正确性和有效性，同时也给出了一些有意思的经济解释。

法拉利和舒曼（Ferrari & Schuhmann，2018）提出并解决了一个有限时间范围内带资本注入的最优股利问题。盈余动态服从一个线性控制的漂移布朗运动，该运动在零处得到反映，股利产生与时间相关的瞬时边际利润，注资则受到与时间相关的瞬时边际成本的影响。其目的是使期末清算价值与股息预期利润总额（扣除注资预期成本总额）之和最大化。文章将有资本注入的最优红利问题与零吸收的漂移布朗运动的最优停止问题联系起来，证明了当最优停止规则由一个含时边界触发时，最优停止问题的值函数给出了最优红利问题的值函数的导数。何塞·路易斯·佩雷斯（Jose-Luis Perez，2018）等研究了在累积股利策略绝对连续的约束下，包含资本注入的最优股利问题。文章考虑一般谱负情形的一个开放性问题，并利用折射反射 Levy 过程的涨落恒等式显式地导出最优解，用尺度函数简明地写出了最优策略和价值函数。数值结果也证实了分析结论。

国内学者也做了大量研究。杨鹏、林祥（2011）用跳-扩散风险模型模拟保险公司的盈余，把盈余的一部分投资到金融市场；同时，金融市场由一个无风险资产和多个风险资产组成，且保险公司可以购买再保险。该研究在买卖风险资产时考虑了交易费用。他们采用随机控制的方法，找到了最优策略、值函数的显示解。姚定俊、郭文旌和徐林（2013）考虑固定交易费用、比例交易费用影响下的最优注资和分红策略问题。假定如有必要公司随时可以得到注资从而避免破产，但是仅在满足某种泊松过程的跳跃时刻才可能分红。为了破产前实现分红现值与注资现值之差最大化，寻找最优的注资和分红策略，文章通过求解相应的脉冲控制问题，找到了依赖于模型参数的显示解。薛涛（2014）研究包含注资的扩散模型的最优分红问题。文章考虑每次分红时需要支付固定或一定比例交易费用，分红问题即变为脉冲控制问题。为了降低自己面临的风险，保险公司通常会进行再保险，考虑了超额损失再保险，同时在保险公司的盈余为负时，允许股东注资，使保险公司能够继续运营，文章的目标是最大化分红效用的贴现值减去注资贴现制的期望，其得到了值函数所满足的拟变分不等式并求得了最优回归函数和最优策略。

王永茂、祁晓玉和负小青（2015）基于经典风险模型对有限分红率下公司注资和分红的最优策略进行了深入研究，目标是实现公司风险最小化或股东净收益最大化。文章首先根据保险公司的盈余过程求得了值函数的具体表达式，并构建了值函数满足的 HJB 方程，继而得到保险公司最优注资和分红策略，并给出了最优注资上限和最优注资下限。文章最后对公司面临破产风险时是否选择注资、注资量大小进行了探讨。甘少波、王伟（2017）从再保险公司的角度研究最优投资和再保险策略问题。他们假定金融市场中再保险公司的成本支出和风险资产的价格均服从几何布朗运动，文章采用随机动态规划方法解出了相应的 HJB 方程和验证定理，最后得到了相应的最优投资策略和最优再保险策略。陈格、陈源坪和王一婧（2018）考虑带注资和分红的离散更新风险模型，公司对来自股东的注资和红利支付进行控制，使得破产前能够最大化贴现总红利减去贴现总注资和贴现总罚金（发生赤字时）的期望，最终得到了最优控制策略及最优破产条件。张爱丽、刘章、王文元（2019）讨论一类 Cramér-Lundberg 模型，此模型在分红时伴随比例赋税和固定交易费、注资时存在比例罚金与固定交易费。文章研究了其净红利收益与注入资本之差的预期贴现值的最大值问题，在此问题中不包含负盈余或破产的发生，他们通过求解相应的拟变分不等式，在索赔为指数分布时，得到了最优收益函数、最优联合分红和注资策略的解析解。

关于再保险问题，戈贝尔（Gerber）等是研究比例再保险问题的先行者。而阿斯穆森（Asmussen）、霍加特（Højgaard）及塔克萨尔（Taksar）等首次研究了非比例再保险的最优策略。然而，不能不提的是，塔克萨尔（Taksar）、霍加特（Højgaard）和卡德尼拉斯（Cadenillas）等对比例再保险的研究及将比例再保险引入最优分红问题的研究成果更加显著。由于本书研究的内容涉及再保险，所以我们特别对这方面有代表性的文献做了一个回顾。

关于不带红利的最优保险选择问题的研究，最早做出较大贡献的除了戈贝尔（Gerber），还有奥利·赫斯勒格（Ole Hesselager，1990）。他研究了当分出保险人和再保人寻求最小化最终损失时的最优再保险结构。尽管如此，做出开创性的巨大贡献的是霍加特和塔克萨尔（Højgaard & Taksar）。他们在同一年发表了文章，给出了关于带交易成本的最优比例再保险策略，研究了更一般的情况，并在他们的模型中加入了正的交易成本，借助随机控制理论，经过详细的理论分析，得出结论：当再保险人的保费安全载荷大于两倍的保险人的保费安全载荷时，那么最优策略是不保险。如果前者的范围在后者的1~2倍时，那么最优保险份额是保留金的函数，会在某个固定的范围内单调增加。

再保险和分红其实是目标一致的两个事件，再保险就是为了能够实现公司损失最小化和盈余最大化，因此，我们可以在最优投保比例和最优分红之间找到平衡点。阿兹库和穆勒（Azcue & Muler，2005）考虑了保险公司的保留金遵循 Cramér-Lundberg 过程。他们认为公司管理层可以利用再保险控制风险。他们的目标是在再保险策略和分红策略中间找到一个动态的选择，而这个动态选择是能够最大化累积的折现红利分配的期望。他们考虑了超额损失再保险和同比例再保险。他们给出了最优值函数及对应的最优策略。同时，他们也把最优值函数描述成小的初始保留金。

与阿兹库和穆勒（Azcue & Muler，2005）假设公司盈余服从 Cramér-Lundberg 不同，卡德尼拉斯（Cadenillas，2006）等利用一个脉冲模型研究了一个能控制公司行为的金融或保险公司的包含交易费用、红利税及再保险的分红最优化问题。与 Cramér-Lundberg 模型不同的是，脉冲模型包含分红的时间点和对应时间点的分红数量，包含的信息更加具体，也更加符合实际，因此卡德尼拉斯（Cadenillas）和塔克萨尔（Taksar）在模型的设计上做出了巨大的贡献。在这个问题中，他们要求风险和利润能够同比例地增加或减少。他们的模型中也包含研究分红的时间点和分红的数目。在他们看来，公司的目标就是最大化直到破产时的总的折现红利的期望值。因为存在一个固定的交易费用，所以他们研究的问题变成了一个复杂的经典-脉冲混合的随机控制问题，经过理论分析把问题转变成一个拟变分不等式，继而化简成一个非线性二阶微分方程。他们详细地求解了这个方程，并构造了值函数，给出了对应的最优分红策略。最后，基于这个最优分红，他们也计算出了分红之间的期望时间。

除了假设公司的流动资产服从脉冲模型，卡德尼拉斯（Cadenillas，2007）等受詹森（Jensen，1986）自由现金流假设的影响，假设一个金融公司的现金池遵循一个均值回归的过程，公司必须决定最优分红策略，包含最优分红时间、最优分红数目。他们的这个过程包含漂移项和扩散项。关于漂移项，他们讨论了漂移系数与现金流级别无关，以及与现金流成比例两种情况。关于分红，他们引入了分红时产生的两种成本，即固定成本和比例成本。

魏（Wei，2010）等针对承保人，提出了最优的再保险和红利策略。他们用一个经典的复杂的泊松模型对承保人的盈余过程建模，这个风险模型是被一个可观察的连续时间的马尔科夫链调制过的。承保人的目标是选择再保险和红利分配策略，使得直到破产时，总的折现红利的期望能取最大值，文章给出在状态转换存在的前提下粘性解的定义。研究结果显示，最优值函数是对应的 HJB 方程唯一的粘性解。孟和西乌（Meng & Siu，2011）研究了一个保险公司的最优再保险和最优红利问题，这个问题包含再投资，同时也考虑了公司需要支付固定成本和比例成本的情况。公司的目标是决定一个再保险、红利和再投资策略，使得直到破产时为止的折现红利期望减去折现再投资的期望的差值达到最大。他们特别关注超额索赔再保险策略，并且证明了这个策略是个最优策略。文章使用混合的经典-脉冲控制讨论这个问题，并使用库存控制理论，给出了值函数及对应的最优策略。

周和袁（Zhou & Yuen，2012）研究了一个大的保险组合的带有比例再保险和资本注入的最优红利问题。他们假设通过方差原理计算再保险的保费，而不是使用期望值原理。目标函数是最大化红利折现的期望减去资本注入的折现成本，根据资本注入是否被允许及红利策略是否存在约束，此问题被分成四个情况。在所有的情况中，文章均计算了值函数的闭合表达式，以及对应的最优红利和再保险策略。结果显示，最优红利分配策略是带有一个常数障碍的阈值类型，风险的最优割让比例随着初始的盈余而成指数减小，但是当初始盈余超过红利壁（障碍）时，这个最优割让比例就保持恒定。谭（Tan，2013）等引入一种再保险策略到带有分红壁的 Sparre Andersen 风险模型，他们把这个策略命名为分红-再保险策略。研究结果显示，新策略对应的值函数远远大于最优障碍策略对应的值函数，也超过了最优分红策略对应的值函数，文章同时给出了新策略的一些优势条件。

程和赵（Cheng & Zhao，2016）假设一个保险公司能够通过动态地支付红利增加投资及购买再保险控制公司盈余。文章假设可以通过方差保费原理计算再保险的保费。他们在最大化保险公司价值的目标下，确立了最优的共同策略，考虑了破产时任意的最终公司价值及交易成本的影响。经过严密的理论分析，文章得出结论：当且仅当公司的最终价值及交易成本不是太高和公司正在破产的边缘时才会考虑重新投资，而且每个资本注入的数量是保持不变的。最优风险分出比例随着当前公司盈余的减少而减少，而当盈余超过某个常数值时保持不变。当红利率无约束时，最优红利分配策略是一个障碍类型；而当红利率被约束时，这个最优策略是一个门槛类型。如果最终价值足够高的话，保险公司应该宣告破产。他们特别提到了有时对于再保险合同和破产时的负的最终价值，交易费用是不可避免的。他们又进一步研究了昂贵的再保险和任意最终价值情况下的最优化问题，最终给出了约束红利率和无约束红利率条件下的最优红利、重投资和再保险策略。

国内关于包含再保险的最优分红也进行了相当多的研究。

杨步青和叶中行（2000）讨论保险公司的最优再保险、分红策略，其中风险遵循复合泊松过程，相应的盈余过程（surplus process）遵循一个跳跃过程。对此跳跃过程的最优控制问题，文章应用动态规划原理得到了积分-微分（integro-differential）形式的 HJB 方程，接着采用近似方法将模型在时间和状态空间上分别离散化，将离散最优控制问题的解作为以上连续模型的近似。林祥、杨鹏（2010）针对扩散风险模型研究了投资、比例再保险对红利的影响。在常数边界分红策略下，其得到了使得贴现红利期望最大的最优投资和比例再保险策略的显示表达式，并得到最大贴现红利期望的表达式。李亚男（2016）研究了盈余过程遵循伽马过程的保险公司的最优再保险和最优分红问题。由于伽马模型下 HJB 方程难于解出确切的结果，因此采用尺度函数测度分红问题的值函数，并引入粘性解证明于再保险问题的值函数的最优性。张雪芳、金燕生（2019）采用跳扩散风险模型研究使保险公司红利的期望最大的最优再保险和最优投资问题。在阈值分红策略及期望值保费原理下，文章运用扩散逼近理论和随机最优控制理论得到了该模型的 HJB 方程，最后获得了最优值函数及分红策略的显示解，并用数值模拟分析了重要参数对最优分红策略的影响。

针对本书研究的内容，我们将从更具体的角度回顾相关文献。

首先，考虑分红事件的描述，有相当一部分学者，如霍加特和塔克萨尔（Højgaard & Taksar，1997）、阿斯穆森和塔克萨尔（Asmussen & Taksar，1997）、贝尔哈（Belhaj，2010），把累积分红考虑成一个积分函数，由于积分函数的良好性质，HJB 方程很容易求得。霍加特和塔克萨尔（Højgaard & Taksar，1997a）研究了包含交易费用的最优比例再保险策略。他们假设保险公司的保留金遵循一个随机微分方程，把累积分红考虑成一个积分函数，目标是找到一个策略，使得累积保留金的折现积分的期望达到最大。最终他们通过构造 HJB 方程，找到了一个封闭解。柏（Bai，2010）等也把累积分红看成连续积分形式，通过最大化股东们直到破产时累积收到的总的期望折现红利，研究了最优的超额赔款再保险问题，以及最优红利策略。他们考虑了红利发放时存在交易成本及税率。他们把这个问题转换为一个随机的脉冲控制问题。通过解相应的拟变分不等式，他们得到了最优回报函数及最优红利策略的最优解。

另外一部分学者，如卡德尼拉斯（Cadenillas，2006）和姚（Yao，2017）等，把累积分红考虑成一个离散的事件，包含一系列的分红时间和分红数量，由于离散事件的复杂性，HJB 方程不易被求得，往往需要把其转换为一系列的等价不等式。卡德尼拉斯（Cadenillas，2006）等研究了一个能控制公司行为的金融或保险公司的分红最优化问题。姚（Yao，2017）等假设一家大型保险公司可以通过再保险、分红或注资控制盈余过程，文章同样将分红事件看成一系列的离散事件，业务活动采用指数保费原则和比例再保险。他们考虑了公司需要同时支付比例成本和固定成本的一般情况，目标是确定一个最优的再保险-股息-注资策略，以最大化股息的预期现值减去注资，直至破产。在非廉价和廉价再保险的情况下，他们分别得到了价值函数和最优策略的显式解。

关于分析累积分红的连续和离散假设，后一种考虑明显更加符合实际情况，而且分红事件更加具体，本书即采用后一种描述分红的方式。

以上的大部分的模型中，如均值回归模型、脉冲模型、Cramér - Lundberg 模型，学者们都用带漂移和扩散项的随机过程描述公司的流动资产。其中，漂移项代表单位时间的期望收益，而扩散项代表风险暴露。最后，本书回顾一下学者们在各种模型中对漂移和扩散项的主要设定。大部分的文献都是把漂移和扩散系数都作为常数研究，把这两项考虑成变量的主要工作。

塔克萨尔和周（Taksar & Zhou，1998）研究了一个公司的模型，这个公司能够在可选的控制策略集中选择一种公司策略，这个控制集包含不同的期望收益及与之有关的风险。另外，这个策略里面也包含一种选择，就是发放一定数量的红利给股东们。需要特别注意的是，他们在模型中考虑了固定的公司债务的偿还，如债券债务及贷款分期偿还。他们的目标是，找到一个可以最大化累积的红利折现的期望值的策略，这种累积会一直持续到公司破产。他们把公司资产的动态性建模成一个扩散过程，这个扩散过程包含漂移系数和扩散系数，是风险控制变量的仿射函数。换句话说，他们模型中的潜在收益和风险是成比例的。他们把累积红利建模成一个不断增长的过程。通过理论推导，他们研究的原始问题变成一个扩散过程的规律-奇异的混合控制问题。他们模型中的潜在收益和风险是成比例的，这也是本书研究工作的最初起源。帕尔森（Paulsen，2007）考虑了一个一般的扩散模型的最优红利支付问题。在他的模型中，伴随着每一次红利支付，都有成比例的成本和股东成本存在。同时，他的模型里的漂移项和扩散项都是公司资本的函数，它们的值会随着公司资本的变化而不断变化。他的研究结果显示，根据模型参数和成本的不同，函数本质上有三个不同的解。①无论何时公司的资产值达到一个障碍值 ，这个值超过障碍值的部分都会被以红利的方式分发出去，这个过程将会继续。②无论何时资产到达这个障碍值，那么公司就把所有的资产以红利方式分发出去，整个过程终止。③没有最优策略，但是对于增长的障碍，我们可以用上面一个或两个情况里最优策略对应的函数来近似表达这种情况下的值函数。

卡德尼拉斯（Cadenillas，2006）等研究最优分红所用脉冲模型包含的漂移项和扩散项都是常数，但是，他们对带交易成本、分红税和再保险的最优分红问题，做了开创性的理论工作。紧接着，卡德尼拉斯（Cadenillas，2007）等拓展他们前一年的工作，受詹森（Jensen，1986）自由现金流假设的影响，他们假设一个金融公司的现金池遵循一个均值回归的过程，公司必须决定最优分红策略，包含最优分红时间、最优分红数目。这个过程包含漂移系数和扩散系数，其中漂移系数讨论了与现金流级别无关及与现金流成比例两种情况。另外，关于分红，他们引入分红时产生的两种成本：固定成本和比例成本。文章通过建模，把这个过程变成一个随机脉冲控制问题并发现了解析解。文章最终得出结论：随着红利支付税率的减少，股东们每次收到较少但是较频繁的分红，是最优的选择。安吉丽斯和埃斯特姆（Angelis & Ekstrom，2017）将漂移和扩散系数都考虑为资产盈余的函数，从而尝试将有限时间范围内的最优红利问题的值函数描述为合适的 Hamilton-Jacobi-Bellman 方程的唯一经典解。最优股利策略是在一个与时间相关的最优边界上，通过对基金价值的 Skorokhod 反映实现的。文章首次建立了吸收边界奇异控制问题与扩散问题上的最优停止问题之间的一个新的联系。

国内也有相关研究。鲍品娟、费为银和胡慧敏（2010）考虑了部分信息情形下当市场利率非零时的最优消费投资模型，并讨论了相应的最优消费投资策略，最后探讨了当扩散系数可逆且漂移系数服从已知分布时的贝叶斯特例时的最优交易策略。樊锦靓（2014）利用随机控制理论的方法，通过建立数学模型，研究了最优投资与再保险策略及如何提高自身的赔付能力和盈余水平使得最小化保险公司破产概率的最优控制问题。首先，在带漂移系数的风险模型下，保险公司购买超额损失再保险，并将部分盈余投资于一些无风险资产和风险资产；其次，用扩散逼近原理连续化离散的赔付过程，并得出相应 HJB 方程的显式解，文章证明了相关解的存在性与唯一性，总结出在不同自留额下的最小破产概率、最优超额损失再保险和最优投资策略。

我们注意到，关于漂移系数的文献基本都把漂移系数设成常数研究，或者假设成与现金流有关的函数，未见分红模型中包含随机的漂移和扩散项，更没有文献提出此类问题的解。特别是带有交易成本、分红税及再保险的最优分红问题，我们更是没有随机漂移和扩散项的相关研究。然而，在现实世界中，漂移或扩散系数可能不是一个常数，而是一个不确定的数，比如遵循某个随机过程。因此，为了使得模型更加与现实贴合，在本书中，我们把漂移或扩散系数考虑成不确定的数，遵循某种随机过程。

3 预备知识

3.1 风险涵义及测度

3.1.1 风险涵义

学界和业界对风险都没有统一的定义，基于不同研究角度，我们可以将具有代表性的风险涵义归纳如下。

（1）风险是未来结果发生的不确定性。

玛奇和沙皮拉（March & Shapira）认为风险是相关事件可能结果的不确定性，提出用反应波动性的收益分布的方差测度。威廉姆斯（Williams，1985）认为风险是在某一特定的时期，在给定的条件下，未来结果的不确定变动。莫布雷（Mowbray，1995）认为风险就是不确定性。布恩米利（Brnmiley）等学者认为公司收入不确定性形成了风险。最有影响力的是马科维茨和夏普（Markowitz & Sharp），他们基于证券投资，将此过程中的风险定义为该证券资产的所有可能收益率的变动大小，将风险的度量为收益率的方差，较早地将风险量化，使得普通投资者对风险有比较直观的认识，便于投资者进行理性投资；同时，因为其提出的用方差计算风险非常方便，因此马科维茨（Markowitz）的风险定义在实际中得到非常广泛的应用，本书第 4 章、第 5 章所涉及的风险调整及马科维茨（Markowitz）的最小方差方法，均是基于这种风险的度量方式。

（2）风险是由各基本构成要素相互作用的结果。

风险的基本构成要素是风险因素、风险事件及风险结果，风险形成的必要条件是风险因素，是风险产生的前提。风险事件是风险发生的充分条件，是外界环境发生不可预测变动从而导致风险结果的事件，风险事件在风险中占据核心地位。其实风险发生的导火索，是连接风险因素和风险结果的桥梁。叶青、易丹辉（2000）认为，风险的内涵在于在一定时间内，有风险因素、风险事故、风险结果三者递进联系而呈现的可能性。郭晓亭、蒲勇健等（2002）将风险定义为：在一定时间内，以风险因素为必要条件，以风险事件为充分条件，相关主体承受风险结果的可能性。

（3）风险是指可能发生损失的损害程度的大小。

马科维茨（Markowitz）基于收益率的上半波动与下半波动，有时并非对称的背景下，提出了下方风险（downside risk）的概念，即实际的收益率的风险可能不等于期望收益率的风险，并提出实际收益率的风险用半方差（semi-variance）计量。风险应该是收益率的波动中，所有向投资主体不利方向波动的均值，而不是包含收益率的所有向上和向上波动。欧德里和苏利兰（Ouderri & Sulliran，1991）也将这种风险的测度方法具体应用到了证券投资。段开龄也认为，风险应该等于预期损失的不利于相关行为主体的偏差。他所研究的行为主体是保险公司或被保险企业，若预期损失率大于实际损失率，则对于保险公司而言不利偏差是负偏差。此时，保险公司所面临的风险即为负偏差，正偏差不应该是风险。这种观点无疑是对于风险的更加精准的描述，但由于其计算的复杂性及较小的非对称概率，该观点在实际的投资决策的应用中并未得到推广。

（4）风险是指损失的大小和损失大小对应的可能性。

朱淑珍（2002、2015、2017）把风险定义为：在一定时期内，在一定条件下，由于各种结果的不确定性，相关行为主体遭受的损失及这种损失发生的概率。因此，在她看来，风险是一个二维概念，风险应该采用损失的大小与其对应的概率大小两个指标进行衡量。王明涛（2003）将风险定义为：在决策过程中，由于各种不确定性因素，某种决策在一定时间内出现不利结果，而带来的损失大小及此损失对应的可能性；风险应该包括损失的大小、概率及易变性三方面内容，其中损失的大小在三者中最为重要。

（5）采用风险价值度（在险价值）定义风险。

JP 摩根的技术人员首次开发了 VaR 模型—RiskMetrics，即是在给定的置信度 $X\%$下，估算出给定时间 T 内可能产生的最大损失。由于其计算相对简单，度量相对准确，国际清算银行在 1996 年的《巴塞尔协议修正案》中也允许各国银行使用自己内部的基于 VaR 的风险评估模型，即采用内部模型法设立防范市场风险的资本金。乔里（Jorion，1997）在研究金融风险时，首次给 VaR 下正式定义，在正常的市场环境下，给定时间及置信度水平，预期最大损失（或最坏情况下的损失）即为 VaR，定义包含了测度方法。VaR 适用于衡量包括利率风险、汇率风险、股票价格风险及黄金等商品价格风险和衍生金融工具风险在内的各种市场风险的整体风险情况。当然 VaR 也有其弱点，仅仅度量最坏情况下的损失及对应的概率，并未度量超过最大损失的平均损失，所以学者们又相继提出了 ES（预期亏损）、CVaR（条件风险价值度）等。但由于模型的计算比较复杂，这些模型最终未得到广泛的应用和推广。

（6）风险是损失发生的不确定性。

罗森布（Rosenb，1972）将风险定义为事件损失的不确定性。柯莱恩（Crane，1984）认为风险是指事件未来损失的不确定性。比奥克特（Bioket）等采用概率对风险进行描述。鲁弗利（Ruefli）等将风险定义为不利事件或不利事件集发生的概率。这种观点又分为主观和客观学说两类。主观学说认为不确定性是个人的、心理上的观念，是主观的，是对客观事物的主观估计，所以不能以客观的具体测度予以衡量；不确定性的范围包括发生时间的不确定性、发生状况的不确定性、发生与否的不确定性、发生结果严重程度的不确定性。客观学说的前提为风险是客观存在的，其以对风险事故的发生进行考察为基础，用数学和统计学的方法进行定义和测度。奈特认为风险的不确定性可以被测度，佩费尔将风险定义为可客观衡量的概率的大小。本书第 6 章、第 7 章、第 8 章基于这种风险的观念，认为风险是不确定性造成的，公司收益和风险暴露的不确定性、随机性可能会引起风险，导致公司决策（包括分红、投资）等的困难和偏差。所谓风险暴露，也称风险敞口，是指未加保护的风险，在具体决策中，债务人的可能违约行为导致的存在风险的信贷余额，指实际所承担的风险。

3.1.2 风险测度

基于风险涵义的不同，学者们对风险测度方法又有所侧重，其中比较典型的测度方法如下。

（1）马科维茨（Markowitz）的基于方差的风险测度方法。

马科维茨（Markowitz，1952）针对证券投资组合的选择问题，提出了均值-方差模型，用均值描述期望收益，用方差描述风险，投资组合的目标是在风险一定的前提下，求解期望收益最大，或在期望收益一定的约束下，求解风险最小。

假设证券投资组合各资产比例 $w=(w_1, w_2, \cdots, w_n)$，$w_i$ 为各资产所占总资产的比例，其满足约束 $\sum_{i=1}^{n} w_i = 1$，假设 r_i 为第 i 项资产的实际收益率，为随机变量，那么资产组合的收益率为：$R=\sum_{i=1}^{n} w_i R_i$，则此组合的预期收益率和风险为

$$\mu = E(R) = \sum_{i=1}^{n} w_i E(R_i) = \sum_{i=1}^{n} w_i \mu_i$$

$$\mathrm{Var}(R) = \sigma^2 = \sum_{i=1}^{n}\sum_{k=1}^{n} w_i w_k \mathrm{Cov}(r_i, r_k) = \sum_{i=1}^{n}\sum_{k=1}^{n} w_i w_k \rho_{ik}\sigma_i\sigma_k$$

其中，$\mathrm{Cov}(r_i, r_k)$ 为 r_i、r_k 的协方差，ρ_{ik} 为 r_i、r_k 的相关系数，σ_i、σ_k 为 r_i，r_k 的标准差。在实际应用中，不能准确知晓证券组合的收益率的分布时，预期收益率、风险和相关系数均需要基于 r_i 的历史数据进行估计。

假若采用矩阵表示，各项资产的期望收益向量记为 $\mu=[\mu_1, \cdots, \mu_n]'$，协方差矩阵为 $C=(c_{i,j})_{1\leqslant i, j\leqslant n}$，投资组合 $w=[w_1, \cdots, w_n]'$ 的最终收益为

$$R(w) = w'x$$

其中，$x=[x_1, \cdots, x_n]'$。该投资组合的期望收益和风险分别为

$$E[R(w)] = w'\mu$$

$$\mathrm{Var}[R(w)] = w'Cw$$

本书第 4 章、第 5 章采用了以上收益和风险的测度方式。

（2）基于半方差的风险度量。

欧德里和苏利兰（Ouderri & Sulliran，1991）提出以证券收益率的半方差作为证券投资的风险测度，即 E-SV 模型。

朱淑珍（2012，2018）提出，设 X 为随机变量，h 为实数，记

$$(X-h)^- = \min(X-h, 0)$$

$$(X-h)^+ = \max(X-h, 0)$$

则 $E[(X-h)^-]^2$ 和 $E[(X-h)^+]^2$ 为随机变量 X 的两个半方差，分别记为 $D_h^-(X)$、$D_h^+(X)$，同时，X 的半标准差记为 $\sigma_h^-(X)=\sqrt{D_h^-(X)}$，代表 X 对 h 的左偏差程度；$\sigma_h^+(X)=\sqrt{D_h^+(X)}$ 代表 X 对 h 的右偏差程度。若

X、Y 对 h_1、h_2 的协方差为 $Cov_{h_1, h_2}(X, Y) = E(X - h_1)(X - h_2)$，那么 X、Y 对 h_1、h_2 的两个半协方差为

$$\frac{D_{h_1}^{-}(X)D_{h_2}^{-}(Y) + 0.5D_{h_1}^{-}(X)D_{h_2}^{+}(Y) + 0.5D_{h_1}^{+}(X)D_{h_2}^{-}(Y)}{D_{h_1}(X)D_{h_2}(Y)}\mathrm{Cov}_{h_1, h_2}(X, Y)$$

$$\frac{D_{h_1}^{+}(X)D_{h_2}^{-}(Y) + 0.5D_{h_1}^{-}(X)D_{h_2}^{+}(Y) + 0.5D_{h_1}^{+}(X)D_{h_2}^{-}(Y)}{D_{h_1}(X)D_{h_2}(Y)}\mathrm{Cov}_{h_1, h_2}(X, Y)$$

（3）基于灵敏度的风险度量。

基于灵敏度的风险度量是利用金融资产的价值对市场因子（利率、汇率、股票指数、商品价格等）的敏感性度量金融资产市场风险的方法。基于灵敏度的风险度量是金融资产价值相对市场因子的一阶线性近似的测量方法，因此其具有局限性，不能用来测度资产价值与市场因子呈非线性关系的金融资产。假设 λ_i 为市场因子，$i = 1, 2, \cdots, n$，则资产价值 P 的百分比变化为

$$\frac{\Delta P}{P} = \sum_{i=1}^{n} D_i \lambda_i$$

其中，D_i 即为资产价值对各市场因子的敏感性，即灵敏度。

（4）基于久期的风险度量。

久期是未来所有现金流在当前的加权折现，权重是某个现金流的现值占金融资产现值的比值，久期反映了金融资产价格对利率的敏感程度，即未来利率变化对金融资产价格的影响程度。

久期是一种时间概念，代表了某债券或存贷款等金融资产未来所有现金流的平均回流时间。它也描述了利率敏感性和非敏感性资产价格随利率变化而发生变化的程度，其首次被麦考利（Macaulay，1938）提出，计算公式为

$$D = \sum_{t=1}^{T} t_t w_t, \quad w_t = \frac{\mathrm{DCF}_t}{P_0} = \frac{\mathrm{CF}_t}{P_0(1 + R)^t}$$

其中，t_t 为所有未来现金流的回流时间点，DCF_i 为所有未来现金流的当期折现值，CF_i 为所有未来现金流的大小，P_0 为债券或存贷款资产的当期价值（价格）。

债券或存贷款等资产价值 P 与久期的关系为

$$\frac{\Delta P}{P} = -\frac{D}{1 + R} \times \Delta R + 0.5C \times (\Delta R)^2$$

其中，C 为凸性，当利率变化较小时，可以省略第二项，上式变为

$$\frac{\Delta P}{P} = - \frac{D}{1 + R} \times \Delta R$$

这意味着，久期越大，债券或存贷款等资产面临的利率风险越大；久期对资产价格的影响越大，久期越大，资产价格的百分比变化率越大，随着利率的变化，资产价格的变化越大。

（5）基于风险价值度（VaR）的整体风险度量方法。

在给定的置信度 $X\%$ 下，我们估算给定时间 T 内可能产生的最大损失为 VaR，满足如下表达式：

$$\mathrm{Prob}(L > \mathrm{VaR}) = 1 - X\%$$

若损失服从正态分布或其他统计分布，我们可以反解出 VaR 的值。VaR 的值越大，资产在某种置信度下将来的最大可能损失越大，资产的整体风险越大。

（6）基于不确定性的风险度量。

默顿（Merton，1974）认为，公司的价值是动态的、不确定的、随机的，其服从几何布朗运动，即公司的价值随着时间的推移遵循以下随机过程：

$$\mathrm{d}V_t = V_t\mu \mathrm{d}t + V_t\sigma \mathrm{d}W_t$$

其中，V 为公司价值，μ 为漂移系数，σ 为扩散系数，W 为布朗运动，价值的不确定性主要来自布朗运动。

随着研究的深入，学者们发现不同公司的价值应遵循不同的随机过程，不应该都完全遵循几何布朗运动。例如，卡德尼拉斯（Cadenillas，2006）等认为，包含离散分红行为、税费和再保险的保险公司的价值应该遵循以下随机过程

$$X_t = x + \int_0^t \mu u(s)\mathrm{d}s + \int_0^t \sigma u(s)\mathrm{d}W_s^1 - \sum_{n=1}^{\infty} I_{\{\tau_n < t\}}\xi_n$$

其中，X 为公司的实时价值，x 为公司初始价值，$1 - u$ 为再保险率，ξ 为分红数量，μ 为漂移系数，σ 为扩散系数，W 为布朗运动，I 为示性函数。

卡德尼拉斯（Cadenillas）认为漂移和扩散系数是常数或是公司价值的函数，若漂移、扩散系数不严格和公司价值有相关关系，而是存在其他不确定性、遵循与公司价值无关的其他随机过程时，比如

$$\mathrm{d}\mu_t = k_1\mu_t \mathrm{d}t + \sigma_1\mu_t \mathrm{d}W_t^2,$$

或

$$\mathrm{d}\mu_t = k_1\mu_t(k_2 - \mu_t)\mathrm{d}t + \sigma_1\mu_t\mathrm{d}W_t^2,$$

或

$$\mathrm{d}\sigma_t = \frac{k_1}{\sigma_t}\mathrm{d}t + \sigma_1\mathrm{d}W_t^2$$

时，包含离散分红行为、税费和再保险的保险公司的价值应该遵循以下随机过程：

$$X_t = x + \int_0^t \mu(s)u(s)\mathrm{d}s + \int_0^t \sigma u(s)\mathrm{d}W_s^1 - \sum_{n=1}^{\infty} I_{\{\tau_n < t\}}\xi_n$$

或

$$X_t = x + \int_0^t \mu u(s)\mathrm{d}s + \int_0^t \sigma(s)u(s)\mathrm{d}W_s^1 - \sum_{n=1}^{\infty} I_{\{\tau_n < t\}}\xi_n$$

本书第 6 章至第 8 章基于以上不确定性风险的公司价值、收益（漂移系数）和风险暴露（扩散系数）测度方式对保险公司的分红行为进行研究。

在下一节，本书会详细介绍广泛应用的基于方差的风险测度的 Markowitz 投资组合理论及基于不确定性风险测度的随机控制和分析理论，为本书第 4 章至第 8 章做准备。

3.2 最优投资相关基础

3.2.1 广义逆矩阵及其性质

矩阵的广义逆，又称伪逆，最早是数学家摩尔（Moore）在 1920 年对一个不可逆矩阵利用投影算子定义了其广义逆。其明确的定义（周杰，2008）如下。

定义 3.2.1.1 对任意矩阵 $X \in \mathbf{R}^{m\times n}$，如果矩阵 $A \in \mathbf{R}^{n\times m}$ 满足下列四个条件：

$$XAX = X$$

$$AXA = A$$

$$(AX)' = AX$$

$$(XA)' = XA$$

则称矩阵 A 为 X 的广义逆，记为 $X^{\dagger}$。

矩阵的广义逆具有下列性质。

定理 3.2.1.1　对矩阵 $X \in \mathbf{R}^{m\times n}$ 及其广义逆 $X^{\dagger}$，有

$$(X^{\dagger})^{\dagger} = X$$

$$(X')^{\dagger} = (X^{\dagger})'$$

$$(XX')^{\dagger} = (X')^{\dagger} X^{\dagger}$$

$$(X'X)^{\dagger} = X^{\dagger} (X')^{\dagger}$$

$$X^{\dagger} = (X'X)^{\dagger}X' = X' (XX')^{\dagger}$$

矩阵广义逆及其性质可应用于求矩阵方程和线性方程组的解。

定理 3.2.1.2　对矩阵 $A \in \mathbf{R}^{m\times n}$，$B \in \mathbf{R}^{m\times p}$，如果矩阵方程 $AX = B$ 相容，则其通解为

$$X = A^{\dagger}B + PD$$

其中，$P = I - A^{\dagger}A$，且 $D \in \mathbf{R}^{n\times p}$ 可以为任意矩阵。

3.2.2　Markowitz 投资组合理论

在证券市场上，投资者选择投资组合，是在收益和风险之间做出权衡。参考严加安（2012）等，本书简单引述其中的允许卖空情况下的均值-方差分析理论。

假设一位经济人在证券市场投资，在 0 时刻（当前时刻）投资，在 1 时刻（未来时刻）获得回报，市场中有 1 只无风险证券和 d 只风险证券，用 $X_i(0)$ 和 $X_i(1)$ 代表两个时期的证券 i 的价格，无风险证券的收益率为 r_f，风险证券的收益率为 $r_i = X_i(1)/X_i(0) - 1$，其期望收益为 $e_i = E[r_i]$，全收益为 $R_i = 1 + r_i$，$r = (r_1, \cdots, r_d)^T$，$e = (e_1, \cdots, e_d)^T$，随机向量 r 的协方差阵为 $V = E[(r - e)(r - e)^T]$。假设其为满秩，并假定 $r_1 - e_1, \cdots, r_d - e_d$ 线性独立，选择恰当的投资组合，即是确定各风险资产的具体权重，用 w_i 表示证券 i 所占权重，令 $w = (w_1, \cdots, w_d)^T$，$1 - w^T1$ 表示无风险权重，第二个 1 表示 d 维向量，w 即为投资组合，其收益率 $r(w)$ 和方差 $\sigma^2(r(w))$ 分别为

$$rw = w^T r + (1 - w^T 1) r_f$$

$$\sigma^2(r(w)) = w^T V w$$

组合 w 的期望收益率为 $\mu(w) = E(r(w))$，超额收益率为 $r(w) - r_f$，风险溢价为 $\mu(w) - r_f$，Sharp 比为 $(\mu(w) - r_f)/\sigma(r(w))$，投资组合的期望和方差分别代表投资的回报和风险，确定期望 μ，找到最小的方差，那

么所得到的组合即为期望收益率为 μ 的均值-方差前沿组合，以下为找到所有情况的均值-方差前沿组合。

3.2.2.1　没有无风险证券下的均值-方差前沿组合

在无风险证券情形下，求均值-方差组合就等价于求解如下二次规划问题

$$\begin{cases} w(\mu) = \operatorname{argmin}_w \dfrac{1}{2} w^T V w \\ w^T e = \mu, \ w^T 1 = 1 \end{cases}$$

使用 Lagrange 乘子法求解，得

$$L(w, \lambda, \gamma) = \frac{1}{2} w^T V w + \lambda(\mu - w^T e) + \gamma(1 - w^T 1)$$

使得 $w(\mu)$ 为 $\min_{w, \lambda, \gamma} L(w, \lambda, \gamma)$ 的解的一阶充要条件为

$$\frac{\partial L}{\partial w} = Vw - \lambda e - \gamma 1 = 0 \tag{3.1}$$

$$\frac{\partial L}{\partial \lambda} = \mu - w^T e = 0 \tag{3.2}$$

$$\frac{\partial L}{\partial \gamma} = 1 - w^T 1 = 0 \tag{3.3}$$

从（3.1）得 $w(\mu) = \lambda V^{-1} e - \gamma V^{-1} 1$，将其代入（3.2）和（3.3）得

$$\lambda(e^T V^{-1} e) + \gamma(e^T V^{-1} 1) = \mu$$

$$\lambda(1^T V^{-1} e) + \gamma(1^T V^{-1} 1) = 1$$

求解以上两个方程得

$$\lambda = \frac{C\mu - A}{D}$$

$$\gamma = \frac{B - A\mu}{D}$$

其中

$$A = 1^T V^{-1} e = e^T V^{-1} 1$$

$$B = e^T V^{-1} e$$

$$C = 1^T V^{-1} 1$$

$$D = BC - A^2$$

由以上分析可以得出如下定理。

定理 3.2.2.1（A） 期望收益率为 μ 的均值-方差前沿组合 $w(\mu)$ 为

$$w(\mu) = g + \mu h$$

对应的收益率的方差为

$$w(\mu)^T V w(\mu) = \frac{C}{D}\left(\mu - \frac{A}{C}\right)^2 + \frac{1}{C} = \sigma(\mu)^2$$

其中

$$g = \frac{1}{D}(BV^{-1}1 - AV^{-1}e)$$

$$h = \frac{1}{D}(CV^{-1}e - AV^{-1}1)$$

从以上定理中的方差表达式可以变化为

$$\frac{\sigma^2(r(p))}{1/C} - \frac{(\mu - A/C)^2}{D/C^2} = 1$$

因此，均值-方差（$\sigma^2(\mu)$，μ）的图像为以（0，A/C）为中心、渐进线斜率为 $\pm\sqrt{D/C}$ 的双曲线，称为组合前沿；点（$\sqrt{1/C}$，A/C）为最小方差组合；μ 大于或等于 A/C 的那些均值-方差前沿组合叫作有效组合，对应于图像的上半部分，对于投资者来说，只需要考虑有效组合。

在均值-方差模型下，我们也可以考虑给定方差，选取最大期望收益率的投资组合，定理如下。

定理 3.2.2.1（B） 对给定的收益率标准差 $\sigma \geqslant \sqrt{1/C}$，其投资组合中，期望收益率最大值为

$$\mu(\sigma) = \sqrt{\frac{D\sigma^2}{C} - \frac{D}{C^2}} + \frac{A}{C}$$

对应的投资组合 $\tilde{w}(\sigma)$ 为有效前沿组合 $w(\mu(\sigma))$。

3.2.2.2 *存在无风险证券下的均值-方差前沿组合*

假设证券市场上有一只无风险证券供选择，设其收益率为 r_f，则找出均值-方差前沿组合就等价于求解期望收益率为 μ 的均值-方差前沿组合 $w(\mu)$，即为如下二次规划问题的解

$$\begin{cases} w(\mu) = \text{argmin}_w \dfrac{1}{2} w^T V w \\ w^T e + (1 - w^T 1) r_f = \mu \end{cases}$$

若 $\mu = r_f$，则解为 $w(\mu) = 0$，下面假设 $\mu \neq r_f$，采用拉格朗日（La-

grange）法，求解以上问题的最优解

$$L(w, \lambda)=\frac{1}{2}w^T Vw+\lambda(\mu-w^T e-(1-w^T 1)r_f)$$

使得 $\min_{(w, \lambda)}L(w, \lambda)$ 的一阶充要条件为

$$\frac{\partial L}{\partial w}=Vw-\lambda(e-r_f 1)=0$$

$$\frac{\partial L}{\partial \lambda}=\mu-w^T e-(1-w^T 1)r_f=0$$

解之得

$$w(\mu)=\frac{(\mu-r)}{H}V^{-1}(e-r_f 1)$$

其中

$$H=(e-r_f 1)^T V^{-1}(e-r_f 1)=B-2rA+r_f{}^2 C>0$$

所以

$$\sigma^2(\mu)=w(\mu)Vw(\mu)=\frac{(\mu-r_f)^2}{H}$$

等价于

$$\sigma(\mu)=\frac{|\mu-r_f|}{\sqrt{H}}$$

因此，$(\sigma(\mu), \mu)$ 平面是从 $(0, r_f)$ 出发的斜率为 $\pm\sqrt{H}$ 的两条射线，与斜率 $\sqrt{H}$ 相对应的前沿组合为有效前沿，其期望收益率 $\mu \geqslant r_f$，该射线称为资本市场线，斜率 $\sqrt{H}$ 是所有有效组合共同的 Sharp 比，即存在 $\mu > r_f$，使得

$$(\mu-r_f)/\sigma(\mu)=\sqrt{H}$$

3.3 最优分红相关基础

3.3.1 随机控制基础

3.3.1.1 随机过程和布朗运动

随机过程 $X(t)$，$t \in \mathbf{R}^+$，是概率空间（Ω，F，P）上的一类随机变

量，$X(\cdot, W)$ 在 (t, W) 上是联合可测的，即任何一种对 $X(\cdot, W)$ 的描述包括连续，左连续等都被理解成几乎必然。

t 指的是时间，$X(\cdot)$ 指的是可测过程，也就是说，固定了时间 t，$X(t)$ 是被唯一确定的，而且是可见的，由此引出信息空间（也称域流）（information filtration）的概念：在任何时间 t，信息空间里的所有信息从 0 时刻到 t 时刻都是可测的。一般情况下，一个信息空间 F_t 是 $X(t)$ 的次 σ 域的递增函数族，能够使得任意一个可测的过程 $X(t)$ 都是关于 F_t 可测的，在这种情况下，我们就说，过程 $X(t)$ 适应于信息空间 F_t。

在大量的随机系统中，主要的不确定性来自布朗运动。为了方便说明，本章设布朗运动为 $W(t)$。

定义 3.3.1.1　如果一个连续的随机过程 $\{W(t)\}$ 适应于信息空间 F_t，而且满足以下几点，那么就称它为适应于那个信息空间的（标准）布朗运动：

(1) $W(0)=0$。

(2) $W(t)-W(s)\sim N(0, t-s)$，其中，t 大于 s，均为非负数，而 $N(\mu, \sigma^2)$ 是均值为 μ，方差为 σ^2 的正态分布。

(3) 对所有的非负数 $t>s$，$W(t)-W(s)$ 都是独立于信息空间 F_t 的。

(4) $W(t)$ 是几乎必然连续的。

3.3.1.2　停时和可料过程

定义 3.3.1.2 (A)　如果对于所有的 t，都有 $\{\tau\leqslant t\}\in F_t$，$\tau$ 是非负数，那么就称随机变量 τ 是一个关于信息空间 F_t 的停时。如果信息空间 F_t 是由随机过程 $X(\cdot)$ 产生的，那么称满足 $\{\tau\leqslant t\}\in F_t$ 的随机变量 τ 是一个关于过程 $X(\cdot)$ 的停时。

定理 3.3.1.2 (A) **（布朗运动的强马尔科夫性）**　设 τ 是一个停时，那么对于布朗运动 $W(t)$ 来说，下面的属性都满足：

(1) $W(s+\tau)-W(\tau)\sim N(0, s)$ 对所有的非负 s 都成立。

(2) $W(s+\tau)-W(\tau)$ 对所有的非负 s 都独立于信息空间 F_τ。

如果对于每个时间 t 随机变量 $\xi(t)$ 都是 F_t－可测的，那么就称这个过程 $\xi(\cdot)$ 适应于信息集 F_t。

定义 3.3.1.2 (B)　一个可料过程 P 的集合是某个适用过程的最小集合，这个适用过程包含所有的左连续过程，而且在线性算子下是封闭的，包含单调极限，即：

（1）如果 $\xi^{(1)}$，$\xi^{(2)}\in P$，且 a_1，a_2 是标量，那么 $a_1\xi^{(1)}+a_2\xi^{(2)}\in P$。

（2）如果 $\xi^{(2)}\in P$，而且 $\xi_t^{(i)}$ 是一个非减或非增的过程的序列，那么 $\lim_{i\to\infty}\xi^{(i)}\in P$。

定理 3.3.1.2（B） 如果 $\eta(\cdot)$ 是适用于一个布朗运动产生的信息集 F_t 的右连续的过程，那么 η 就是一个可料过程。

3.3.1.3 随机（伊藤）积分和伊藤公式

一个单元过程 ξ 被定义为

$$\xi(s)=\sum_{i=1}^{m}1_{(s_i,\ s_{i+1}]}(s)\eta_i$$

其中，$s_1<s_2<\cdots<s_m$，而且每个随机变量 η_i 是 s_i -可测的。下面我们对于一个可测过程 ξ，即可定义随机（伊藤）积分如下

$$\int_u^t\xi_s\mathrm{d}W(s)=\eta_{n-1}(W(s_n)-W(u))+\sum_{i=n}^{k-1}\eta_i(W(s_{i+1})-W(s_i))+\eta_k(W(t)-W(s_k))$$

其中，$W(\cdot)$ 为标准布朗运动。上式可以简单表示如下

$$\xi\cdot W(t)=\int_0^t\xi_s\mathrm{d}W(s)$$

下面，我们介绍半鞅的概念。

定义 3.3.1.3 如果过程 $\{X(t)\}$ 具有如下形式，那么我们就称它为一个半鞅

$$X(t)=x+\int_0^t\xi(s)\mathrm{d}W(s)+A(t) \tag{3.4}$$

其中，x 是实数，$\xi(s)$、$A(t)$ 是可测过程，ξ 是平方可测的，$A(t)$ 右连续，且有左极限。我们要特别说明的是，当 $A(t)$ 为 0 时，(3.4) 描述的 $X(t)$ 就是一个鞅。如果 X 是一个布朗半鞅，广义伊藤公式可写为

$$F(t,\ X(t))=F(0,\ X(0))+\int_0^tF_t(s,\ X(s))\mathrm{d}s+\int_0^tF_x(s,\ X(s))\mathrm{d}X^c(s)+\frac{1}{2}\int_0^tF_{xx}(s,\ X(s))\mathrm{d}[X,\ X]^c(s)+\sum_{s\in S_X;\ s\leq t}(F(s,\ X(s))-F(s,\ X(s-))$$

其中，$S_X=\{s:\ X(s)\neq X(s-)\}$，$X^c$ 是指其连续部分。而高维的伊藤公式可表示如下

$$F(t,\ X(t))=F(0,\ X(0))+\int_0^tF_t(s,\ X(s))\mathrm{d}s+\int_0^t\nabla F(s,\ X(s))\mathrm{d}X^c(s)+\frac{1}{2}\sum_{i,\ j}\int_0^tF_{x_ix_j}(s,\ X(s))\mathrm{d}[X_i,\ X_j]^c(s)+$$

$$\sum_{s \in S_X;\ s \leq t} (F(s, X(s)) - F(s, X(s-)))$$

接着，我们介绍本书将会多处使用的重要定理。

定理 3.3.1.3 假设 X 是半鞅，具有（3.4）的形式，$F(x)$ 为二次连续可积函数，满足

$$E\left[\int_0^t \left(\frac{\mathrm{d}F(X(s))}{\mathrm{d}x}\right)^2 \xi(s)^2\right] \mathrm{d}s < \infty$$

那么，就有

$$\begin{aligned} E[F(X(t))] = E\Big[& F(X(0)) + \int_0^t \frac{\mathrm{d}F(X(s))}{\mathrm{d}x} \mathrm{d}A^c(s) \\ & + \frac{1}{2}\int_0^t \frac{\mathrm{d}^2 F(X(s))}{\mathrm{d}^2 x} \xi(s)^2 \mathrm{d}s \\ & + \sum_{s \in S_X:\ s \leq t} (F(X(s)) - F(X(s-)))\Big] \end{aligned}$$

而且，对于任意的 $\gamma > 0$，都有

$$\begin{aligned} E[e^{-\gamma t}F(X(t))] = \ & E\left[F(X(0)) + \int_0^t e^{-\gamma s} \frac{\mathrm{d}F(X(s))}{\mathrm{d}x} \mathrm{d}A^c(s) - \int_0^t \gamma e^{-\gamma s} F(X(s))\right. \\ & \left. + \frac{1}{2}\int_0^t e^{-\gamma s} \frac{\mathrm{d}^2 F(X(s))}{\mathrm{d}^2 x} \xi(s)^2 \mathrm{d}s + \sum_{s \in S_X:\ s \leq t} e^{-\gamma s}(F(X(s)) - F(X(s-)))\right] \end{aligned}$$

3.3.1.4 经典控制理论

（1）有限时间域控制理论。

首先，定义最优成本函数 $V(t, x)$ 如下

$$\begin{aligned} V(t, x) &= \inf_{u(\cdot) \in U} J_{t, x}(u(\cdot)) \\ &= \inf_{u(\cdot) \in U} \left[\int_t^\tau h(s, X(s), u(s)) \mathrm{d}s + g(\tau, X(\tau))\right] \end{aligned} \tag{3.5}$$

其中，$h(s, X(s), u(s))$ 是运行成本函数；$g(\tau, X(\tau))$ 是终端函数；$u(s) \in A(s, X(s))$ 为控制函数，是右连续的，是 F_t 适用的过程；$A(s, X(s))$ 是一个控制集；而 $X(s)$ 满足如下随机微分方程

$$\begin{cases} dX(s) = \mu(s, X(s), u(s)) \mathrm{d}s + \sigma(s, X(s), u(s)) \mathrm{d}W(s) \\ X(t) = x \end{cases}$$

接下来是些重要的定理。

定理 3.3.1.4（A） 式（3.5）描述的最优成本函数满足动态规划原理，即对所有的停时 $\theta \in (t, t_1)$，都有

$$V(t, x) = \inf_{u(\cdot) \in U} J_{t, x}(u(\cdot))$$

$$= \inf_{u(\cdot)\in U}\left[\int_t^{\theta\wedge\tau} h(s, X(s), u(s))ds + V(\theta\wedge\tau, X(\theta\wedge\tau))\right]$$

其中，$\tau = t_1 \wedge \inf\{s \in (t_0, t_1): (s, X(s)) \notin \mathbf{R}\}$，$t_0$、$t_1$ 分别是时间域的起点和终点。

定理 3.3.1.4（B） 假设 $V \in C^{1,2}$，那么函数 V 满足 HJB（Hamilton-Jacobi-Bellman）方程

$$\inf_{u\in A(t, x)}[L^u V(t, x) + h(t, x, u)] = 0 \tag{3.6}$$

以及边界条件：

$$V(t_1, x) = g(t_1, x), x \in R \tag{3.7}$$

$$V(t, x) = g(t, x), x \in \delta R, t \in [t_0, t_1) \tag{3.8}$$

其中，算子 L^u 定义如下

$$L^u f(t, x) = \frac{\partial}{\partial t}f(t, x) + \mu(t, x, u)\frac{\partial}{\partial x}f(t, x) + \frac{1}{2}\sigma^2(t, x, u)\frac{\partial^2}{\partial x^2}f(t, x)$$

下面的验证定理说明了，如果（3.6）有有效的光滑的解，那么这个解和最优成本函数是等价的。

定理 3.3.1.4（C）**（验证定理）** 假设 $F \in C^{1,2}$，是 HJB（3.6）和边界条件（3.7）、（3.8）的一个解，同时假设 k、K 都大于 0，且 $|F(t, x)| \leqslant K(1 + |x|^k)$ 对所有的 $t \leqslant T$ 都成立，以及对所有的可容许的对 $(u(t), X(t))$，有

$$E\int_0^\tau (\sigma(s, X(s), u(s))F_x(s, X(s)))^2 ds < \infty$$

那么函数 F 不会超过最优成本函数 V，而且，如果假设 $U^*(s, y)$ 满足

$$min[L^u F(s, y) + h(s, y, u)] = U^*(s, y)F(s, y) + h(s, y, U^*(s, y))$$

同时，假设 $X^*(s)$ 是如下随机微分方程的解

$$\begin{cases} dX^*(s) = \mu(s, X^*(s), U^*(s, X^*(s)))ds + \sigma(s, X^*(s), U^*(s, X^*(s)))dW(s) \\ X^*(t) = x \end{cases}$$

那么 $u^*(s) = U^*(s, X^*(s))$ 是最优控制，并且两个函数相等，即 $F = V$。

（2）无限时间域控制理论。

无限时间域又分两类，我们只讨论贴现的情况，用随机微分方程定义过程 $X(t)$ 如下

$$\begin{cases} dX(s) = \mu(X(s), u(s))ds + \sigma(X(s), u(s))dW(s) \\ X(0) = x \end{cases}$$

然后定义

$$J_x(u) = E_x\left[\int_0^{\tau} e^{-\gamma s} h(X(s), u(s))ds + e^{-\gamma\tau} g(X(\tau))1_{\tau<\infty}\right]$$

以及

$$V(x) = \inf_{u(\cdot)\in U} J_x(u)$$

易得

$$e^{-\gamma t}V(x) = \tilde{V}(t, x) = \inf_{u(\cdot)\in U} \tilde{J}_{t, x}(u(\cdot))$$

其中

$$\tilde{J}_{t, x}(u(\cdot)) = e^{-\gamma t}\hat{J}_x(\hat{u})$$

$$\hat{J}_x(\hat{u}) = E_x\left[\int_0^{\hat{\tau}} e^{-\gamma s} h(\hat{x}(s), \hat{u}(s))ds + e^{-\gamma\hat{\tau}} g(X(\hat{\tau}))1_{\hat{\tau}<\infty}\right]$$

如果 $\tilde{V} \in C^{1,2}$，那么 $\tilde{V}(t, x)$ 满足 HJB 方程：

$$\inf_{u\in A(x)}\left[\frac{\partial\tilde{V}(t, x)}{\partial t} + \mu(x, u)\frac{\partial\tilde{V}(t, x)}{\partial x} + \frac{1}{2}\sigma^2(x, u)\frac{\partial^2\tilde{V}(t, x)}{\partial x^2} + e^{-\gamma t}h(x, u)\right] = 0$$

基于以上分析，我们提出以下重要的定理

定理 3.3.1.4（D） 假设 $V \in C^2$，那么 V 满足如下 HJB 方程

$$\inf_{u\in A(x)}[D^u V(x) - \gamma V(x) + h(x, u)] = 0 \tag{3.9}$$

以及边界条件

$$V(x) = g(x), \quad x \in \partial R \tag{3.10}$$

其中

$$D^u f(x) = \mu(x, u)\frac{\partial}{\partial x}f(x) + \frac{1}{2}\sigma^2(x, u)\frac{\partial^2}{\partial x^2}f(x)$$

下面验证定理。

定理 3.3.1.4（E）**（验证定理）** 假设 $F \in C^2$，同时满足边界条件（3.9），（3.10），对所有的可容许的对 $(u(\cdot), X(\cdot))$，有

$$E\int_0^{t\wedge\tau}(\sigma(X(s), u(s))F_x(X(s)))^2 ds < \infty$$

对任意 t 大于 0

$$\lim_{t\to\infty} E_x[e^{-\gamma t}F(X(t))1_{\tau>t}] = 0$$

那么 F 不大于 V。而且，如果假设 $U^*(x)$ 满足

$$\inf_{u\in A}[D^u F(x) - \gamma F(x) + h(x, u)]$$
$$= D^{U^*(x)} F(x) - \gamma F(x) + h(x, U^*(x)) = 0$$

同时，假设 $X^*(s)$ 遵循如下 SDE

$$\begin{cases} dX^*(s) = \mu(X^*(s), U^*(X^*(s)))ds + \sigma(X^*(s), U^*(X^*(s)))dW(s) \\ X^*(t) = x \end{cases}$$

那么有 $F = V$，并且 $u^*(s) = U^*(X^*(s))$ 是最优控制。

3.3.1.5 奇异随机控制

本书给出无限时域上贴现成本奇异控制问题。

首先给出过程 $X(t)$ 遵循的随机过程

$$\begin{cases} dX(s) = \mu(X^*(s))ds + \sigma(X(s))dw(s) + dL^+(s) - dL'(s) \\ X(0-) = x \end{cases}$$

其中，$L^+(s)$、$L^-(s)$ 是两个非减的函数。

然后定义成本函数

$$J_x(S(\cdot)) =$$
$$E\left[\int_0^\tau e^{-\gamma s} h(X(s))ds + e^{\gamma\tau} g(X(\tau))1_{\tau<\infty} + b\int_0^\tau e^{-\gamma s} dL^-(s) + c\int_0^\tau e^{-\gamma s} dL^+(s)\right]$$

定理 3.3.1.5（A） 如果 V 二次连续可积，那么它满足如下 HJB 方程

$$\min[DV(x) - \gamma V(x) + h(x), b + V(x), c - V(x)] = 0 \quad (3.11)$$

以及边界条件

$$V(x) = g(x), \ x \in \delta R \quad (3.12)$$

下面是对应的验证定理。

先给出 Skorohod 问题的解的定义。

定义 3.3.1.5（A） 如果（（X*（t），L*（t），L*+（t）））满足以下各式，那么它就是一个 Skorohod 问题的解

$$\int_0^\infty 1_{X^*(t)\neq\beta} dL^{*-}(t) = 0$$

$$\int_0^\infty 1_{X^*(t)\neq\beta} dL^{*+}(t) = 0$$

$$\int_0^\infty 1_{X^*(t)\neq\beta} dL^*(t) = 0$$

定理 3.3.1.5（B）（**验证定理**） 如果 W 二次连续可积，是在以下约

束条件下（3.11）和（3.12）的解

$$\lim_{t\to\infty}E_x[e^{-\gamma t}W(X(t));\ \tau > t] = 0$$

$$E_x\int_0^{t\wedge\tau}(\sigma(X(s))W_x(X(s)))^2\mathrm{d}s < \infty,\ t > 0$$

并且，假设存在两个点 α、β，使得

$$DW(x) - \gamma W(x) + h(x) = 0,\ x \in [\alpha,\ \beta]$$

$$b + W'(x) = 0,\ x \leqslant \alpha$$

$$c - V'(x) = 0,\ x \geqslant \beta$$

设（$X^*(t)$，$L^{*-}(t)$，$L^{*+}(t)$）是 Skorohod 问题的解，那么 $S^*(t) = (L^{*-}(t),\ L^{*+}(t))$，$J_x(S^*(t)) = W(x)$。

3.3.1.6 奇异-规则（singular-regular）混合随机控制

一个混合随机过程 $X(t)$ 遵循如下随机过程

$$\begin{cases}\mathrm{d}X(t) = \mu(X(t),\ u(t))\mathrm{d}t + \sigma(X(t),\ u(t))\mathrm{d}w(t) + \mathrm{d}L^+(t) - \mathrm{d}L^-(t)\\ X(0-) = x\end{cases}$$

成本函数如下

$$J_x(S(\cdot)) = [\int_0^\tau e^{-\gamma t}h(X(t),\ u(t))\mathrm{d}t + e^{-\gamma\tau}g(X(\tau))1_{\tau<\infty} + b\int_0^\tau e^{-\gamma s}\mathrm{d}L^-(s) + c\int_0^\tau e^{-\gamma s}\mathrm{d}L^+(s)]$$

目标函数是找到 $V(x) = inf_{s(\cdot)}J_x(s(\cdot))$，同时找到一个最优控制 $s^*(\cdot)$，使得 $V(x) = J_x(s^*(\cdot))$。

下面是对应的 HJB 方程及验证定理。

定理 3.3.1.6 假设 $W \in C^2$ 是如下 HJB 方程的解

$$\min[\inf_{u\in A(x)}[\mu(x,\ u)\frac{\mathrm{d}W(x)}{\mathrm{d}x} + \frac{1}{2}\sigma^2(x,\ u)\frac{\mathrm{d}^2W(x)}{\mathrm{d}x^2} - \gamma W(x)],\ b + \frac{\mathrm{d}W(x)}{\mathrm{d}x},\ c - \frac{\mathrm{d}W(x)}{\mathrm{d}x}] = 0$$

边界条件为

$$W(x) = g(x),\ x \in \delta R$$

假设存在一个区间，使得

$$\inf_{u\in A(x)}[\mu(x,\ u)\frac{\mathrm{d}W(x)}{\mathrm{d}x} + \frac{1}{2}\sigma^2(x,\ u)\frac{\mathrm{d}^2W(x)}{\mathrm{d}x^2} - \gamma W(x)] = 0,\ x \in [\alpha,\ \beta]$$

$$W'(x) = -c,\ x \leqslant \alpha$$

$$W'(x)=b,\ x\geqslant\beta$$

设

$$U^*(x)=arg\ min_{u\in A(x)}\left[\mu(x,\ u)\frac{\mathrm{d}W(x)}{\mathrm{d}x}+\frac{1}{2}\sigma^2(x,\ u)\frac{\mathrm{d}^2W(x)}{\mathrm{d}x^2}-\gamma W(x)\right]$$

并设 $(X^*(t),\ L^{*-}(t),\ L^{*+}(t))$ 是 Skorohod 问题的解，那么 $(S^*(t))=(U^*(X^*(t),\ L^{*-}(t),\ L^{*+}(t)),\ J_x(S^*(t))=W(x)$，并且 $W(x)=V(x)$。

3.3.2 二阶变系数偏微分方程的几种解法

设二阶变系数 PDE 的形式如下

$$y''+p(x)y'+q(x)y=f(x) \tag{3.13}$$

以下是求解方程（3.13）的几种方法。

3.3.2.1 常数变易法

齐次二阶变系数偏微分方程如下

$$y''+p(x)y'+q(x)y=0 \tag{3.14}$$

我们如果已经知道它的一个特解，那么可以采用常数变易法求解，过程如下。

假设知道方程（3.14）的一个特解 y^*，那么可以设方程的另一个解是 $A(x)y^*$，代入方程（3.14），化简可得

$$A''y^*+(2y^{*\prime}+py^*)A'=0$$

令 $m=A'$，上方程可以进行变量分离：$\frac{m'}{m}+\frac{2y^{*\prime}+py^*}{y^*}=0$。

解这个微分方程，可得方程（3.14）的另外一个解为 $y'\int((y^*)^{-2}e^{-\int p(x)\mathrm{d}x})\mathrm{d}x$。

3.3.2.2 未知函数代换

如果假设 $y=y^*(x)z$，那么方程（3.13）可以化为

$$\frac{\mathrm{d}^2z}{\mathrm{d}x^2}+(p+\frac{2}{y^*}y')\frac{\mathrm{d}z}{\mathrm{d}x}+\frac{1}{y'}((y^*)''+p(y^*)'+qy^*)z=\frac{f(x)}{y^*} \tag{3.15}$$

一次项的存在加大了求解的难度，我们尝试是否能够消去它的一阶导数项，设

$$p+\frac{2}{y^*}(y^*)'=0$$

积分得到

$$y^{*} = e^{-\frac{1}{2}\int p(x)\mathrm{d}x}$$

那么方程（3.15）便可以化成

$$\frac{\mathrm{d}^2 z}{\mathrm{d}x^2} + R(x)z = e^{\frac{1}{2}\int p(x)\mathrm{d}x} f(x) \tag{3.16}$$

其中，$R(x) = q(x) - \frac{p(x)^2}{4} - \frac{1}{2} \cdot \frac{\mathrm{d}p(x)}{\mathrm{d}x}$。

下面讨论两种特殊的可以求解的情况：

第一，如果 $R(x) = a$，代入（3.16）有

$$\frac{\mathrm{d}^2 z}{\mathrm{d}x^2} + \lambda z = e^{\frac{1}{2}\int p(x)\mathrm{d}x} f(x)$$

这很明显是常系数线性方程，非常容易求解。

第二，如果 $R(x) = \frac{a}{x^2}$，则（3.16）可以化为

$$x^2 z'' + kz = x^2 e^{\frac{1}{2}\int p(x)\mathrm{d}x} f(x)$$

这是欧拉方程，已经有非常成熟的解法。

3.3.2.3　二阶变系数偏微分方程的一般求解方法

如果上面两种方法都不可行，我们可以尝试用一般的方法求解如下变系数微分方程

$$y'' + p(x)y' + q(x)y = f(x) \tag{3.17}$$

我们假设在某个区间上 $p(x)$ 具有一阶连续导数，而 $q(x)$ 是连续函数。如果我们假设

$$n(x) + m(x) = p(x)$$

$$n'(x) + n(x)m(x) = q(x)$$

则方程（3.17）变为

$$y'' + [n(x) + m(x)]y' + [n'(x) + n(x)m(x)]y = f(x)$$

上式可以化为

$$\frac{\mathrm{d}[y' + n(x)y]}{\mathrm{d}x} + m(x)[y' + n(x)y] = f(x)$$

假设

$$F = y' + n(x)y \tag{3.18}$$

那么方程（3.17）就化简为

$$F' + m(x)F = f(x)$$

易解

$$F = e^{-\int m(x)\mathrm{d}x}\left[\int f(x)e^{\int m(x)\mathrm{d}x}\mathrm{d}x + C_1\right] \tag{3.19}$$

将（3.19）代入（3.18）式，则方程（3.17）就变为

$$y' + n(x)y = e^{-\int m(x)\mathrm{d}x}\left[\int f(x)e^{\int m(x)\mathrm{d}x}\mathrm{d}x + C_1\right]$$

解为

$$y = e^{-\int n(x)\mathrm{d}x}\left\{\int e^{\int[n(x)-m(x)]\mathrm{d}x}\left[\int f(x)e^{\int m(x)\mathrm{d}x}\mathrm{d}x + C_1\right]\mathrm{d}x + C_2\right\}$$

如果$f(x)=0$时，那么方程（3.17）就是一个二阶变系数的线性齐次偏微分方程。它的解简化为

$$y = e^{-\int n(x)\mathrm{d}x}\left\{C_1\int e^{\int[n(x)-m(x)]\mathrm{d}x}\mathrm{d}x + C_2\right\}$$

3.3.2.4　*级数解法*

因为本书仅仅涉及正则奇点邻域上的二阶变系数齐次偏微分方程的级数解法，所以，我们仅仅给出这部分的内容介绍。

我们研究的方程如下：

$$y'' + p(x)y' + q(x)y = 0 \tag{3.20}$$

定义 3.3.2.4　如果（3.20）式的系数$p(x)$、$q(x)$只要有一个在某点x_0不解析，那么x_0就是方程的奇点。

定理 3.3.2.4　方程（3.20）在它的奇点的领域$0<|x-x_0|<R$内有正则解的条件是：$(x-x_0)p(x)$、$(x-x_0)^2q(x)$在$0\leqslant(x-x_0)<R$内解析，即x_0至多是$p(x)$的一级奇点，是$q(x)$的二级奇点。这时方程的两个线性独立解为

$$\begin{cases} y_1(x) = x^{s_1}\sum\limits_{m=0}^{\infty}a_m x^m \\ y_2(x) = x^{s_2}\sum\limits_{m=0}^{\infty}a_m^* x^m \end{cases} \tag{3.21}$$

或

$$\begin{cases} y_1(x) = x^{s_1}\sum\limits_{m=0}^{\infty}a_m x^m \\ y_3(x) = Fy_1(x)\ln(x) + x^{s_2}\sum\limits_{m=0}^{\infty}\tilde{a}_m x^m \end{cases} \tag{3.22}$$

首先将（3.21）式代入原方程（3.20），然后令方程左边项的所有的 x 的任意幂的系数均为0，即可求得所设解中的未知参数。

求出了（3.21）式的具体表达式之后，有可能出现 $y_1(x)$ 与 $x_2(x)$ 相关的情形，如果这两个解相关，我们需要寻找第三个解，即（3.22）式中的 $y_3(x)$ 。一般情况下，我们不会直接将（3.22）式中的 $y_3(x)$ 直接代入方程（3.20）中求解未知参数，因为 $y_3(x)$ 包含对数项，求解起来非常麻烦，一般会采用 $y_1(x)$ 与 $y_2(x)$ 构造的方法。

下面首先分析两个解何时相关，这当然要计算这两个解的 Wronskian 行列式

$$W[y_1(x),\ y_2(x)] = \begin{vmatrix} y_1(x) y_2(x) \\ y_1{}'(x) y_2{}'(x) \end{vmatrix} = y_1(x) y_2{}'(x) - y_1{}'(x) y_2(x) \tag{3.23}$$

如果（3.23）式为0，那么这两个解相关，需要构造第三个解；如果不为0，那么求出的这两个特解就符合条件，通解就可以用它们表达。当相关时，构造第三个特解的方式因具体情况而定，没有固定的方法，具体可以参考本书第6章的构造方法。

4 基于风险调整收益最大化的最优静态投资组合研究

4.1 引言

马科维茨（Markowitz，1952）提出的著名的均值-方差投资组合模型，以投资组合的数学期望作为收益，以投资组合的方差作为风险。为了确定最优的投资组合，在固定收益的约束下，我们求最小风险，或在固定风险的约束下，求最大收益。本章正是基于均值-方差投资组合的理论框架，假设投资者只考虑收益和方差的均衡。哈特米和卡蒂布（Hatemi-J & EI-Khatib，2015）认为理性投资者更倾向于将收益和方差综合起来考虑，因此研究了基于风险调整收益（risk adjusted return，RAR）最大化的投资组合策略，其目的在于寻求预算约束下每单位风险的期望收益最大的投资组合。然而，哈特米和卡蒂布（Hatemi-J & EI-Khatib，2015）只给出了投资组合包含两项风险资产的风险调整收益最大化的最优解。在实际应用中，投资者可选择的风险资产种类繁多，远远大于两项。因此，基于风险调整收益最大化的投资组合策略应用的关键问题在于如何求解含有任意多项风险资产的最优解。

本章的研究致力于求解上述问题，即求解任意多项风险资产的最大化风险调整收益的最优投资组合问题。另外，我们还将哈特米和卡蒂布（Hatemi-J & EI-Khatib，2015）模型中考虑的预算约束推广到更一般的广义线性约束，可以包含预算约束在内的多个一般线性等式约束，以便处理实际应用中更多更复杂的约束情况。本项研究内容引自笔者发表于学术期刊 *Applied Economics Letters* 的论文（2017）。

4.2 数学模型

假设一个投资组合中含有 $n(n \geqslant 2)$ 项风险资产，记第 i 项资产的收益为随机变量 x_i（$i = 1, \cdots, n$）。各项资产的期望收益向量记为 $\mu = [\mu_1, \cdots, \mu_n]'$，协方差矩阵为 $C = (c_{i,j})_{1 \leqslant i, j \leqslant n}$。假设 μ 和 C 作为先验信息，是已知的。在实际应用中，该先验信息可通过历史数据和相关经验进行估计。一般地，假设各项资产的期望收益均为正数，即 $\mu_i > 0(i = 1, \cdots, n)$，否则理性投资者是不会考虑投资到该项资产的。

如果分配 w_i 比例的投资第 i 项风险资产，那么投资组合 $w = [w_1, \cdots, w_n]'$ 的最终收益为

$$R(w) = w'x \tag{4.1}$$

其中，$x = [x_1, \cdots, x_n]'$。该投资组合的期望收益和方差分别为

$$\mathrm{E}[R(w)] = w'\mu \tag{4.2}$$

$$\mathrm{Var}[R(w)] = w'Cw \tag{4.3}$$

其中，C 作为随机向量 x 的协方差矩阵，是一个半正定矩阵，即 $C \geqslant 0$。

一般情况下，投资组合 w 需要满足总预算的约束，即

$$a'w = 1 \tag{4.4}$$

其中，$a = [1, \cdots, 1]'$。除此以外，在实际应用中我们可能会面临其他的约束（Alexander & Baptista，2006; Sharma & Mehra，2013; Boynton，et al.，2015）。例如，这 n 项资产可能属于 k 种不同的行业（如制造业、能源、医疗、金融等），投资者为了规避风险将一定比例 $b_j(j = 1, \cdots, k)$ 的资金投资到第 j 种行业。记 a_j 为 $n \times 1$ 向量，其中第 i 个元素等于 1，如果 x_i 属于第 j 种行业，其他情况等于 0。在这种情况下，投资组合 w 需要满足约束

$$a_j'w = b_j \ (j = 1, \cdots, k) \tag{4.5}$$

约束（4.4）和（4.5）可以统一到一个广义线性约束中，即

$$B'w = b \tag{4.6}$$

其中 $B \in \mathbf{R}^{n \times p}$，$b \in \mathbf{R}^p$，且 $p < n$。因此，我们用广义线性约束（4.6）表示投资组合 w 的可行集。

考虑到理性投资者一般会同时考虑收益和风险，而不会将它们分开来考虑，因此哈特米和卡蒂布（Hatemi-J & EI-Khatib，2015）提出一种新的

投资组合策略，即最优的投资组合是在可行集中选择风险调整收益最大的组合。该投资策略旨在得到每单位风险的期望收益最大的投资组合，其在我们考虑的投资框架下可建立如下模型

$$\begin{aligned} \max_w \quad & \frac{\mathrm{E}[\mathbf{R}(w)]}{\sqrt{\mathrm{Var}[\mathbf{R}(w)]}} \\ \text{s. t.} \quad & B'w = b \end{aligned} \tag{4.7}$$

因此，基于风险调整收益最大化的最优投资组合问题等价于求解优化问题（4.7）。

4.3 最大风险调整收益投资组合的求解

哈特米和卡蒂布（Hatemi-J & EI-Khatib，2015）仅求解了风险资产数 $n=2$ 情况下，且仅考虑预算约束的最大化风险调整收益的最优投资组合，其结果见下面的引理。

引理 4.3.1 假设投资组合仅包含两项风险资产，其收益分别为 x_1 和 x_2，记它们的期望收益分别为 μ_1 和 μ_2，协方差矩阵为

$$C = \begin{pmatrix} c_{11} & c_{12} \\ c_{12} & c_{22} \end{pmatrix}$$

则基于最大化风险调整收益的最优投资组合问题

$$\begin{aligned} \max_{w_1, w_2} \quad & \frac{w_1\mu_1 + w_2\mu_2}{\sqrt{w_1^2 c_{11} + w_2^2 c_{22} + 2w_1 w_2 c_{12}}} \\ \text{s. t.} \quad & w_1 + w_2 = 1 \end{aligned}$$

的最优解为

$$w_1 = \frac{c_{22}\mu_1 - c_{12}\mu_2}{c_{11}\mu_2 + c_{22}\mu_1 - c_{12}(\mu_1 + \mu_2)}$$

$$w_2 = \frac{c_{11}\mu_2 - c_{12}\mu_1}{c_{11}\mu_2 + c_{22}\mu_1 - c_{12}(\mu_1 + \mu_2)}$$

本章将考虑更一般情况下基于最大化风险调整收益的最优投资组合问题的求解，即风险资产数量 $n \geqslant 2$，且投资组合满足广义线性约束 $B'w=b$ 。首先，由于各项资产的期望收益 $\mu_i > 0(i=1, \cdots, n)$ ，最优投资组合问题（4.7）等价于

$$\max_w \quad \frac{(\mathrm{E}[\mathbf{R}(w)])^2}{\mathrm{Var}[\mathbf{R}(w)]} \tag{4.8}$$
$$\text{s. t.} \quad B'w = b$$

可以得到如下命题。

命题 4.3.1　最优投资组合问题（4.8）等价于

$$\begin{aligned} \min_{w,\ t} \quad & t \\ \text{s. t.} \quad & w'(C - tA)w \leqslant 0, \\ & B'w = b, \end{aligned} \tag{4.9}$$

其中，$A = \mu\mu'$ 。

证明： 首先，优化问题（4.8）可以写成

$$\min_w \quad \frac{w'Cw}{w'Aw} \tag{4.10}$$
$$\text{s. t.} \quad B'w = b$$

通过引入变量 t ，问题（4.10）可以等价转化为

$$\begin{aligned} \min_{w,\ t} \quad & t \\ \text{s. t.} \quad & \frac{w'Cw}{w'Aw} \leqslant t \\ & B'w = b \end{aligned} \tag{4.11}$$

该问题与优化问题（4.9）等价，命题得证。

为了求解优化问题（4.9），引入下面关于变量 t 的函数

$$f(t) = \min_w w'(C - tA)w$$
$$\text{s. t.} \quad B'w = b$$

其中，自变量 t 的取值范围为 $t \geqslant 0$。函数 $f(t)$ 有如下单调性质。

命题 4.3.2　函数 $f(t)$ 关于自变量 t 严格单调递减，即对任意的 $t_1 > t_2 \geqslant 0$，有 $f(t_1) < f(t_2)$ 。

证明： 使用反证法。

假设下面优化问题

$$\begin{aligned} \min_w \quad & w'(C - t_iA)w \\ \text{s. t.} \quad & B'w = b \end{aligned} \tag{4.12}$$

的最优解是 w_i（i = 1，2）。我们有

$$
\begin{aligned}
& w_2'(C - t_2A) w_2 \\
&= w_2'(C - t_1A + (t_1 - t_2)A) w_2 \\
&= w_2'(C - t_1A) w_2 + (t_1 - t_2) w_2'A w_2 \\
&= w_2'(C - t_1A) w_2 + (t_1 - t_2)(\mu' w_2)^2 \\
&> w_2'(C - t_1A) w_2
\end{aligned}
$$

如果 $w_1'(C - t_1A) w_1 \geqslant w_2'(C - t_2A) w_2$，那么我们将会得到

$$w_1'(C - t_1A) w_1 > w_2'(C - t_1A) w_2$$

这与 w_1 的最优性矛盾。因此，有 $w_1'(C - t_1A) w_1 < w_2'(C - t_2A) w_2$，命题得证。

对于任意给定的变量 t，函数 $f(t)$ 的取值可以被解析表达出来，有如下命题。

命题 4.3.3　对任意给定的 $t \geqslant 0$，优化问题

$$
\begin{aligned}
\min_w \quad & w'(C - tA)w \\
\text{s. t.} \quad & B'w = b
\end{aligned}
\tag{4.13}
$$

的最优解为

$$w(t) = B'^{\dagger}b - P(PDP)^{\dagger}PDB'^{\dagger}b \tag{4.14}$$

其中 $(\cdot)^{\dagger}$ 表示一个矩阵的伪逆，$D = C - tA$，且 $P = I - B'^{\dagger}B'$。

证明：根据定理 3.2.1.2，广义线性约束 $B'w = b$ 的通解可以表示为

$$w = B'^{\dagger}b + P\xi \tag{4.15}$$

其中，$\xi \in R^{n\times 1}$ 可以是任意的 n 维向量。将通解（4.15）代入优化问题（4.13）的目标函数中并化简，得到

$$
\begin{aligned}
& w'(C - tA)w \\
&= (B'^{\dagger}b + P\xi)'D(B'^{\dagger}b + P\xi) \\
&= \xi'PDP\xi + 2b'B^{\dagger}DP\xi + b'B^{\dagger}DB'^{\dagger}b
\end{aligned}
\tag{4.16}
$$

另外，根据矩阵广义逆的性质，即定理 3.2.1.1，可得

$$b'B^{\dagger}DP(PDP)^{\dagger}PDP = b'B^{\dagger}DP \tag{4.17}$$

将（4.17）式代入目标函数（4.16）中，有

$$
\begin{aligned}
& w'(C - tA)w \\
&= (\xi + (PDP)^{\dagger}PDB'^{\dagger}b)'PDP(\xi + (PDP)^{\dagger}PDB'^{\dagger}b) \\
&+ b'B^{\dagger}DB'^{\dagger}b - (PDB'^{\dagger}b)'(PDP)^{\dagger}(PDB'^{\dagger}b)
\end{aligned}
\tag{4.18}
$$

明显地，最小化二次目标函数（4.18）的最优 ξ 为

$$\xi = -(PDP)^{\dagger} PDB'^{\dagger} b \tag{4.19}$$

将（4.19）式代入通解（4.15）中，得到优化问题（4.13）的最优解为 $w(t) = B'^{\dagger} b - P(PDP)^{\dagger} PDB'^{\dagger} b$，命题得证。

基于上述命题4.3.1~4.3.3，我们有如下关于最大化风险调整收益的投资组合最优解的定理。

定理 4.3.1　最大化风险调整收益的投资组合问题（4.9）的最优解 t^* 方程为

$$f(t) = 0 \tag{4.20}$$

的解，其相应的最优投资组合为

$$w^* = B'^{\dagger} b - P(PDP)^{\dagger} PDB'^{\dagger} b \tag{4.21}$$

其中，$D^* = C - t^* A$。

证明： 首先证明方程 $f(t) = 0$ 是有解的。由于协方差矩阵 $C \pm 0$，我们有 $f(0) > 0$。另外，对任意的满足 $B'w = b$ 的 w，都一定存在 $\dot{t}$ 使得 $w'(C - \dot{t}A)w < 0$，因此我们有 $f(\dot{t}) < 0$。根据命题4.3.2，函数 $f(t)$ 是对自变量 t 严格单调递减的，因此函数 $f(t)$ 必然存在一个零点，记为 t^*。

下面证明 t^* 的最优性。我们用反证法，假设 t^* 不是优化问题（4.9）的最优解，即存在解 $\{\hat{t}, \hat{w}\}$，使得 $\hat{t} < t^*$，$\hat{w}'(C - \hat{t}A)\hat{w} \leqslant 0$ 且 $B'\hat{w} = b$ 同时成立。由于

$$f(\hat{t}) = \min_w w'(C - \hat{t}A)w$$
$$\text{s.t.}\quad B'w = b,$$

我们有 $f(\hat{t}) \leqslant \hat{w}'(C - \hat{t}A)\hat{w} \leqslant 0$，导致 $f(\hat{t}) \leqslant f(t^*)$。这与命题4.3.2中函数 $f(t)$ 关于自变量 t 严格单调递减的结论矛盾。因此，t^* 是优化问题（4.9）的最优解。

根据命题4.3.3，我们将 t^* 代入（4.14）式，得到最大化风险调整收益的最优投资组合为

$$w^* = B'^{\dagger} b - P(PDP)^{\dagger} PDB'^{\dagger} b$$

该定理得证。

定理 4.3.2　仅给出基于最大风险调整收益的投资组合问题的最优解的形式，其与方程 $f(t) = 0$ 的解 t^* 有关。由于函数 $f(t)$ 为优化问题

$$\min_w \quad w'(C - tA)w$$
$$\text{s.t.} \quad B'w = b$$

的最优目标函数。根据命题4.3.3，该优化问题的最优解有解析表

达式

$$w(t)=B'^{\dagger}b-P(PDP)^{\dagger}PDB'^{\dagger}b$$

其中，$D=C-tA$，$P=I-B'^{\dagger}B'$。我们将其代入目标函数，得到函数 $f(t)$ 的解析表达式为

$$f(t)=(B'^{\dagger}b-P(PDP)^{\dagger}PDB'^{\dagger}b)'(C-tA)(B'^{\dagger}b-P(PDP)^{\dagger}PDB'^{\dagger}b) \tag{4.22}$$

这是关于 t 的非线性函数，无法得出 t^* 的解析解。

因此，我们只能用数值方法求方程 $f(t)=0$ 的解 t^*。根据命题 4.3.2，函数 $f(t)$ 关于自变量 t 严格单调递减，我们可以用二分法求解 t^*。

我们首先确定二分法的初始值。对于 $\bar{w}=B'^{\dagger}b$，若取

$$\bar{t}=\frac{b'B^{\dagger}CB'^{\dagger}b}{b'B^{\dagger}AB'^{\dagger}b}$$

则有 $\bar{w}'(C-\bar{t}A)\bar{w}=0$. 因此，我们取 $t_1=0$ 和 $t_2=\bar{t}$ 作为二分法的初始值。求方程 $f(t)=0$ 的解 t^* 的具体算法如下。

算法 4.3.1　使用二分法求解 $f(t)=0$ 的解 t^*。

（1）取 $t_1=0$ 和 $t_2=\dfrac{b'B^{\dagger}CB'^{\dagger}b}{b'B^{\dagger}AB'^{\dagger}b}$，则有

$$f(t_1)>0,\ f(t_2)<0$$

（2）将 $t=\dfrac{t_1+t_2}{2}$ 代入（22）式，计算 $f(\dfrac{t_1+t_2}{2})$ 的值。

（3）如果 $f\left(\dfrac{t_1+t_2}{2}\right)>\delta$，其中 δ 是一个较小的正数，则令 $t_1=\dfrac{t_1+t_2}{2}$，回到步骤（2），否则进入步骤（4）。

（4）如果 $f\left(\dfrac{t_1+t_2}{2}\right)<-\delta$，则令 $t_2:\ =\dfrac{t_1+t_2}{2}$，回到步骤（2），否则进入步骤（5）。

（5）算法结束，令 $t^*=\dfrac{t_1+t_2}{2}$。

由于函数 $f(t)$ 关于自变量 t 在 $[0,\infty)$ 上严格单调递减，因此算法 4.3.1 能保证快速收敛到方程 $f(t)=0$ 的解 t^*。然后，我们就能将 t^* 代入（4.14）式，得到最大化风险调整收益的最优投资组合 w^*。

4.4 性能分析

4.4.1 与最小风险投资组合的比较

最小风险投资组合是指，所选择投资组合 w^0 的风险是投资组合 w 的可行集中使得投资风险最小的，其数学模型为

$$\breve{w}^0 = arg \quad \begin{aligned} &\min_w w'Cw \\ &\text{s. t.} \quad B'w = b \end{aligned} \tag{4.23}$$

将其与本书提出的基于最大化风险调整收益的投资组合策略比较，我们得到下面的结论。

定理 4.4.1 如果 w^* 为基于最大化风险调整收益的投资组合，那么投资组合 w^* 的风险调整收益一定大于投资组合 $\breve{w}^0$ 的风险调整收益。

证明： 最小风险投资组合 $\breve{w}^0$ 实际上是优化问题

$$\begin{aligned} &\min_w \quad w'(C - tA)w \\ &\text{s. t.} \quad B'w = b \end{aligned}$$

当 $t = t^0 = 0$ 时的最优解。而 w^* 是该优化问题在 $t = t^*$ 时的最优解。由于 $t^* > 0$，所以 $t^* \neq t^0$。根据定理 4.3.1，t^* 是最大化风险调整收益的投资组合问题（4.9）的最优解，所以有

$$\frac{\mathrm{E}[R(w^*)]}{\sqrt{\mathrm{Var}[R(w^*)]}} > \frac{\mathrm{E}[R(\breve{w}^0)]}{\sqrt{\mathrm{Var}[R(\breve{w}^0)]}},$$

于是定理得证。

从经济学的观点来看，最小化风险的投资组合策略，目的仅在于找到一个风险水平最低的投资组合，其目标函数中并没有考虑收益的因素，因此，基于该策略的投资组合一般不会使得单位风险的期望收益达到最大。在我们的模型中，目标函数即是最大化风险调整收益，其既与风险相关又与收益有关。直观上看，我们的模型更合理，因为理性投资者总是综合考虑风险和收益，而不是将它们分开来看。

另外，基于最大化风险调整收益的投资组合 w^*，其风险一般要高于最小化风险的投资组合 $\breve{w}^0$。直观上看，高风险一般导致高收益。我们的投

资策略旨在寻找投资组合，使得单位风险的期望收益达到最大。这意味着如果每增加一个单位的风险，其期望收益与风险之间的比率应该有所增加，作为增加风险的补偿。这本质上也是投资者在风险和收益之间的权衡。

4.4.2 风险调整收益与资产多样性的关系

在4.1节中，我们提到哈特米和卡蒂布（Hatemi－J & EI－Khatib，2015）中的投资模型仅考虑了两项资产的风险调整收益最大化的投资组合问题，即 $n=2$。本书的主要贡献是将该投资策略推广到针对任意多种资产的投资组合的情况，即 $n \geqslant 2$。下面我们分析基于最大化风险调整收益投资策略的投资组合，其风险调整收益随着资产多样性 n 的增加的变化情况。

比较由 n 项资产 $x=[x_1, \cdots, x_n]'$ 组成的投资组合和由再增加一项资产 $x^1=[x_1, \cdots, x_n, x_{n+1}]'$ 组成的投资组合，都仅在预算约束情况下的最大风险调整收益。记 x 和 x^1 的期望向量为 $\mu=[\mu_1, \cdots, \mu_n]'$ 和 $\mu^1=[\mu_1, \cdots, \mu_n, \mu_{n+1}]'$，其协方差矩阵分别记为 C 和 C^1。

由 n 项风险资产 $x=[x_1, \cdots, x_n]'$ 组成的基于最大化风险调整收益的最优投资组合为优化问题

$$\begin{aligned} &\max_w \quad \frac{w'\mu}{w'Cw} \\ &\text{s. t.} \quad 1'w=1 \end{aligned} \tag{4.24}$$

的最优解，其中 $w \in \mathbf{R}^{n\times 1}$，1为 $n\times 1$ 的1向量，记最优解为 w^*，可通过算法4.3.1进行求解。

而由 $n+1$ 项风险资产 $x^1=[x_1, \cdots, x_n, x_{n+1}]'$ 组成的基于最大化风险调整收益的最优投资组合为优化问题

$$\begin{aligned} &\max_{w^1} \quad \frac{(w^1)'\mu^1}{(w^1)'C^1w^1} \\ &\text{s. t.} \quad 1'w^1=1 \end{aligned} \tag{4.25}$$

的最优解，其中 $w^1 \in \mathbf{R}^{(n+1)\times 1}$，1为 $(n+1)\times 1$ 的1向量。记最优解为 w^{1*}，也可通过算法4.3.1进行求解。我们有下面的结论。

定理 4.4.2 由 n 项风险资产 $x=[x_1, \cdots, x_n]'$ 组成的投资组合 w^* 的风险调整收益小于等于由 $n+1$ 项风险资产 $x^1=[x_1, \cdots, x_n, x_{n+1}]'$ 组成的投资组合 w^{1*} 的风险调整收益，即

$$\frac{(w^*)'\mu}{(w^*)'C w^*} \leqslant \frac{(w^{1*})'\mu^1}{(w^{1*})'C^1 w^{1*}} \tag{4.26}$$

证明： 采用反证法。假设投资组合 w^* 的风险调整收益大于投资组合 w^{1*} 的风险调整收益，即

$$\frac{(w^*)'\mu}{(w^*)'C w^*} > \frac{(w^{1*})'\mu^1}{(w^{1*})'C^1 w^{1*}} \tag{4.27}$$

由于 $\mu^1(1:n)=\mu$，且 $C^1(1:n,1:n)=C$，我们可以在 w^* 的基础上构造由 $n+1$ 项资产 $x^1=[x_1,\cdots,x_n,x_{n+1}]'$ 组成的投资组合 $w^{2*}=[w^*;0]$。该组合满足预算约束，即

$$1'w^{2*}=1$$

其风险调整收益

$$\begin{aligned}&\frac{(w^{2*})'\mu^1}{(w^{2*})'C^1 w^{2*}}\\&=\frac{(w^*)'\mu}{(w^*)'C w^*}\\&>\frac{(w^{1*})'\mu^1}{(w^{1*})'C^1 w^{1*}}\end{aligned} \tag{4.28}$$

与投资组合 w^{1*} 的最优性矛盾，因此，(4.27) 式不成立，定理得证。

根据定理 4.4.2，通过增加资产的多样性，即增加资产种类 n，我们可增加投资组合的风险调整收益，即提高单位风险的期望收益水平。显然，本书的方法改进了哈特米和卡蒂布（Hatemi-J & EI-Khatib，2015）中的仅限于两项资产的风险调整收益最大化的投资模型，能通过分散投资得到更大的风险调整收益。

4.5 实证应用

为了展示本书所研究的基于最大化风险调整收益的投资组合优化方法的应用性能，我们将其应用到一个投资组合选择的实例中，并与最小风险投资组合方法进行比较。本书考虑一项投资组合，包含三个股票交易市场的指数，分别是 CAC 40 指数、FTSE Straits Times 指数（STI）和 S&P 500 指数。我们收集了这三个指数从 2002 年 1 月 1 日到 2007 年 12 月 31 日的历史数据，

数据来源的网址为 http://www.economy.com/freelunch/default.asp。

我们将这些样本数据分为两组，第一组数据为 2002 年 1 月 1 日到 2005 年 12 月 31 日的数据，用于估计样本统计量，即股票市场指数的期望收益率及其协方差矩阵；第二组数据为 2006 年 1 月 1 日到 2007 年 12 月 31 日的历史数据，作为样本外数据（out-of-sample），进行性能检验。

为了消除数据采样频率对最大风险调整收益投资组合方法和最小风险投资组合方法性能的影响，我们将分别用日收益率数据和月收益率数据进行实证应用。

4.5.1 基于日收益率的应用

本书利用第一组样本数据，即 2002 年 1 月 1 日到 2005 年 12 月 31 日的 CAC 40 指数、STI 指数和 S&P 500 指数的日收益率数据，估计各指数的收益的数字特征。我们采用与哈特米和卡蒂布（Hatemi-J & EI-Khatib, 2015）类似的估计方法，即用平均日收益率作为日收益率期望的估计，用日收益率的样本协方差作为其协方差矩阵的估计，结果见表 4-1 和表 4-2。

表 4-1 平均日收益率 单位:%

统计量	CAC 40 指数	STI 指数	S&P 500 指数
平均日收益率	0.012 7	0.033 0	0.009 7

表 4-2 日收益率的样本协方差

指数	CAC 40 指数	STI 指数	S&P 500 指数
CAC 40 指数	$2.167\,0 \times 10^{-4}$	$0.754\,9 \times 10^{-4}$	$0.418\,3 \times 10^{-4}$
STI 指数	$0.754\,9 \times 10^{-4}$	$1.468\,3 \times 10^{-4}$	$\tilde{c}$
S&P 500 指数	$0.418\,3 \times 10^{-4}$	$0.068\,4 \times 10^{-4}$	$0.731\,1 \times 10^{-4}$

我们首先应用最大风险调整收益法和最小风险法对这三个股票市场指数中的任意两种指数做投资组合，即 CAC 40 指数和 STI 指数、STI 指数和 S&P 500 指数、CAC 40 指数和 S&P 500 指数。我们分别根据表 4-1 和表 4-2的结果用最大风险调整收益法和最小风险法计算最优投资组合的权系数，然后再用 2006 年 1 月 1 日到 2007 年 12 月 31 日的 CAC 40 指数、STI 指数和 S&P 500 指数的日收益率数据作为样本外数据进行检验，比较本章提出的最大风险调整收益法和最小风险法的性能，结果见表 4-3～表 4-5。

表 4-3　CAC 40 指数和 STI 指数基于日收益率的结果

	最大风险调整收益法	最小风险法
CAC 40 指数的比例	-0.112 5	0.335 6
STI 指数的比例	1.112 5	0.664 4
平均收益率（样本内）	0.035 3%	0.026 2%
平均收益率（样本外）	0.060 6%	0.046 9%
风险（样本内）	$1.655\ 7 \times 10^{-4}$	$1.228\ 8 \times 10^{-4}$
风险（样本外）	$0.784\ 2 \times 10^{-4}$	$0.509\ 3 \times 10^{-4}$
风险调整收益（样本内）	0.027 5	0.023 7
风险调整收益（样本外）	0.068 4	0.065 8

从表 4-3 的结果可以看出，对于 CAC 40 和 STI 两种指数，本书采用最大风险调整收益法得到的最优投资组合方面，其样本内平均收益率达到 0.035 3%，而由最小风险法得到的投资组合的样本内平均收益率仅为 0.026 2%。虽然前者的风险略大于后者的风险，但是前者的样本内风险调整收益为 0.027 5，而后者的样本内风险调整收益仅为 0.023 7。也就是说前者的单位风险的期望收益水平比后者的单位风险的期望收益水平提高了 16.3%。我们将这两个投资组合分别应用于样本外数据，得到它们的样本外风险调整收益，分别为 0.068 4 和 0.065 8，前者比后者提高了 3.95%。从以上数据分析结果来看，本书采用的最大风险调整收益法能明显增加 CAC 40 和 STI 两种指数投资组合的单位风险的期望收益。

表 4-4　CAC 40 指数和 S&P 500 指数基于日收益率的结果

	最大风险调整收益法	最小风险法
CAC 40 指数的比例	0.252 2	0.153 2
S&P 500 指数的比例	0.747 8	0.846 8
平均收益率（样本内）	0.010 4%	0.010 1%
平均收益率（样本外）	0.024 2%	0.023 9%
风险（样本内）	$0.702\ 7 \times 10^{-4}$	$0.682\ 5 \times 10^{-4}$
风险（样本外）	$0.385\ 7 \times 10^{-4}$	$0.400\ 6 \times 10^{-4}$
风险调整收益（样本内）	0.012 5	0.012 3
风险调整收益（样本外）	0.039 0	0.037 8

同样，从表 4-4 的结果可以看出，对于 CAC 40 和 S&P 500 这两种指数，本书采用的最大风险调整收益法得到的最优投资组合，其样本内平均收益率达到 0. 010 4%，而由最小风险法得到的投资组合的样本内平均收益率仅为 0. 010 1%。虽然前者的风险略大于后者的风险，但是前者的样本内风险调整收益为 0. 012 5，后者的样本内风险调整收益仅为 0. 012 3。我们将这两个投资组合分别应用于样本外数据，得到它们的样本外风险调整收益，分别为 0. 039 0 和 0. 037 8，前者比后者提高了 3. 17%。从以上数据结果分析来看，关于本书采用的最大风险调整收益法，其最优投资组合的单位风险的期望收益依然明显高于最小风险法的结果。

表 4-5　STI 指数和 S&P 500 指数基于日收益率的结果

	最大风险调整收益法	最小风险法
STI 指数的比例	0. 663 0	0. 321 3
S&P 500 指数的比例	0. 337 0	0. 678 7
平均收益率（样本内）	0. 025 2%	0. 017 2%
平均收益率（样本外）	0. 045 8%	0. 034 2%
风险（样本内）	0.7590×10^{-4}	0.5182×10^{-4}
风险（样本外）	0.3832×10^{-4}	0.3057×10^{-4}
风险调整收益（样本内）	0. 028 9	0. 023 9
风险调整收益（样本外）	0. 074 0	0. 061 9

从表 4-5 的结果可以看出，对于 STI 和 S&P 500 这两种指数，本书采用的最大风险调整收益法得到的最优投资组合将更大的投资比例投入 STI 指数，其样本内平均收益率达到 0. 025 2%；而由最小风险法得到的投资组合则将更大的投资比例投入 S&P 500 指数，其样本内平均收益率仅为 0. 017 2%。虽然前者的风险略大于后者的风险，但是前者的样本内风险调整收益为 0. 028 9，而后者的样本内风险调整收益仅为 0. 023 9。也就是说前者的单位风险的期望收益水平比后者的单位风险的期望收益水平提高了 20. 92%。我们将这两个投资组合分别应用于样本外数据，得到它们的样本外风险调整收益，分别为 0. 074 0 和 0. 061 9，前者比后者提高了 19. 55%。从以上数据分析结果来看，本书采用的最大风险调整收益法能显著增加 STI 和 S&P 500 两种指数投资组合的单位风险的期望收益。

下面我们再分别采用最大风险调整收益法和最小风险法对 CAC 40 指数、STI 指数和 S&P 500 指数这三个股票市场指数做投资组合。我们分别根据表 4-1 和表 4-2 的结果用最大风险调整收益法和最小风险法计算最优投资组合的权系数，然后再用 2006 年 1 月 1 日到 2007 年 12 月 31 日的 CAC 40 指数、STI 指数和 S&P 500 指数的日收益率数据作为样本外数据进行检验，比较本书提出的最大风险调整收益法和最小风险法的效果，结果见表 4-6。

表 4-6　CAC 40 指数、STI 指数和 S&P 500 指数基于日收益率的结果

	最大风险调整收益法	最小风险法
CAC 40 指数的比例	-0. 161 8	-0. 003 3
STI 指数的比例	0. 741 2	0. 322 9
S&P 500 指数的比例	0. 420 6	0. 680 4
平均收益率（样本内）	0. 026 5%	0. 017 2%
平均收益率（样本外）	0. 047 9%	0. 034 3%
风险（样本内）	0.7980×10^{-4}	0.5181×10^{-4}
风险（样本外）	0.4084×10^{-4}	0.3059×10^{-4}
风险调整收益（样本内）	0. 029 7	0. 023 9
风险调整收益（样本外）	0. 074 9	0. 062 0

从表 4-6 的结果可以看出，对 CAC 40、STI 和 S&P 500 这三种指数做投资组合，本书采用的最大风险调整收益法得到的最优投资组合将更大的投资比例投入 STI 指数，其样本内平均收益率达到 0. 026 5%；而由最小风险法得到的投资组合则将更大的投资比例投入 S&P 500 指数，其样本内平均收益率仅为 0. 017 2%。我们将这两个投资组合分别应用于样本外数据，得到它们的样本外风险调整收益，分别为 0. 074 9 和 0. 062 0，前者比后者提高了 20. 81%。从以上数据结果分析来看，本书采用的最大风险调整收益法能显著增加 CAC 40、STI 和 S&P 500 这三种指数投资组合的单位风险的期望收益。

再将表 4-6 的结果与表 4-3～表 4-5 的结果进行比较，我们可以发现对于最大风险调整收益法而言，对 CAC 40、STI 和 S&P 500 这三种指数做投资组合，其风险调整收益不论是样本内还是样本外，都明显大于对这三

种指数中的任意两种指数做投资组合的情况。该实证结果验证了定理4.4.2，同时也凸显了本书研究内容的意义，即研究任意多种资产的投资组合中最大化风险调整收益的最优投资组合问题。我们可以通过增加投资组合中风险资产的种类进一步增加风险调整收益，使得单位风险的收益期望更大。

4.5.2 基于月收益率的应用

为了验证当数据采样频率改变的情况下，最大风险调整收益法能否保持更好的性能，下面我们用月收益率的数据进行实证应用。这里的月收益率数据是用每个月的第一个交易日的数据进行计算的。同样，我们利用第一组样本数据，即2002年1月1日到2005年12月31日的CAC 40指数、STI指数和S&P 500指数的月收益率数据，估计各指数的月收益率的数字特征，结果见表4-7和表4-8。

表4-7　平均月收益率　　单位:%

统计量	CAC 40指数	STI指数	S&P 500指数
平均日收益率	0.173 6	0.822 0	0.262 5

表4-8　月收益率的样本协方差

指数	CAC 40指数	STI指数	S&P 500指数
CAC 40指数	0.3004×10^{-2}	0.1170×10^{-2}	0.1588×10^{-2}
STI指数	0.1170×10^{-2}	0.1428×10^{-2}	0.0790×10^{-2}
S&P 500指数	0.1588×10^{-2}	0.0790×10^{-2}	0.1221×10^{-2}

同样，我们首先应用最大风险调整收益法和最小风险法对这三个股票市场指数中的任意两种指数做投资组合，即CAC 40指数和STI指数、STI指数和S&P 500指数、CAC 40指数和S&P 500指数。我们分别根据表4-7和表4-8的结果用最大风险调整收益法和最小风险法计算最优投资组合的权系数，然后再用2006年1月1日到2007年12月31日的CAC 40指数、STI指数和S&P 500指数的月收益率数据作为样本外数据进行检验，比较本章提出的最大风险调整收益法和最小风险法的性能，结果见表4-9~表4-11。

表 4-9　CAC 40 指数和 STI 指数基于月收益率的结果

	最大风险调整收益法	最小风险法
CAC 40 指数的比例	-0.459 8	0.123 3
STI 指数的比例	1.459 8	0.876 7
平均收益率（样本内）	1.120 2%	0.742 0%
平均收益率（样本外）	2.135 5%	1.602 2%
风险（样本内）	2.1076×10^{-3}	1.3962×10^{-3}
风险（样本外）	3.2171×10^{-3}	2.4443×10^{-3}
风险调整收益（样本内）	0.244 0	0.198 6
风险调整收益（样本外）	0.376 5	0.324 1

从表 4-9 的结果可以看出，对于 CAC 40 和 STI 这两种指数的月收益率，本书采用的最大风险调整收益法得到的最优投资组合方面，其样本内平均收益率达到 1.120 2%，而由最小风险法得到的投资组合的样本内平均收益率仅为 0.742 0%。虽然前者的风险略大于后者的风险，但是前者的样本内风险调整收益为 0.244 0，而后者的样本内风险调整收益仅为 0.198 6。也就是说前者的单位风险的期望收益水平比后者的单位风险的期望收益水平提高了 22.86%。我们将这两个投资组合分别应用于样本外数据，得到它们的样本外风险调整收益，分别为 0.376 5 和 0.324 1，前者比后者提高了 16.17%。从以上数据分析结果来看，我们利用月收益率数据进行投资组合，本书采用最大风险调整收益法能显著增加 CAC 40 和 STI 两种指数投资组合的单位风险的期望收益。

表 4-10　CAC 40 指数和 S&P 500 指数基于月收益率的结果

	最大风险调整收益法	最小风险法
CAC 40 指数的比例	-0.665 2	-0.349 9
S&P 500 指数的比例	1.665 2	1.349 9
平均收益率（样本内）	0.321 6%	0.293 6%
平均收益率（样本外）	0.635 9%	0.567 0%
风险（样本内）	1.1970×10^{-3}	1.0936×10^{-3}
风险（样本外）	1.7664×10^{-3}	1.8849×10^{-3}

表4-10(续)

	最大风险调整收益法	最小风险法
风险调整收益（样本内）	0.093 0	0.088 8
风险调整收益（样本外）	0.151 3	0.130 6

同样，从表4-10的结果可以看出，对于CAC 40和S&P 500这两种指数，本书采用的最大风险调整收益法得到的最优投资组合，其样本内平均收益率达到0.321 6%，而由最小风险法得到的投资组合的样本内平均收益率仅为0.293 6%。虽然前者的风险略大于后者的风险，但是前者的样本内风险调整收益为0.093 0，而后者的样本内风险调整收益仅为0.088 8。我们将这两个投资组合分别应用于样本外数据，得到它们的样本外风险调整收益，分别为0.151 3和0.130 6，前者比后者提高了15.85%。从以上数据分析结果来看，即使采用月收益率作投资组合，本书的最大风险调整收益法依然能显著增加该情况下投资组合的单位风险的期望收益。

表4-11 STI指数和S&P 500指数基于月收益率的结果

	最大风险调整收益法	最小风险法
STI指数的比例	1.526 2	0.403 2
S&P 500指数的比例	-0.526 2	0.596 8
平均收益率（样本内）	1.116 4%	0.488 1%
平均收益率（样本外）	2.248 1%	1.110 2%
风险（样本内）	2.3953×10^{-3}	1.0472×10^{-3}
风险（样本外）	3.0797×10^{-3}	1.1135×10^{-3}
风险调整收益（样本内）	0.228 1	0.150 8
风险调整收益（样本外）	0.405 1	0.332 7

从表4-11的结果可发现，对于STI和S&P 500这两种指数，本书采用的最大风险调整收益法得到的最优投资组合，将更大的投资比例投入STI指数，其样本内平均收益率达到1.116 4%；而由最小风险法得到的投资组合将更大的投资比例投入S&P 500指数，其样本内平均收益率仅为0.488 1%。虽然前者的风险大于后者的风险，但是前者的样本内风险调整收益为0.228 1，而后者的样本内风险调整收益仅为0.150 8。我们将这两

个投资组合分别应用于样本外数据，得到它们的样本外风险调整收益，分别为0.405 1和0.332 7，前者比后者提高了21.76%。因此，利用月收益率数据进行投资组合，本书采用的最大风险调整收益法能显著增加STI和S&P 500两种指数投资组合的单位风险的期望收益。

下面我们再根据月收益率数据分别应用最大风险调整收益法和最小风险法对CAC 40指数、STI指数和S&P 500指数这三个股票市场指数做投资组合。我们分别根据表4-7和表4-8的结果用最大风险调整收益法和最小风险法计算最优投资组合的权系数，然后再用2006年1月1日到2007年12月31日的CAC 40指数、STI指数和S&P 500指数的月收益率数据作为样本外数据进行检验，比较本章提出的最大风险调整收益法和最小风险法的性能，结果见表4-12。

表4-12　CAC 40指数、STI指数和S&P 500指数基于月收益率的结果

	最大风险调整收益法	最小风险法
CAC 40指数的比例	-0.513 8	-0.354 1
STI指数的比例	1.327 8	0.407 5
S&P 500指数的比例	0.186 0	0.946 6
平均收益率（样本内）	1.051 1%	0.522 0%
平均收益率（样本外）	2.141 5%	1.086 9%
风险（样本内）	$1.834\ 7 \times 10^{-3}$	$0.915\ 6 \times 10^{-3}$
风险（样本外）	$2.524\ 2 \times 10^{-3}$	$0.836\ 6 \times 10^{-3}$
风险调整收益（样本内）	0.244 8	0.172 5
风险调整收益（样本外）	0.426 2	0.375 8

从表4-12的结果可以看出，基于月收益率数据，对CAC 40、STI和S&P 500这三种指数做投资组合，本书采用的最大风险调整收益法得到的最优投资组合将更大的投资比例投入STI指数，其样本内平均收益率达到1.051 1%；而由最小风险法得到的投资组合将更大的投资比例投入S&P 500指数，其样本内平均收益率仅为0.522 0%。我们将这两个投资组合分别应用于样本外数据，得到它们的样本外风险调整收益，分别为0.426 2和0.375 8，前者比后者提高了23.25%。从以上数据分析结果来看，我们利用月收益率数据进行投资组合，本书采用的最大风险调整收益法能显著

增加 CAC 40、STI 和 S&P 500 这三种指数投资组合的单位风险的期望收益。

我们再将表 4-12 的结果与表 4-9、表 4-10、表 4-11 的结果进行比较，同样可以发现对于最大风险调整收益法而言，对 CAC 40、STI 和 S&P 500 这三种指数做投资组合，其风险调整收益不论是样本内还是样本外，都明显大于对这三种指数中的任意两种指数做投资组合的收益。

从上述实证应用的结果中我们不难发现，基于最大风险调整收益法得到的投资组合兼顾风险和收益，旨在选择使得单位风险的期望收益最高的投资组合，往往取得比传统的最小风险法更好的结果。

4.6 本章小结

在本章中，我们研究了基于最大化风险调整收益的包含任意多种风险资产的最优投资组合问题。我们用一个广义线性约束描述投资组合的可行集，最终得到一个带广义线性约束的非线性优化问题。本书通过引入辅助变量对模型进行转化和分析，发现最优投资组合与辅助变量的非线性函数的零点有关。该函数关于辅助变量严格单调递减，因此我们设计了二分法算法进行求解。最后，我们将该方法与传统的最小风险法进行实证比较，结果表明，不管是样本内还是样本外的风险调整收益，本章研究的最大风险调整收益法明显优于传统的最小风险法。

5 基于风险调整收益最大化的最优动态投资组合研究

5.1 引言

在第 4 章我们拓展了哈特米和卡蒂布（Hatemi-J & EI-Khatib）的工作，研究了基于最大化风险调整收益的带广义线性约束的任意多项风险资产的最优投资组合问题。实际上，这是一个比较复杂的非线性优化问题，我们通过引入辅助变量，对模型进行化简和分析，利用辅助变量的函数关于此辅助变量严格单调的性质，设计了二分法算法进行求解。通过三个股票交易市场指数数据，我们进行数值模拟，并与传统的 Markowitz 最小风险法进行实证比较，结果显示，使用我们研究的最大风险调整收益法计算出的样本内和样本外的单位风险期望收益都比 Markowitz 的最小风险法的结果要好，有力地证明了我们的方法的有效性。

然而，上述各种模型中，包括我们对哈特米和卡蒂布（Hatemi-J & EI-Khatib）工作的拓展，投资组合的收益和风险均是静态变量。在实际应用中，任何一项投资的收益和风险都是实时变化的。如何根据实时数据捕捉最新的变化趋势，建立动态最优投资组合模型不仅具有理论价值，更有广阔的应用前景。

另外，已有的研究模型往往只考虑了投资组合的预算约束，即投资到各项资产的比例之和为 1。然而，在实际应用中可能会面临其他的约束。比如，亚历山大和巴普蒂斯塔（Alexander & Baptista）在均值-方差模型中加入最大亏损的约束，从而得到此约束下的均值-方差边界，并最终得到了满足此约束的最优投资组合。夏尔马和梅赫拉（Sharma & Mehra）在均值-方差模型中加入一个基于 minimax 安全测度的约束，以保障投资资金的安全，从而得到一个双目标的线性规划数学模型并最终求解。博因顿等（Boynton）为了控制组合的潜在风险，提出了基于 tracking-error 约束的均值-方差模型。黄和笛（Huang & Di）研究了带背景风险约束的投资组合选择问题，并将他们的研究结论与不带背景风险约束的投资组合问题比较，并且得出结论：在其他条件不变时，带风险约束的预期最优组合的回报更小。多项风险资产可能属于不同的行业（如制造业、能源、医疗、金融等），投资者为了规避风险将一定比例的资金投资到指定行业。因此，我们需要用更一般的约束模型刻画此类投资需求。

本章基于上述分析和已有研究的局限性，建立基于实时数据更新的动态投资组合模型。该模型的本质是一个带广义线性约束的优化问题。本书的研究内容是设计金融学、数学和计算机科学的交叉性研究，其难点在于数学模型的求解。本书首先利用矩阵广义逆及其性质在理论上求解模型中投资组合的最优解，然后设计求解该模型的有效算法，以实现提出模型的可应用性。

本章的主要贡献包括：①将笔者之前的工作，即带广义约束的含任意资产数量的基于最优风险调整收益的静态最优投资组合问题拓展到动态问题，最终得到动态获得的组合所求得的最大风险调整收益比静态的还大的结论；②求得最优组合后，我们进行了性能分析，比较了我们动态获得的组合所对应的最大单位风险收益比传统的最小风险法更好，并且每增加一个资产，我们的风险调整收益更大的结论。

最后，为了展示本章所研究的动态投资组合选择方法的性能，本章最后用我们提出的理论进行实证分析，研究一个包含三个股票交易市场指数的投资组合选择的实例，动态寻找最优投资组合，与静态投资组合方法的风险调整收益进行比较。结果表明，相比静态投资组合方法，基于实时数据更新的动态投资组合策略能显著增加资金的投资回报率。

5.2 动态投资组合模型

投资组合的主要目的是将财富分配到给定的风险资产集合中，以实现各种条件下投资收益与风险的平衡。一般情况下，各项风险资产的收益和风险都是从该资产收益率的历史样本数据中得到，即用其样本均值和样本方差进行估计。

本章旨在对各项风险资产收益率的实时数据进行分析和合理利用，提出一种基于实时数据更新的动态最优投资组合策略。该策略考虑在一般的广义线性约束条件下固定投资组合的收益和极小化投资组合的风险。其中，收益和风险均动态地使用最新的一段时间内的历史样本数据集进行估计。在历史样本数据集中，假设各项风险资产的收益率之间存在统计相关性，各样本之间则是独立且服从相同分布的。下面先给出相关的参数和符号。

5.2.1 符号和决策变量

假设一个投资组合中含有 $n(n \geqslant 2)$ 项风险资产，记第 i 项资产在时刻 t 的投资收益率为随机变量 $x_i^t(i=1, \cdots, n)$。各项资产在时刻 t 的期望收益率向量记为 $\boldsymbol{\mu}^t=[\mu_1^t, \cdots, \mu_n^t]'$，协方差矩阵为 $C^t=(c_{i,j}{}^t)_{1 \leqslant i, j \leqslant n}$。在实际应用中，$\boldsymbol{\mu}^t$ 和 C^t 均需要通过历史数据和相关经验进行估计。一般地，假设各项资产的期望收益均为正数，即 $\mu_i^t>0(i=1, \cdots, n)$，否则理性投资者是不会考虑投资该项资产的。

我们如果在时刻 t 分配 w_i^t 比例的投资到第 i 项风险资产，那么投资组合 $w^t=[w_1{}^t, \cdots, w_n{}^t]'$ 在时刻 $t+1$ 的最终收益为

$$R(w')=(w^t)'x^t \tag{5.1}$$

其中，$x^t=[x_1^t, \cdots, x_n^t]'$。该投资组合的期望收益和方差分别为

$$E[R(w^t)]=(w^t)'\boldsymbol{\mu}^t \tag{5.2}$$

$$Var[R(w^t)]=(w^t)'C^t w^t \tag{5.3}$$

其中，C^t 作为随机向量 x^t 的协方差矩阵，是一个半正定矩阵，即 $C^t \geqslant 0$。

5.2.2 投资组合的约束

一般情况下，投资组合 w^t 需要在任意时刻 t 满足总预算的约束，即

$$a'w^t=1 \tag{5.4}$$

其中，$a=[1, \cdots, 1]'$。除此以外，我们在实际应用中可能面临其他的约束。例如，这 n 项资产可能属于 k 种不同的行业，投资者为了规避风险将一定比例 $b_j(j=1, \cdots, k)$ 的资金投资到第 j 种行业，记 a_j 为 $n \times 1$ 向量。其中，第 i 个元素等于 1；如果 x_i 属于第 j 种行业，其他情况等于 0。

在这种情况下，投资组合 w^t 需要满足约束

$$a_j' w^t = b_j (j = 1, \cdots, k) \tag{5.5}$$

另外，本书考虑投资组合在动态情况下的固定收益率和极小化投资风险。因此，投资组合 w^t 需要在时刻 t 满足收益约束

$$(w^t)'\mu^t = c \tag{5.6}$$

其中，c 是给定的收益率。约束（5.4）、（5.5）和（5.6）可以统一到一个广义线性约束中，即

$$(B^t)'w^t = b \tag{5.7}$$

其中 $B^t \in \mathbf{R}^{n\times p}$，$b \in \mathbf{R}^p$，且 $p < n$。因此，我们用广义线性约束（5.7）表示投资组合 w^t 的可行集。

5.2.3 最优投资组合模型

本书考虑的动态最优投资组合问题是在时刻 t 的可行集（5.7）中选择风险最小的投资组合，可建立如下模型

$$\begin{aligned} &min_{w^t} \quad Var[R(w')] \\ &\text{s. t.} \quad (B^t)'w^t = b \end{aligned} \tag{5.8}$$

其中，$\text{Var}[R(w^t)]$ 与时刻 t 各风险资产收益率的协方差矩阵 C^t 有关，B^t 与时刻 t 各风险资产收益率的期望向量 μ^t 有关。因此，基于固定收益最小化风险的动态最优投资组合问题等价于求解优化问题（5.8）。

5.3 动态投资组合的求解

5.3.1 风险资产统计量的实时更新

由于动态最优投资组合模型（5.8）中需要实时的收益率期望向量 μ^t 和协方差矩阵 C^t，因此我们设计如下根据实时收益率数据的更新机制。利用溢出原理，我们采用最近 30 天的历史样本数据构造统计量，如取 $\{\omega_i^{t-30}, \omega_i^{t-29}, \cdots, \omega_i^{t-1}\}$ 作为第 i 项资产在时刻 t 采用的样本。一般情况下，样本数据不能太少，否则估计会不准确。然而，数据量太多容易破坏样本间独立同分布的假设。

用样本平均值作为期望收益率 μ_1^t 的估计，即

$$\mu_i^t = \frac{1}{30}\sum_{j=1}^{30} \omega_i^{t-j} \tag{5.9}$$

用样本方差作为协方差矩阵 C^t 中 $C^t(i, i)$ 的估计，即

$$C(i, i) = \frac{1}{30-1}\sum_{k=1}^{30} (\omega_i^{t-k} - \mu_i^t)^2 \tag{5.10}$$

用样本协方差作为协方差矩阵 C^t 中 $C^t(i, j)$ 的估计，即

$$C^t(i, j) = \frac{1}{30-1}\sum_{k=1}^{30} (\omega_i^{t-k} - \mu_i^t)(\omega_j^{t-k} - \mu_j^t) \tag{5.11}$$

5.3.2 最优投资组合的求解

首先，最优投资组合问题（5.8）等价于

$$\begin{aligned} \min_{w^t} \quad & (w^t)' C^t w^t \\ \text{s. t.} \quad & (B^t)' w^t = b \end{aligned} \tag{5.12}$$

这是一个带广义线性等式约束的二次规划问题，可以由下面的定理进行解析求解。

定理 5.3.2 最小化风险的投资组合问题（5.12）的最优解 $(w^t)^*$ 为

$$(w^t) = [(B^t)']^{\dagger} b - P^t(P^t C^t P^t) P^t C^t [(B^t)'] b \tag{5.13}$$

其中 $(\cdot)^{\dagger}$ 表示一个矩阵的广义逆，且 $P' = I - [(B^t)']^{\dagger}(B^t)'$ 。

证明： 首先，根据矩阵广义逆的定义，广义线性约束 $(B^t) w^t = b$ 的通解可以表示为

$$w^t = [(B^t)']^{\dagger} b + P^t \xi \tag{5.14}$$

其中，$\xi \in \mathbf{R}^{n\times 1}$ 可以是任意的 n 维向量。我们将通解（5.14）代入优化问题（5.12）的目标函数中并化简，得到

$$\begin{aligned} & (w^t)' C^t w^t \\ & = \{[(B^t)']^{\dagger} b + P^t \xi\}' C^t \{[(B^t)']^{\dagger} b + P^t \xi\} \\ & = \xi' P^t C^t P^t \xi + 2b'(B^t)^{\dagger} C^t P^t \xi + b'(B^t)^{\dagger} C^t [(B^t)']^{\dagger} b. \end{aligned} \tag{5.15}$$

其次，根据矩阵广义逆的性质，可得

$$b'(B^t)^{\dagger} C^t P^t (P^t C^t P^t)^{\dagger} P^t C^t P^t = b'(B^t)^{\dagger} C^t P^t. \tag{5.16}$$

将（5.16）式代入目标函数（5.15）中，有

$$\begin{aligned} & (w^t)' C^t w^t \\ & = (\xi + (P^t C^t P^t)^{\dagger} P^t C^t [(B^t)']^{\dagger} b)' P^t C^t P^t (\xi + (P^t C^t P^t)^{\dagger} P^t C^t [(B^t)']^{\dagger} b) + \\ & b'(B^t)^{\dagger} C^t [(B^t)']^{\dagger} b - (P^t C^t [(B^t)'] b)'(P^t C^t P^t)(P^t C^t [(B^t)']^{\dagger} b) \end{aligned} \tag{5.17}$$

很明显，最小化二次目标函数（5.17）的最优 ξ 为

$$\xi = -\left(P^tC^tP^t\right)^{\dagger}P^tC^t\left[\left(B^t\right)'\right]^{\dagger}b \tag{5.18}$$

最后，我们将（5.18）式代入通解（5.14）式中，得到优化问题（5.12）的最优解为 $(w^t) = [(B^t)']^{\dagger}b - P^t(P^tC^tP^t)P^tC^t[(B^t)']b$，定理得证。

5.3.3 动态最优投资组合的算法

下面给出基于实时数据更新的动态最优投资组合的算法。

算法 5.3.3 时刻 t 的动态最优投资组合实现算法。步骤如下：

（1）数据采集，即采集各风险资产收益率的历史样本数据 $\{\omega_i^{t-30}, w_i^{t-29}, \cdots, w_i^{t-1}\}$，其中 $i=1, \cdots, n$。

（2）统计量更新，即根据（5.9）~（5.11）式计算实时更新的收益率期望向量 μ^t 和协方差矩阵 C^t。

（3）求解最优投资组合，即根据定理 5.3.2 的结论（5.13）式，求解时刻 t 的最优投资组合 $(w^t)'$。

（4）令 $t = t + 1$，回到步骤（1）。

从经济学的观点看，最小化风险的投资组合策略目的是在给定投资组合收益率的情况下找到一个风险水平最低的投资组合。一般的模型仅考虑了预算约束，本书的模型适用于投资人有更丰富的约束。同时，本书充分利用金融市场的实时数据进行有效更新，因此，我们的模型更符合实际应用场景。

5.4 性能分析

5.4.1 与最小风险投资组合的比较

最小风险投资组合是指所选择投资组合 $\tilde{w}^t$ 的风险是投资组合 w^t 的可行集中使得投资风险最小的，其数学模型为

$$\begin{aligned} \tilde{w}^t &= arg \quad \min_w{}^t(w^t)'C^tw^t \\ \text{s. t.} &\quad (B^t)'w^t = b \end{aligned} \tag{5.19}$$

我们将其与本收提出的基于实时数据更新的最大化风险调整收益的投

资组合策略比较，得到下面的结论。

定理 5.4.1　如果 $(w^t)^*$ 为基于动态获取数据的最大化风险调整收益的投资组合，那么投资组合 $(w^t)^*$ 的风险调整收益一定大于投资组合 $\tilde{w}^t$ 的风险调整收益。

以上从数学的角度得到了基于动态调整数据的最优资产组合，如果不符合经济规律，那么本书的结论将毫无意义。下面本书从经济学的观点解释本书所提出的理论。马科维茨（Markowitz）的最小化风险的投资组合策略的目标函数是固定收益和最小化风险。其目标函数中并没有考虑收益的因素，所以，基于该策略的投资组合所对应的单位风险的期望收益一般不会达到最大。而在我们的模型中，目标函数是风险和收益的组合，直观上看，我们的模型更合理，因为有相当一类理性投资者总是综合考虑风险和收益，而非将它们分开来看。另外，基于实时数据更新的最大化风险调整收益的投资组合 $(w^t)^*$，其风险一般要高于马科维茨（Markowitz）最小化风险的投资组合 $\tilde{w}^t$。高风险一般导致高收益，我们的投资策略是寻找投资组合，使得单位风险的期望收益达到最大，所以每增加一个单位的风险，其期望收益与风险之间的比率应该有所增加，作为增加风险的补偿。

下面我们再增加风险资产的投资数量，研究其风险调整收益是否会同方向变化。

5.4.2　风险调整收益与投资资产数量的关系

比较由 n 项资产在时刻 t 的投资组合 $x^t=[x_1^t, \cdots, x_n^t]'$ 组成的投资组合和由再增加一项资产 $(x^t)^1=[x_1^t, \cdots, x_n^t, x_{n+1}^t]'$ 组成的投资组合，在预算约束情况下的最大风险调整收益。我们有下面的结论。

定理 5.4.2　在预算约束下，由 n 项风险资产 $x^t=[x_1^t, \cdots, x_n^t]'$ 组成的投资组合 $(w^t)^*$ 的风险调整收益小于等于由 $n+1$ 项风险资产 $(x^t)^1=[x_1^t, \cdots, x_n^t, x_{n+1}^t]'$ 组成的投资组合 $(w^t)^{1*}$ 的风险调整收益，即

$$\frac{((w^t)^*)'\mu^t}{((w^t)^*)'C^t(w^t)} \leqslant \frac{((w^t)^{t*})'(\mu^t)^1}{((w^t)^{1*})'(C^t)^1(w^t)^{1*}} \tag{5.20}$$

其中，$\mu^t=[\mu_1^t, \cdots, \mu_n^t]$ 和 $(\mu^t)^1=[\mu_1^t, \cdots, \mu_n^t, \mu_{n+1}^t]$ 分别为 x^t 和 $(x^t)^1$ 的期望向量，C^t 和 $(C^t)^1$ 分别为 x^t 和 $(x^t)^1$ 的协方差矩阵。

证明： 假设投资组合 $(w^t)^*$ 的风险调整收益大于投资组合 $(w^t)^{1*}$ 的风险调整收益，即

$$\frac{((w^t)^*)'\mu^t}{((w^t)^*)C^t(w^t)^*} > \frac{((w^t)^{1*})'(\mu^t)^1}{((w^t)^{1*})'(C^t)^1(w^t)^{1*}} \tag{5.21}$$

由于 $(\mu^t)^1(1:n)=\mu^t$，且 $(C^t)^1(1:n, 1:n)=C^t$，所以我们可以在 $(w^t)^*$ 的基础上构造由 $n+1$ 项资产 $(x^t)^1=[x_1^t, \cdots, x_n^t, x_{n+1}^t]'$ 组成的投资组合 $(w^t)^{2*}=[(w^t)^*; 0]$。该组合满足预算约束，即

$$1'(w^t)^{2*}=1$$

所以风险调整收益

$$\begin{aligned}&\frac{((w^t)^{2*})'(\mu^t)^1}{((w^t)^{2*})'(C^t)^1(w^t)^{2*}}\\&=\frac{((w^t)^*)'\mu^t}{((w^t)^*)'C^t(w^t)^*}\\&>\frac{((w^t)^{1*})'(\mu^t)^1}{((w^t)^{1*})'(C^t)^1(w^t)^{1*}}\end{aligned} \tag{5.22}$$

与投资组合 $(w^t)^{1*}$ 为最优性矛盾，因此，(5.21) 式不成立，定理得证。

由定理 5.4.2 可得，通过增加资产的多样性，即增加资产种类 n，可增加投资组合的风险调整收益，即提高单位风险的期望收益水平。

5.5 实证应用

为了展示本书基于实时数据更新的动态最优投资组合方法的应用性能，我们将其应用到一个投资组合选择的实例中。考虑一项投资组合，包含三个股票交易市场的指数，分别是 CAC 40 指数、FTSE Straits Times 指数（STI）和 S&P 500 指数。我们收集了这三个指数从 2011 年 12 月 1 日到 2012 年 12 月 31 日的历史数据，数据来源网址为 http://www.economy.com/freelunch/default.asp。

我们假设投资从 2012 年 1 月 1 日开始，原始资本为单位 1，图 5-1 展示了将所有资本投入 CAC 40 指数。将所有资本投入 STI 指数和将所有资本投入到 S&P 500 指数的资本累积变化过程。从图 5-1 的结果我们可以看到，单位资本从 2012 年 1 月 1 日到 2012 年 12 月 31 日，CAC 40 指数的最终累积为 1.147 3，STI 指数的最终累积为 1.177 0，S&P 500 指数的最终累积为 1.135 2。

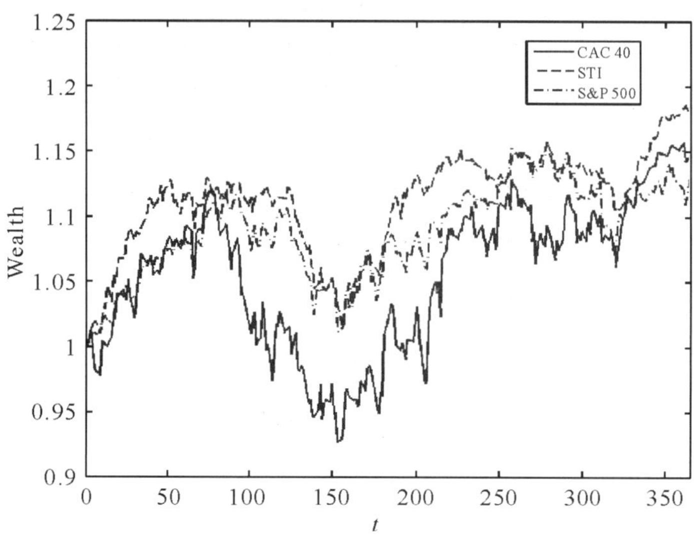

图 5-1 将资本仅投资到一项资产的累积变化过程

下面我们分别考虑 CAC 40 指数、STI 指数和 S&P 500 指数这三种风险资产投资组合的静态和动态最优投资策略。对于静态投资策略，我们统计了三种指数收益率从 2012 年 1 月 1 日到 2012 年 12 月 31 日的样本统计量，如表 5-1 和表 5-2 所示。

表 5-1 平均收益率　　单位:%

统计量	CAC 40 指数	STI 指数	S&P 500 指数
平均收益率	0. 040 8	0. 035 2	0. 039 1

表 5-2 收益率的样本协方差

指数	CAC 40 指数	STI 指数	S&P 500 指数
CAC 40 指数	1.0635×10^{-4}	0.1910×10^{-4}	0.4298×10^{-4}
STI 指数	0.1910×10^{-4}	0.3151×10^{-4}	0.0902×10^{-4}
S&P 500 指数	0.4298×10^{-4}	0.0902×10^{-4}	0.4340×10^{-4}

对于动态投资策略，我们采用算法 5. 3. 3 的步骤每天根据更新的样本统计量计算当前最优的投资组合。我们仍然从 2012 年 1 月 1 日开始以单位资本进行投资，图 5-2 展示了静态投资策略和动态投资策略的资本累积变化过程。从图 5-2 的结果可以看出，采用三项资产的静态投资组合模式进

行投资，其资本最终累积为 1.169 3。其投资回报率远远高于仅投资于 CAC 40 指数和 S&P 500 指数，略低于仅投资于 STI 指数。因此，一般情况下，我们采用多种资产进行组合的投资方式优于仅投资于一种资产的方式。然而，采用三项资产的动态投资组合模式进行投资，其资本最终累积高达 1.208 8，比静态投资组合模式提高 3.38%。

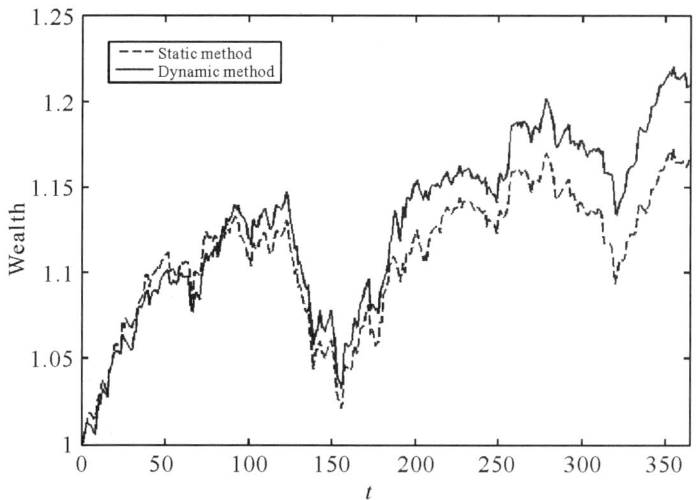

图 5-2　静态投资策略和动态投资策略的累积变化过程

5.6　本章小结

本章介绍一种基于实时数据更新的动态最优投资组合方法，提出经典马科维茨（Markowitz）均值-方差投资组合模型中均值和方差的估计是随着时间推移而逐渐变化的观点，利用每天的最新收益率样本数据对样本平均值和样本方差等统计量进行更新，以使得投资组合模型中的统计量被估计得更加准确。

另外，本书的投资组合模型除了考虑简单的预算约束，还增加了其他线性约束，用一个广义线性等式约束刻画投资组合的可行集。该项突破有利于投资者制定更富个性化的投资方案，可应用于更复杂化和高维化的现代金融市场。

整体而言，关于动态投资组合的理论和应用仍处在探索性、实证性的研究阶段，不同的模型和优化指标都有其局限性。比如，即使本书利用实时数据对统计量进行更新，其估计仍然具有随机误差，导致的不确定性也将影响投资组合的性能。如何克服这些实际问题是未来的工作方向。

6 漂移系数服从几何布朗运动的最优分红策略研究

公司资产变动模型最早由克拉默·伦德伯格（Cramer-Lundberg）提出，模型如下

$$r_t = r_0 + pt - \sum_1^{N_t} U_i$$

其中，r_0为初始资产；r_t代表t时刻的公司资产；N_t是泊松过程，代表t时刻的保险赔付次数，其频率为β；U_i为一个独立且同分布的随机变量，其期望和方差分别为μ和σ^2，也表示赔保金额的期望和方差；p代表单位保费收入，其定义如下

$$p = (1 + \eta)\beta\mu$$

其中，η表示风险溢价率，是一个正数。

需要注意的是，上面这个基本模型不含任何分红、再投资和再保险，假定在资产过程加入再保险的影响，为方便研究，我们设再保险公司和保险公司有完全相同的风险溢价率η，再保险率是$1 - u$，那么此时保险公司的资产运动遵循：

$$r_t^{u,\ \eta} = r_0 + p^{(u,\ \eta)} t - \sum_1^{N_t} U_i^{(u)}$$

对于大公司，包含大部分的保险公司，此时，可以证明风险溢价与资产的乘积在有左极限和右连续的Skorohod空间中，趋于布朗运动，且期望和方差分别为$\mu(u)$、$\sigma^2(u)$。所以，当考虑比例再保险，而且η趋于0的情况下，有$\mu(u)=u\mu$和$\sigma^2(u)=u^2\sigma^2$，此时，如果我们用$X(t)$来代表资产过程，那么最开始的Cramer-Lundberg模型就变为

$$\mathrm{d}X_t = u\mu\mathrm{d}t + u\sigma\mathrm{d}W_t$$

化为积分形式，即

$$X_t = x + \int_0^t \mu u \mathrm{d}s + \int_0^t \sigma u \mathrm{d}W_s$$

如果我们再讨论分红，分红时刻为 τ_n ，分红数量为 ξ_n ，那么，模型又变为

$$X_t = x + \int_0^t \mu u \mathrm{d}s + \int_0^t \sigma u \mathrm{d}W_s - \sum_{n=1}^{\infty} I_{\{\tau_n < t\}} \xi_n$$

这就是本书要讨论的模型。保持水平 u 可以为常数，也可以为函数。本书研究的 u 是一个函数。μ、σ 可以为常数，可以为函数，也可以为随机变量，本书研究的是 μ、σ 包含随机变量和常量的情况。

6.1 引言

在分红事件的描述上，不同于大部分的学者用良好性质的积分函数代表累积分红，卡德尼拉斯（Cadenillas，2006）等把累积分红考虑成包含一系列的分红时间和分红数量的离散事件。这种情况明显更加复杂，HJB 方程也不容易直接得到，可是，这种情况明显更加合理。他们用带离散累积红利的脉冲模型研究存在交易成本、红利税费及公司进行再保险情况下的最优红利策略。他们搭建了一系列的理论框架，并得到了最优分红策略。

可是，由于他们假设漂移系数是一个常数，所以他们计算出的分红壁和每次分红数量都是相同的。这明显和现实不符，由于现实世界的复杂情况，分红壁、分红时间间隔和每次分红数量都有可能不同。因此，本章把代表公司收益情况的漂移系数设为一个常见的随机过程——几何布朗运动，重新研究卡德尼拉斯（Cadenillas，2006）等的模型，试图明晰分红事件是否和现实更加相符。公司的收益不断变化也是符合实际情况的一种假定。

6.2 数学模型

假设（Ω，F，P）是一个概率空间，信息空间（域流）为 $\{F_t\}_{t\geq 0}$ ，$W^1 = \{W_t^1;\ t \geq 0\}$ 和 $W^2 = \{W_t^2;\ t \geq 0\}$ 是两个适应于信息空间 $\{F_t\}_{t\geq 0}$ 的标准布朗运动。盈余过程 $\{X_t\}_{t\geq 0}$ 包含漂移项和扩散项，是一个代表公司

流动资产的状态变量。公司能够使用流动资产进行再保险以减少风险。和塔克萨尔（Taksar，1998b）文中所述一样，本书假设 X_t 的漂移项和扩散项同时乘因子 $u(t) \in [0, 1]$，意味着通过消耗部分盈余（储备），收益和风险可以同步减少，用一系列递增的分红时间 $\{\tau_n; n=1, 2, 3, \cdots\}$ 代表分红事件；同时，用分红数量 $\{\xi_n; n=1, 2, 3, \cdots\}$ 代表付给股东们的红利。

卡德尼拉斯和塔克萨尔（Cadenillas & Taksar，2006）等在他们的文章中假设漂移和扩散项的系数都是常数。基于这个假设，他们通过理论分析，找出了一个值函数的光滑解，并给出了对应于这个解的最优红利策略。但是，在实际的经济和金融活动中，不同时间点的收益可能有很大的区别，这点从 WRDS（Wharton Research Data Services）的数据中可以很容易得到验证，所以我们把漂移项的系数考虑成一个不确定数，这是更加合理的。又因为漂移系数代表收益，负收益是不可能进行分红的，因此，我们把漂移系数设置成一个正的随机数。基于此，我们假设漂移项的系数 $\mu(t)$ 遵循几何布朗运动，同时因为扩散系数 $\sigma(t)$ 相对波动较小，为研究方便，我们依然把它设成一个固定数值。

因此，带有离散的分红事件的动态控制过程 $\{X_t\}_{t\geq 0}$ 可以表示为

$$X_t = x + \int_0^t \mu(s)u(s)\mathrm{d}s + \int_0^t \sigma u(s)\mathrm{d}W_s^1 - \sum_{n=1}^{\infty} I_{\{\tau_n < t\}}\xi_n \tag{6.1}$$

其中，$x > 0$ 是一个初值，$I_{\{\tau_n < t\}}$ 是一个指示函数，σ 是一个固定数值。漂移系数 $\mu(t)$ 遵循的随机过程表示如下

$$\mathrm{d}\mu_t = k_1\mu_t\mathrm{d}t + \sigma_1\mu_t\mathrm{d}W_t^2$$

另外，我们假设 $\mathrm{d}W_t^1$ 和 $\mathrm{d}W_t^2$ 之间的相关系数是 $\rho\mathrm{d}t$，即

$$Corr(\mathrm{d}W_t^1, \mathrm{d}W_t^2) = \rho\mathrm{d}t$$

我们定义一个控制如下

$$\pi := (u_t, T, \xi) = (u_t; \tau_1, \tau_2, \cdots, \tau_n, \cdots; \xi_1, \xi_2, \cdots, \xi_n, \cdots) \tag{6.2}$$

如果 $u_t: \Omega \times [0, \infty) \to [0, 1]$ 是一个适应于信息空间 $\{F_t\}_{t\geq 0}$ 的过程，τ_i，$i = 1, 2, \cdots$ 是一个关于这个信息空间的停时，分红数量 ξ_n，$n = 1, 2, 3, \cdots$ 是 $\{F_t\}_{t\geq 0}$ 可测的，并且满足如下限制：$0 \leqslant \xi_i \leqslant X(\tau_i -, \mu(\tau_i -))$，那么称 π 是一个可取或可以接受的控制或策略，我们用 $A(x, \mu)$ 表示它。我们定义破产时刻为 $\tau = \tau^{\pi} := \inf\{t \geqslant 0; X(t) = 0\}$，那么过程（6.1）可以重新表

示如下

$$X_t=\begin{cases}x+\int_0^t\mu(s)u(s)ds+\int_0^t\sigma u(s)dW_s^1-\sum_{n=1}^{\infty}I_{\{\tau_n<t\}}\xi_n & \tau<t\\ 0 & \tau\geqslant t\end{cases}$$

一般说来，股东们拿到红利时必须交纳相应的税费，我们假设税率为 $1-k$，交易成本为 K，其中 $0<k<1$。我们定义一个函数代表股东们的实际收入，具体如下

$$g(\xi)=k\xi-K$$

从股东的视角看，值函数就是将来分红在当前的贴现值，数学定义如下

$$J(x,\ \mu;\ \pi):=E_{x,\ \mu}\Big[\sum_{n=1}^{\infty}e^{\lambda\tau_n}g(\xi_n)I_{\{\tau_n<\tau\}}\Big]$$

其中，λ 是一个贴现因子，μ 是随机过程 $\mu(t)$ 的初始值。进一步，最优目标值 $V(x,\ \mu)$ 可以表示如下

$$V(x,\ \mu)=\sup_{\pi\in A(x,\ \mu)}J(x,\ \mu;\ \pi)=\sup_{\pi\in A(x,\ \mu)}E_{x,\ \mu}\Big[\sum_{n=1}^{\infty}e^{\lambda\tau_n}g(\xi_n)I_{\{\tau_n<\tau\}}\Big]$$

如果下式成立，那么就可以说最优控制 $\pi^*=(u^*,\ T^*,\ \xi^*)$ 是一个可取的策略：

$$V(x,\ \mu)=J(x,\ \mu;\ \pi^*)$$

在以下几节中，我们将尝试找到值函数和对应于这个值函数的最优红利策略。

6.3 拟变分不等式

我们知道，当发生分红的时候，比如在时间 t 分红 η 个数量，那么公司的保留金，即储备金 $X(t)$，在 t 时刻会有一个跳水，会从 x 变成 $x-\eta$。一般情况下，我们假设漂移项不受影响，基于此，我们首先定义一个函数 $M\varphi(x,\ \mu):[0,\ \infty)\times[0,\ \infty)\rightarrow R$，来代表最大效用，具体如下

$$M\varphi(x,\ \mu)=\sup_{\eta}\{\varphi(x-\eta,\ \mu)+g(\eta):\eta>0,\ x\geqslant\eta\} \tag{6.3}$$

然后，我们定义一个算子 L^u 如下

$$L^u\varphi(x,\ \mu)=\frac{1}{2}\sigma^2u^2\frac{\partial^2\varphi(x,\ \mu)}{\partial x^2}+\frac{1}{2}\sigma_1{}^2\mu^2\frac{\partial^2\varphi(x,\ \mu)}{\partial\mu^2}$$

$$+\rho\sigma\sigma_1\mu u\frac{\partial^2\varphi(x,\ \mu)}{\partial x\partial\mu}+\mu u\frac{\partial\varphi(x,\ \mu)}{\partial x}$$

$$+k_1\mu\frac{\partial\varphi(x,\ \mu)}{\partial\mu}-\lambda\varphi(x,\ \mu)$$

根据动态规划原理，最优值函数在一个连续区域上满足 $\max\limits_{u\in[0,\ 1]}L^uV(x,\ \mu)$，这意味着 $L^uV(x,\ \mu)\leqslant 0$，又因为 $V(x,\ \mu)$ 是最优函数，所以肯定有 $V(x,\ \mu)\geqslant MV(x,\ \mu)$。基于此，我们尝试用不等式描述我们的最优值函数。

定义 6.3.1 对任意的 $x\in[0,\ \infty)$，$\mu\in[0,\ \infty)$ 及 $u\in[0,\ 1]$，若函数 v 满足（6.4）式、（6.5）式、（6.6）式、（6.7）式，则称 v 满足拟变分不等式（QVI：quasi-variational inequality）

$$L^uv(x,\ \mu)\leqslant 0 \tag{6.4}$$

$$v(x,\ \mu)\geqslant Mv(x,\ \mu) \tag{6.5}$$

$$(v(x,\ \mu)-Mv(x,\ \mu))\max_{u\in[0,\ 1]}L^uv(x,\ \mu)=0 \tag{6.6}$$

边界条件为

$$v(0,\ \mu)=v(x,\ 0)=0. \tag{6.7}$$

我们对上述 QVI 边界条件的设置做一个简单的解释。当公司的储备金为 0 的时候，如果市场不存在套利，那么累积的将来红利的现值理应为 0，所以有 $v(0,\ \mu)=0$。另外，当 μ 等于 0 的时候，代表公司处于起步阶段，起步阶段的公司一般都没有收益，同样没有分红，由于起步阶段可能持续比较长的一段时间，针对这种情况，我们把过程 $\mu(t)$ 设置为 0，此时公司储备金的期望为初始储备金，累积红利的现值的期望肯定为 0，所以，我们设 $v(x,\ 0)=0$ 也是合理的。

我们下面再对基于解 $v(x,\ \mu)$ 的分红控制策略做一个定义。

定义 6.3.2 如果储备金过程 X_t^v 有如下属性

$$P\left\{u^v(X_t^v,\ \mu_t^v)=\arg(\max_{u\in[0,\ 1]}L^uv(x,\ \mu)),\ X_t^v\in\mathbb{C}\right\}=1$$

$$\tau_1^v=\inf\{t\geqslant 0;\ v(X_t^v,\ \mu)=Mv(X_t^v,\ \mu)\}$$

$$\xi_1^v=\arg\sup_\eta\{v(X^v(\tau_1^v)-\eta,\ \mu)+g(\eta)\}$$

$$\tau_n^v=\inf\{t\geqslant\tau_{n-1}^v;\ v(X_t^v,\ \mu)=Mv(X_t^v,\ \mu)\}$$

$$\xi_n^v=\arg\sup_\eta\{v(X^v(\tau_n^v)-\eta,\ \mu)+g(\eta)\}$$

其中，n 大于等于 2，$\mathbb{C}$ 是一个连续区域，定义如下

$\mathbb{C}:=\{x\in(0,\infty):v(x,\mu)>Mv(x,\mu)$ 且 $\max_{u\in[0,1]}L^{u}V(x,\mu)=0\}$

那么就称控制 $\pi^{v}=(u^{v},T^{v},\xi^{v})=(u^{v};\tau_{1}^{v},\tau_{2}^{v},\cdots,\tau_{n}^{v},\cdots;\xi_{1}^{v},\xi_{2}^{v},\cdots,\xi_{n}^{v},\cdots)$ 为 QVI 问题与函数 v 相关联的控制。

我们特别关心的是，我们构造的 QVI 问题的解是否就是值函数，对此，接下来的定理做了说明，并有详细的论证。

定理 6.3.1　假设 $v\in C^{1}((0,\infty)\times(0,\infty))$ 是 QVI 问题的一个解，而且存在一个 U，使得是 v 在 $0<x<U$ 时二次连续可积，在 $x\geqslant U$ 时是线性的。那么，对于任意 $x>0$ 和 $\mu>0$，都有

$$V(x,\mu)\leqslant v(x,\mu)$$

进一步，如果与 v 相关的 QVI 的控制 (u^{v},T^{v},ξ^{v}) 是可取的，那么函数 v 与值函数等价，而且，这个控制就是最优控制，即

$$V(x,\mu)=v(x,\mu)=J(x,\mu;u^{v},T^{v},\xi^{v})$$

证明：假设 τ^{ε} 是过程 $X=X^{(u,T,\xi)}$ 中区间 $[0,\varepsilon]$ 的首达时间。其中，随机过程 X 是一个被可取控制 (u,T,ξ) 决定的轨道，ε 是一个小的正数。因为，$v(0,\mu)\leqslant v(\varepsilon,\mu)$，而且 $v(x,\mu)$ 在区间 $x\in[x_{1},\infty)$ 是线性的，通过勒贝格控制收敛定理，我们能获得如下等式

$$\begin{aligned}&\lim_{T\to\infty}E_{x,\mu}[e^{-\lambda(T\wedge\tau^{\varepsilon})}v(X(T\wedge\tau^{\varepsilon}),\mu(T\wedge\tau^{\varepsilon}))]\\&=E_{x,\mu}[e^{-\lambda(\tau^{\varepsilon})}v(X(\tau^{\varepsilon}),\mu(\tau^{\varepsilon}))]\leqslant v(\varepsilon,\mu(\tau^{\varepsilon}))\end{aligned}\tag{6.8}$$

再者，根据 $\dfrac{\partial v(X_{s},\mu_{s})}{\partial\mu}$ 和 $\dfrac{\partial v(X_{s},\mu_{s})}{\partial X}$ 的有界性，我们能得到

$$E_{x,\mu}\left[\int_{0}^{\tau^{\varepsilon}}\{e^{-\lambda t}v'(X(t),\mu(t))\}^{2}\mathrm{d}t\right]<\infty\tag{6.9}$$

另外，对于任意的 $n\geqslant1$，通过设 $t_{i}=t\wedge\tau^{\varepsilon}\wedge\tau_{i}$，我们有

$$\begin{aligned}&e^{-\lambda t_{n}}v(X(t_{n}),\mu(t_{n}))-v(X(0),\mu(0))\\&=e^{-\lambda t_{n}}v(X(t_{n}),\mu(t_{n}))-v(x,\mu)\\&=\sum_{i=1}^{n}\{e^{-\lambda t_{i}}v(X(t_{i}),\mu(t_{i}))-e^{-\lambda t_{i-1}}v(X(t_{i-1}),\mu(t_{i-1}))\}\\&=\sum_{i=1}^{n}\{e^{-\lambda t_{i}}v(X(t_{i}-),\mu(t_{i}-))-e^{-\lambda t_{i-1}}v(X(t_{i-1}),\mu(t_{i-1}))\}\\&+\sum_{i=1}^{n}I_{\{\tau_{i}\leqslant t\wedge\tau^{\varepsilon}\}}e^{-\lambda\tau_{i}}\{v(X(\tau_{i}),\mu(\tau_{i}))-v(X(\tau_{i}-),\mu(\tau_{i}-))\}\end{aligned}$$

其中，$t_{i}-=t\wedge\tau^{\varepsilon}\wedge\tau_{i}-$。

根据伊藤公式，我们有

$$e^{-\lambda t_i}v(X(t_i -), \mu(t_i -)) - e^{-\lambda t_{i-1}}v(X(t_{i-1}), \mu(t_{i-1}))\}$$

$$= \int_{(t_{i-1}, t_i]} e^{-\lambda s}\left\{\frac{1}{2}\sigma^2 u_s^2 \frac{\partial^2 v(X_s, \mu_s)}{\partial X^2} + \frac{1}{2}\sigma_1{}^2\mu_s^2 \frac{\partial^2 v(X_s, \mu_s)}{\partial \mu^2} + \right.$$

$$\rho\sigma\sigma_1\mu_s u_s \frac{\partial^2 v(X_s, \mu_s)}{\partial X \partial \mu_s} + \mu_s u_s \frac{\partial v(X_s, \mu_s)}{\partial X} - \lambda v(X_s, \mu_s)$$

$$\left. + k_1\mu_s \frac{\partial v(X_s, \mu_s)}{\partial \mu}\right\} \mathrm{d}s + \int_{(t_{i-1}, t_i]} e^{-\lambda s}\sigma u_s \frac{\partial v(X_s, \mu_s)}{\partial X}\mathrm{d}W_s^1$$

$$+ \int_{(t_{i-1}, t_i]} e^{-\lambda s}\sigma_1\mu_s \frac{\partial v(X_s, \mu_s)}{\partial \mu}\mathrm{d}W_s^2$$

进一步，从上面的方程和不等式（6.4），我们能得到如下不等式

$$e^{-\lambda t_i}v(X(t_i -), \mu(t_i -)) - e^{-\lambda t_{i-1}}v(X(t_{i-1}), \mu(t_{i-1}))\}$$

$$\leqslant \int_{(t_{i-1}, t_i]} e^{-\lambda s}\sigma u_s \frac{\partial v(X_s, \mu_s)}{\partial X}\mathrm{d}W_s^1 + \int_{(t_{i-1}, t_i]} e^{-\lambda s}\sigma_1\mu_s \frac{\partial v(X_s, \mu_s)}{\partial \mu}\mathrm{d}W_s^2,$$

以及

$$e^{-\lambda\tau_i}\{v(X(\tau_i), \mu(\tau_i)) - v(X(\tau_i), \mu(\tau_i))\} \leqslant - e^{-\lambda\tau_i}g(\xi_i)。$$

合并上面两个不等式，我们能得到

$$v(x, \mu) - E_{x,\mu}[e^{-\lambda t_n}v(X(t_n), \mu(t_n))] \geqslant$$

$$E_{x,\mu}\left[\sum_{i=1}^{n}\left\{I_{\{\tau_i \leqslant t\wedge\tau^\varepsilon\}}e^{-\lambda\tau_i}g(\xi_i) - \int_{(t_{i-1}, t_i]} e^{-\lambda s}\sigma u_s \frac{\partial v(X_s, \mu_s)}{\partial X}\mathrm{d}W_s^1\right\}\right]$$

$$- E_{x,\mu}\left[\sum_{i=1}^{n}\int_{(t_{i-1}, t_i]} e^{-\lambda s}\sigma_1\mu_s \frac{\partial v(X_s, \mu_s)}{\partial \mu}\mathrm{d}W_s^2\right]$$

对于任意 π，我们有

$$v(x, \mu) \geqslant J(x, \mu; \pi)$$

同时，我们考虑 π，使得

$$J(x, \mu; \pi) \geqslant 0$$

所以，从 $P(\{\tau \to \infty\}) = 1$，我们能得到：

$$\lim_{n\to\infty}\{v(x, \mu) - E_{x,\mu}[e^{-\lambda t_n}v(X(t_n), \mu(t_n))]\}$$

$$= v(x, \mu) - E_{x,\mu}[e^{-\lambda(t\wedge\tau^\varepsilon)}v(X(t\wedge\tau^\varepsilon), \mu(t\wedge\tau^\varepsilon))]$$

根据（6.9）不等式，我们有

$$\lim_{n\to\infty}E_{x,\mu}\left[\int_0^{t_n} e^{-\lambda s}\sigma u_s \frac{\partial v(X_s, \mu_s)}{\partial X}\mathrm{d}W_s^1\right] = 0,$$

以及

$$\lim_{n\to\infty}E_{x,\mu}\left[\int_0^{t_n}e^{-\lambda s}\sigma_1\mu_s\frac{\partial v(X_s,\mu_s)}{\partial\mu}\mathrm{d}W_s^2\right]=0。$$

所以

$$v(x,\mu)-E_{x,\mu}[e^{-\lambda(t\wedge\tau^{\varepsilon})}v(X(t\wedge\tau^{\varepsilon}),\mu(t\wedge\tau^{\varepsilon}))]\geqslant$$
$$E_{x,\mu}\left[\sum_{i=1}^{n}I_{\{\tau_i\leqslant t\wedge\tau^{\varepsilon}\}}e^{-\lambda\tau_i}g(\xi_i)\right] \tag{6.10}$$

基于（6.8），我们有

$$\lim_{t\to\infty}\{v(x,\mu)-E_{x,\mu}[e^{-\lambda(t\wedge\tau^{\varepsilon})}v(X(t\wedge\tau^{\varepsilon}),\mu(t\wedge\tau^{\varepsilon}))]\}$$
$$=v(x,\mu)-E_{x,\mu}[e^{-\lambda(\tau^{\varepsilon})}v(X(\tau^{\varepsilon}),\mu(\tau^{\varepsilon}))],$$

以及

$$\lim_{t\to\infty}E_{x,\mu}\left[\sum_{i=1}^{n}\{I_{\{\tau_i\leqslant t\wedge\tau^{\varepsilon}\}}e^{-\lambda\tau_i}g(\xi_i)\}\right]=E_{x,\mu}\left[\sum_{i=1}^{n}\{I_{\{\tau_i\leqslant\tau^{\varepsilon}\}}e^{-\lambda\tau_i}g(\xi_i)\}\right]。$$

那么，根据上面两个不等式和（6.10）式，我们得到

$$v(x,\mu)-E_{x,\mu}[e^{-\lambda(\tau^{\varepsilon})}v(X(\tau^{\varepsilon}),\mu(\tau^{\varepsilon}))]\geqslant E_{x,\mu}\left[\sum_{i=1}^{n}\{I_{\{\tau_i\leqslant\tau^{\varepsilon}\}}e^{-\lambda\tau_i}g(\xi_i)\}\right]$$

其中，这个等式对与 v 相关的 QVI 控制成立。假设 $\varepsilon\to0$，那么对任意 $\pi=(u,T,\xi)$，我们有

$$v(x,\mu)\geqslant J(x,v;\pi),$$

并且，对于与 v 相关的 QVI 控制 $\pi^v=(u^v,T^v,\xi^v)$ 成立。

6.4 求解 QVI 问题

在本书中，方便起见，我们假设 ρ 等于 0。我们首先定义 x_1 是满足如下条件的 x 点的集合，实际上，即为分红壁的集合

$$x_1=\{x\geqslant0:v(x,\mu)=Mv(x,\mu)\}$$

接着，从 QVI 中，我们能够求得

$$\max_{u\in[0,1]}\left\{\frac{1}{2}\sigma^2u^2\frac{\partial^2v(x,\mu)}{\partial x^2}+\frac{1}{2}\sigma_1{}^2\mu^2\frac{\partial^2v(x,\mu)}{\partial\mu^2}+\mu u\frac{\partial v(x,\mu)}{\partial x}\right.$$
$$\left.-\lambda v(x,\mu)+k_1\mu\frac{\partial v(x,\mu)}{\partial\mu}\right\}=0 \tag{6.11}$$

显然，对于 x 小于 x_1 及 μ 大于 0，$u(x,\mu)$ 取如下值

$$u(x,\ \mu) = -\frac{v_x\mu}{v_{xx}\sigma^2} \tag{6.12}$$

才能保证（6.11）式的取值达到最大值。把（6.12）代入方程（6.11），我们能得到：

$$\frac{1}{2}\sigma_1^2\mu^2 v_{\mu\mu} + k_1\mu v_\mu - \frac{1}{2}\frac{v_x^2\mu^2}{v_{xx}\sigma^2} - \lambda v = 0 \tag{6.13}$$

基于两重考虑，即能把上面这个方程的第三项化成一个只包含一个未知变量的表达式，以及假定的解最终能够顺利地求解，我们假设方程（6.13）有如下形式的解

$$v_1(x,\ \mu) = C(\mu)\sqrt{x} \tag{6.14}$$

如果 σ_1 不等于 0，那么把（6.14）代入方程（6.13），即可得到如下方程：

$$C''(\mu) + \frac{2k_1}{\sigma_1^2\mu}C'(\mu) + \left(\frac{1}{\sigma^2\sigma_1^2} - \frac{2\lambda}{\sigma_1^2\mu^2}\right)C(\mu) = 0 \tag{6.15}$$

这是一个关于 μ 二阶的变系数常微分方程。

设

$$\alpha_1 = 2k_1/\sigma_1^2,\ \alpha_2 = 1/\sigma_1^2\sigma^2,\ \alpha_3 = -2\lambda/\sigma_1^2$$

我们注意到 α_3 小于 0，这是因为 λ 大于 0。

设

$$\Delta_1 = (\alpha_1 - 1)^2 - 4\alpha_3$$

然后令

$$c_1 = (1 - \alpha_1 + \sqrt{\Delta_1})/2,\ c_2 = (1 - \alpha_1 - \sqrt{\Delta_1})/2$$

很明显 Δ_1 大于 0，我们再设 $\theta = 1/|\sigma\sigma_1|$，下面我们尝试找到（6.15）的级数解，为此，我们先给出一个定理（吴崇试，2003）：

定理 6.4.1　若点 z_0 为方程

$$\frac{d^2\tilde{f}}{dz^2} + p(z)\frac{d\tilde{f}}{dz} + q(z)\tilde{f} = 0$$

的奇点，那么该方程在奇点 z_0 的领域 $0 < |z - z_0| < R$ 有两个正则解的充要条件是 $p(z)(z - z_0)$ 和 $q(z)(z - z_0)^2$ 在 z_0 点解析。并且，这时方程的两个线性无关解为

$$\tilde{f}_1(z) = \sum_{k=0}^{\infty} a_k (z - z_0)^{s_1+k}$$

$$\tilde{f}_2(z) = \sum_{k=0}^{\infty} b_k (z - z_0)^{s_2+k}$$

或

$$\tilde{f}_2{}'(z) = A\tilde{f}_1(z)\ln(z - z_0) + \sum_{k=0}^{\infty} b_k (z - z_0)^{s_2+k}$$

那么根据上面的定理，方程（6.15）在奇点 0 领域内满足条件，在收敛域 $0 < |\mu| < \tilde{R}(R^*)$ 内有两个线性无关的解，假设它们分别为

$$\begin{cases} \tilde{f}_1(\mu) = \mu^{c_1} \sum_{m=0}^{\infty} a_m \mu^m \\ \tilde{f}_2(\mu) = \mu^{c_2} \sum_{m=0}^{\infty} a_m{}^* \mu^m \end{cases} \tag{6.16}$$

或者

$$\begin{cases} \tilde{f}_1(\mu) = \mu^{c_1} \sum_{m=0}^{\infty} a_m \mu^m \\ \tilde{f}_3(\mu) = F\tilde{f}_1(\mu) ln(\mu) + \mu^{c_2} \sum_{m=0}^{\infty} \tilde{a}_m \mu^m \end{cases}$$

其中，a_0、$a_0{}^*$、$\tilde{a}_0$ 都不为零，而 F、c_1、c_2 都是可求得的数值。

首先，我们把（6.16）代入（6.15），得到

$$\mu^{\bar{c}}\Big(\sum_{m=0}^{\infty} (\bar{c} + m)(\bar{c} + m - 1)\bar{a}_m \mu^m + \sum_{m=0}^{\infty} \alpha_1(\bar{c} + m)\bar{a}_m \mu^m + \sum_{m=0}^{\infty} \alpha_2 \bar{a}_m \mu^{m+2} + \sum_{m=0}^{\infty} \alpha_3 \bar{a}_m \mu^m \Big) = 0$$

其中，$\bar{c}$ 代表 c_1 或 c_2，而 $\bar{a}_m$ 代表 a_m 或 $a_m{}^*$。

上面的方程两边同时除以 $\mu^{\bar{c}}$，那么基于所有幂的系数都应该等于 0，我们能得到如下方程组

$$\begin{cases} (\bar{c}^2 - \bar{c} + \alpha_1 \bar{c} + \alpha_3)\bar{a}_0 = 0 \\ (\bar{c}^2 + \bar{c} + \alpha_1 \bar{c} + \alpha_1 + \alpha_3)\bar{a}_1 = 0 \\ [(\bar{c} + m)2 + (\alpha_1 - 1)(\bar{c} + m) + \alpha_3]\bar{a}_m + \alpha_2 \bar{a}_{m-2} = 0,\ m = 2, 3, \cdots \end{cases}$$

很明显，$\Delta_1 = (\alpha_1 - 1)^2 - 4\alpha_3 > 0$，我们设

$$(\zeta)_n = \zeta(\zeta + 1)(\zeta + 2)\cdots(\zeta + n - 1) = \Gamma(\zeta + n)/\Gamma(\zeta)$$

即可求得两组系数的递推式

$$\begin{cases} c_1 = \dfrac{1 - \alpha_1 + \sqrt{\Delta_1}}{2} \\ a_{2m+1} = 0 \\ a_{2m} = \dfrac{\theta^{2m}}{2^{2m} m! \left(1 + \dfrac{\sqrt{\Delta_1}}{2}\right)_m} a_0, \quad m = 0, 1, 2, \cdots \end{cases}$$

$$\begin{cases} c_2 = \dfrac{1 - \alpha_1 - \sqrt{\Delta_1}}{2} \\ a_{2m+1}{}^* = 0 \\ a_{2m}{}^* = \dfrac{\theta^{2m}}{2^{2m} m! \left(1 - \dfrac{\sqrt{\Delta_1}}{2}\right)_m} a_0, \quad m = 0, 1, 2, \cdots \end{cases}$$

我们收敛半径 $\tilde{R}$ 和 R^* 的值求解，具体如下

$$\begin{aligned} \tilde{R} &= \lim_{m \to \infty} \left| \frac{a_{2m-2}}{a_{2m}} \right| \\ &= \lim_{m \to \infty} \left| \frac{\dfrac{\theta^{2m-2}}{2^{2m-2}(m-1)!\ \left(1 + \dfrac{\sqrt{\Delta_1}}{2}\right)_{m-1}} a_0}{\dfrac{\theta^{2m}}{2^{2m} m!\ \left(1 + \dfrac{\sqrt{\Delta_1}}{2}\right)_m} a_0} \right| \\ &= \lim_{m \to \infty} \left| \frac{m(2\sqrt{\Delta_1} + 4m)}{\theta^2} \right| \\ &= \infty \end{aligned}$$

$$R^* = \lim_{m \to \infty} \left| \frac{a_{2m-2}{}^*}{a_{2m}{}^*} \right|$$

$$= \lim_{m\to\infty} \left| \frac{\dfrac{\theta^{2m-2}}{2^{2m-2}(m-1)!\ \left(1-\dfrac{\sqrt{\Delta_1}}{2}\right)_{m-1}} a_0}{\dfrac{\theta^{2m}}{2^{2m}m!\ \left(1-\dfrac{\sqrt{\Delta_1}}{2}\right)_{m}} a_0} \right|$$

$$= \lim_{m\to\infty} \left| \frac{m(-2\sqrt{\Delta_1}+4m)}{\theta^2} \right|$$

$$= \infty$$

这意味着，在 μ 不为 0 的整个区域上，我们的两个特解都收敛。

我们设

$$a_0 = (\theta/2)^{c_1}(1/(\Gamma(1+\sqrt{\Delta_1}/2)))$$

$$a_0{}^* = (\theta/2)^{c_2}(1/(\Gamma(1-\sqrt{\Delta_1}/2))),$$

然后把上面两组设定的解代入（6.16），我们能计算出方程（6.15）的两个特解

$$\tilde{f}_1(\mu) = \sum_{m=0}^{\infty} \frac{(-1)^m}{m!\ \Gamma\left(1+m+\dfrac{\sqrt{\Delta_1}}{2}\right)} \left(\frac{\theta\mu}{2}\right)^{2m+c_1} \tag{6.17}$$

$$\tilde{f}_2(\mu) = \sum_{m=0}^{\infty} \frac{(-1)^m}{m!\ \Gamma\left(1+m-\dfrac{\sqrt{\Delta_1}}{2}\right)} \left(\frac{\theta\mu}{2}\right)^{2m+c_2} \tag{6.18}$$

当 $\tilde{f}_1(\mu)$ 与 $\tilde{f}_2(\mu)$ 不相关时，方程（6.15）的一般解可以表示为

$$C(\mu) = C_1\tilde{f}_1(\mu) + C_2\tilde{f}_2(\mu)$$

接下来，为了避免 $\tilde{f}_1(\mu)$ 与 $\tilde{f}_2(\mu)$ 相关的情形，我们将分析一下两个特解的相关性条件，并且在上面两个特解相关时，构建方程（6.15）的第三个特解，并且确保它与 $\tilde{f}_1(\mu)$ 不相关。为此，我们需要计算它们的 Wronskian 行列式

$$W[\tilde{f}_1(\mu), \tilde{f}_2(\mu)] = \begin{vmatrix} \tilde{f}_1(\mu) & \tilde{f}_2(\mu) \\ \tilde{f}_1{}'(\mu) & \tilde{f}_2{}'(\mu) \end{vmatrix} = \tilde{f}_1(\mu)\tilde{f}_2{}'(\mu) - \tilde{f}_1{}'(\mu)\tilde{f}_2(\mu)$$

为了找到行列式 $W[\tilde{f}_1(\mu), \tilde{f}_2(\mu)]$ 的表达形式，我们把 $\tilde{f}_1(\mu)$ 与 $\tilde{f}_2(\mu)$ 都代入（6.15）中，得到如下方程

$$\tilde{f}_1''(\mu) + \frac{2k_1}{\sigma_1^2\mu}\tilde{f}_1'(\mu) + (\frac{1}{\sigma^2\sigma_1^2} - \frac{2\lambda}{\sigma_1^2\mu^2})\tilde{f}_1(\mu) = 0 \tag{6.19}$$

$$\tilde{f}_2''(\mu) + \frac{2k_1}{\sigma_1^2\mu}\tilde{f}_2'(\mu) + (\frac{1}{\sigma^2\sigma_1^2} - \frac{2\lambda}{\sigma_1^2\mu^2})\tilde{f}_2(\mu) = 0 \tag{6.20}$$

让$\tilde{f}_2(\mu)$ 乘以（6.19），同时$\tilde{f}_1(\mu)$ 乘（6.20），然后让得到的两个式子相减，可以得到

$$(\tilde{f}_1(\mu)\tilde{f}_2'(\mu) - \tilde{f}_1'(\mu)\tilde{f}_2(\mu))' + \frac{\alpha_1}{\mu}(\tilde{f}_1(\mu)\tilde{f}_2'(\mu) - \tilde{f}_1'(\mu)\tilde{f}_2(\mu)) = 0 \tag{6.21}$$

对（6.21）进行积分，我们能够得到 $W[\tilde{f}_1(\mu), \tilde{f}_2(\mu)]$ 的一个简单的表达式

$$\begin{aligned} W[\tilde{f}_1(\mu), \tilde{f}_2(\mu)] &= \tilde{f}_1(\mu)\tilde{f}_2'(\mu) - \tilde{f}_1'(\mu)\tilde{f}_2(\mu) \\ &= A\exp\{-\int_{\mu}\frac{\alpha_1}{\varphi}d\varphi\} \\ &= A\mu^{-\alpha_1} \end{aligned}$$

这里，A 是一个待确定的固定数值。把（6.17）式和（6.18）式代入上式左边，我们可求得 A 的值，即等于 $\mu^{-\alpha_1}$ 系数，即 m 等于 0 时 μ 的次幂对应的系数

$$\begin{aligned} A &= \frac{1}{\Gamma\left(1+\frac{\sqrt{\Delta_1}}{2}\right)}\left(\frac{\theta}{2}\right)^{c_1}\frac{c_2}{\Gamma\left(1-\frac{\sqrt{\Delta_1}}{2}\right)}\left(\frac{\theta}{2}\right)^{c_2} - \\ &\quad \frac{c_1}{\Gamma\left(1+\frac{\sqrt{\Delta_1}}{2}\right)}\left(\frac{\theta}{2}\right)^{c_1}\frac{1}{\Gamma\left(1-\frac{\sqrt{\Delta_1}}{2}\right)}\left(\frac{\theta}{2}\right)^{c_2} \\ &= -\frac{2\left(\frac{\theta}{2}\right)^{1-\alpha_1}}{\pi}\sin\pi\left(\frac{\sqrt{\Delta_1}}{2}\right) \end{aligned}$$

这里，我们用到了 τ 函数如下的属性：$\Gamma(\varphi)\Gamma(1-\varphi) = \pi/\sin\pi\varphi$。所以，我们得到

$$W[\tilde{f}_1(\mu), \tilde{f}_2(\mu)] = -\frac{2\left(\frac{\theta}{2}\right)^{1-\alpha_1}}{\pi\mu^{\alpha_1}}\sin\pi\left(\frac{\sqrt{\Delta_1}}{2}\right) \tag{6.22}$$

根据（6.22）式，我们很容易得出如下结论：如果 $\sqrt{\Delta_1}$ 是一个偶数，那么$\tilde{f}_1(\mu)$ 与$\tilde{f}_2(\mu)$ 是相关的。为了避免这种情形，我们尝试构建第三个特解如下

$$\tilde{f}_3(\mu)=\frac{\delta\tilde{f}_1(\mu)-\tilde{f}_2(\mu)}{\sin\pi\left(\frac{\sqrt{\Delta_1}}{2}\right)}$$

此时，再计算 $W[\tilde{f}_1(\mu),\ \tilde{f}_2(\mu)]$，可得

$$W[\tilde{f}_1(\mu),\ \tilde{f}_3(\mu)]=\frac{2\left(\frac{\theta}{2}\right)^{1-\alpha_1}}{\pi\mu^{\alpha_1}}\neq 0$$

因为，当 $\sqrt{\Delta_1}$ 是一个偶数时，$\tilde{f}_2(\mu)=(-1)^{\sqrt{\Delta_1}/2}\tilde{f}_1(\mu)$，所以，我们选择 $\delta=\cos\pi(\sqrt{\Delta_1}/2)$，然后得到我们方程（6.15）的第三个特解 $\tilde{f}_3(\mu)$，即

$$\tilde{f}_3(\mu)=\frac{\cos\pi\left(\frac{\sqrt{\Delta_1}}{2}\right)\tilde{f}_1(\mu)-\tilde{f}_2(\mu)}{\sin\pi\left(\frac{\sqrt{\Delta_1}}{2}\right)} \tag{6.23}$$

事实上，当 $\sqrt{\Delta_1}/2$ 是一个整数时，上面的方程会变成零除以零型表达式，所以，我们应该计算（6.23）式的极限，具体如下

$$\begin{aligned}\tilde{f}_3(\mu)&=\lim_{\sqrt{\Delta_1}\to 2n}\frac{\cos\pi\left(\frac{\sqrt{\Delta_1}}{2}\right)\tilde{f}_1(\mu)-\tilde{f}_2(\mu)}{\sin\pi\left(\frac{\sqrt{\Delta_1}}{2}\right)}\\&=\frac{2}{\pi}\tilde{f}_1(\mu)\ln\frac{\theta\mu}{2}-\frac{1}{\pi}\sum_{m=0}^{n-1}\frac{(n-1-m)!}{m!}\left(\frac{\theta\mu}{2}\right)^{2m+c_2}\\&\quad-\frac{1}{\pi}\sum_{m=0}^{\infty}\frac{(-1)^m}{m!\ (n+m)!}[\psi(n+m+1)+\\&\quad\psi(m+1)]\left(\frac{\theta\mu}{2}\right)^{2m+c_1}\end{aligned}$$

其中，n 为正整数，$\psi(\zeta):\equiv d\ln\Gamma(\zeta)/d\zeta=\Gamma'(\zeta)/\Gamma(\zeta)$。

当 n 等于 0 时，第三个特解可以简化如下

$$\tilde{f}_3(\mu) = \frac{2}{\pi}\tilde{f}_1(\mu)\ln\frac{\theta\mu}{2} - \frac{2}{\pi}\sum_{m=0}^{\infty}\frac{(-1)^m}{m!\ (n+m)!}[\psi(m+1)]\left(\frac{\theta\mu}{2}\right)^{2m+c_1}$$

所以，当$\tilde{f}_1(\mu)$与$\tilde{f}_2(\mu)$相关这种情况下，方程（6.15）的通解可以表示如下

$$C(\mu) = C_3\tilde{f}_1(\mu) + C_4\tilde{f}_3(\mu)$$

综上，根据$\sqrt{\Delta_1}$是否是一个正的偶数，方程（6.15）的解可以表达如下

$$C(\mu) = \begin{cases} C_1\tilde{f}_1(\mu) + C_2\tilde{f}_2(\mu), & \sqrt{\Delta_1} \neq 2n,\ n \in \mathbf{Z}_0^+, \\ C_3\tilde{f}_1(\mu) + C_4\tilde{f}_3(\mu), & \sqrt{\Delta_1} = 2n,\ n \in \mathbf{Z}_0^+, \end{cases} \tag{6.24}$$

其中，C_1、C_2、C_3、C_4都是可求得的数值。所以，方程（6.13）的一个通解为

$$v_1(x,\ \mu) = C(\mu)\sqrt{x}$$

这里，$C(\mu)$如（6.24）式所示。

为了进一步减少未知参数，我们把边界条件代入方程（6.15）的三个特解，结果发现，仅仅$\tilde{f}_1(\mu)$在0点处为0，满足边界条件，具体分析如下

$$\tilde{f}_1(\mu) = \sum_{m=0}^{\infty}\frac{(-1)^m}{m!\ \Gamma\left(1+m+\frac{\sqrt{\Delta_1}}{2}\right)}\left(\frac{\theta\mu}{2}\right)^{2m+c_1}$$

我们知道

$$\theta = \frac{1}{|\sigma\sigma_1|} > 0$$

$$\Delta_1 = (\alpha_1 - 1)^2 - 4\alpha_3 > |1 - \alpha_1|$$

所以

$$c_1 = \frac{1 - \alpha_1 + \Delta_1}{2} > 0$$

因而，解$\tilde{f}_1(\mu)$只含有正的次幂项，当μ等于0的时候，所有的项等于0，所以

$$\tilde{f}_1(0) = 0$$

现在再来分析$\tilde{f}_2(\mu)$，则有

$$c_2 = \frac{(1 - \alpha_1 - \sqrt{\Delta_1})}{2} < 0$$

所以$\tilde{f}_2(\mu)$中含有有限项μ的负次幂，所以必然有

$$\tilde{f}_2(0) = \infty$$

对于$\tilde{f}_3(\mu)$，因为它包含$\ln\frac{\theta\mu}{2}$，所以必然有

$$\tilde{f}_3(0) = \infty$$

根据上面的分析，其他两个特解$\tilde{f}_2(\mu)$、$\tilde{f}_3(\mu)$在0点处趋于无穷大，都不满足边界条件，所以我们把后两个特解舍弃，在本书给出的具体条件下只有第一个特解能够使用。这样一来，C_2和C_4都应该被设为0。方程（6.13）即简化为如下形式

$$v_1(x,\ \mu) = C(\mu)\sqrt{x} = C_1\tilde{f}_1(\mu)\sqrt{x} = C_3\tilde{f}_1(\mu)\sqrt{x}$$

如果我们设$c = C_1$以及$c = C_3$，那么

$$v_1(x,\ \mu) = c\tilde{f}_1(\mu)\sqrt{x}$$

现在，仅仅只有一个未知的参数c需要我们求解。

根据（6.12）式，我们能得到$u(x,\ \mu) = 2\mu x/\sigma^2$，这意味着，$u(x,\ \mu)$是一个关于$x$的增函数。进一步，当且仅当$x$小于等于$x_0$时，$u(x,\ \mu)$小于等于1，这里的$x_0$显然可以根据上面$u(x,\ \mu)$与$x$的关系式定义如下

$$x_0 = \frac{\sigma^2}{2\mu}$$

所以，基于$u(x,\ \mu)\in[0,\ 1]$，如果$x_0 \leqslant x < x_1$，那么u就等于1，此时方程（6.11）就变为

$$\frac{1}{2}\sigma^2 v_{xx} + \frac{1}{2}\sigma_1{}^2\mu^2 v_{\mu\mu} + \mu v_x + k_1\mu v_\mu - \lambda v = 0 \tag{6.25}$$

和u小于1的情况相似，我们首先假设方程的解有如下的形式

$$v_2(x,\ \mu) = e^x D(\mu) \tag{6.26}$$

把（6.26）式代入（6.25）中，我们可以得到如下关于$D(\mu)$的二阶变系数常微分方程

$$D''(\mu) + \frac{2k_1}{\sigma_1^2\mu}D'(\mu) + \left(\frac{\sigma^2 - 2\lambda}{\mu^2\sigma_1^2} + \frac{2}{\sigma_1^2\mu}\right)D(\mu) = 0 \tag{6.27}$$

设

$$\beta_1 = \frac{2k_1}{\sigma_1^2},\ \beta_2 = \frac{\sigma^2 - 2\lambda}{\sigma_1^2},\ \beta_3 = \frac{2}{\sigma_1^2}$$

同时假设

$$\Delta_2 = (\beta_1 - 1)^2 - 4\beta_2,\ d_1 = \frac{1 - \beta_1 + \sqrt{\Delta_2}}{2},\ d_2 = \frac{1 - \beta_1 - \sqrt{\Delta_2}}{2}$$

那么根据与上文同样的求解方法，也给出方程（6.27）的三个特解

$$\tilde{f}_4(\mu) = \sum_{m=0}^{\infty} \frac{(-1)^m}{m!\ \Gamma(1 + m + \sqrt{\Delta_2})} (\beta_3\mu)^{m+d_1}$$

$$\tilde{f}_5(\mu) = \sum_{m=0}^{\infty} \frac{(-1)^m}{m!\ \Gamma(1 + m - \sqrt{\Delta_2})} (\beta_3\mu)^{m+d_2}$$

$$\tilde{f}_6(\mu) = \lim_{\sqrt{\Delta_1}\to 2n} \frac{\cos\pi(\sqrt{\Delta_2})\tilde{f}_4(\mu) - \tilde{f}_5(\mu)}{\sin\pi(\sqrt{\Delta_2})}$$

$$= \frac{2}{\pi}\tilde{f}_4(\mu)\ln\beta_3\mu - \frac{1}{\pi}\sum_{m=0}^{n-1} \frac{(n-1-m)!}{m!} (\beta_3\mu)^{m+d_2}$$

$$- \frac{1}{\pi}\sum_{m=0}^{\infty} \frac{(-1)^m}{m!\ (n+m)!}[\psi(n+m+1) + \psi(m+1)] (\beta_3\mu)^{m+d_1}$$

当 n 为 0 时，第三个特解 $\tilde{f}_6(\mu)$ 可以简单表示如下

$$\tilde{f}_6(\mu) = \frac{2}{\pi}\tilde{f}_4(\mu)\ln\frac{\theta\mu}{2} - \frac{2}{\pi}\sum_{m=0}^{\infty} \frac{(-1)^m}{m!\ (n+m)!}[\psi(m+1)] (\beta_3\mu)^{m+d_1}$$

综上，根据 $\sqrt{\Delta_2}$ 是否是一个正数，我们给出方程（6.27）的一个通解：

$$D(\mu) = \begin{cases} D_1\tilde{f}_4(\mu) + D_2\tilde{f}_5(\mu), & \sqrt{\Delta_2} \neq n,\ n \in \mathbf{Z}_0^+, \\ D_3\tilde{f}_4(\mu) + D_4\tilde{f}_6(\mu), & \sqrt{\Delta_2} = n,\ n \in \mathbf{Z}_0^+, \end{cases}$$

其中，D_1、D_2、D_3、D_4 都是相关参数。

下面结合边界条件分析三个特解有哪些解符合要求，当 μ 趋于 0 的时候，$\tilde{f}_6(\mu)$ 趋于负无穷，要被舍弃。而 $\tilde{f}_4(\mu)$、$\tilde{f}_5(\mu)$ 是否趋于 0，取决于 d_1、d_2 的实虚与正负。为了保证有且只有一个特解符合要求，本章仅仅考虑 $\sigma^2 - 2\lambda \leqslant 0$ 的情形，在这个条件下，给定一个正实数 μ，特解 $\tilde{f}_4(\mu)$、$\tilde{f}_5(\mu)$ 均能保证为实数，进一步，此时，$d_1 \geqslant 0$ 和 $d_2 \leqslant 0$，所以 $\tilde{f}_4(0) = 0$，符合边界条件。而 $\tilde{f}_5(0) = \infty$，所以应该被舍弃。至此，我们得到 $\sigma^2 - 2\lambda \leqslant 0$ 条件下，方程（6.25）的一个一般解

$$v_2(x,\ \mu) = e^x D(\mu) = \bar{d}\tilde{f}_4(\mu)e^x$$

除此之外，如果假设方程（6.25）有如下解的形式

$$v_2(x,\ \mu) = e^{-x}\tilde{D}(\mu)$$

那么通过相似的分析和计算，我们能得到方程的另一个一般解，即

$$v_2(x,\ \mu)=e^{-x}\widetilde{D}(\mu)=\tilde{d}\tilde{\tilde{f}}_4(\mu)e^{-x}$$

其中，$\bar{d}$、$\tilde{d}$ 是待求解的参数。特解 $\tilde{\tilde{f}}_4$ 和 $\tilde{f}_4$ 几乎相同，唯一的区别就是，我们将前者里包含的 β_3 换成 $-\beta_3$，前者即变成了后者。基于以上的分析，方程（6.25）的一个一般解可以表示为

$$v_2(x,\ \mu)=e^{x}D(\mu)\ +e^{-x}\widetilde{D}(\mu)$$

从函数 v 以及 v 对 x 的偏导在 x_0 点是连续的，能够得到

$$D(\mu)=a_1C(\mu),\quad \widetilde{D}(\mu)=a_2C(\mu)$$

即

$$\bar{d}\tilde{f}_4(\mu)=a_1c\tilde{f}_1(\mu),\quad \tilde{d}\tilde{\tilde{f}}_4(\mu)=a_2c\tilde{f}_1(\mu) \tag{6.28}$$

其中，$a_1=(x_0^{-\frac{1}{2}}+2x_0^{\frac{1}{2}})/(4e^{x_0})$，$a_2=(-x_0^{-\frac{1}{2}}+2x_0^{\frac{1}{2}})/(4e^{-x_0})$。

基于以上方程，需要确定的未知参数仅仅包含如下 3 个：c、$\bar{d}$、$\tilde{d}$。我们将在下一节专门求解。

接下来，对于 x 大于等于 x_1 这种情况，我们将分析 v 的值函数的一些性质。

命题 6.4.1　假设是 μ_t 适用于信息空间 $\{F_t\}_{t\geqslant 0}$ 的一个随机过程，那么函数 v_x 在区间 $x\in(0,\ x_1)$ 上是凸的，并且，方程

$$v_x(x,\ \mu)=k \tag{6.29}$$

在区间 $x\in(0,\ x_1)$ 内存在唯一的一个根 $\tilde{x}$。如果 QVI 问题的解是唯一的，那么我们有

$$v(x,\ \mu)=v(\tilde{x},\ \mu)\ +k(x-\tilde{x})\ -K,\ x\geqslant x_1$$

证明： 首先，如果把时间固定在 t，那么因为 μ_t 适应于信息空间 $\{F_t\}_{t\geqslant 0}$，所以它是一个已知且确定的数。很显然 $v_x(x,\ \mu)$ 在区间 $x\in(0,\ x_0)$ 上是凸的，因为根据函数 $v(x,\ \mu)$ 在 $x\in(0,\ x_0)$ 上的表达式 $v_1(x,\ \mu)=C(\mu)\sqrt{x}$，我们很容易得到：对于 x 不大于 x_0 时，$v_{xxx}(x,\ \mu)$ 大于等于零。

另外，在区间 $x\in(x_0,\ x_1)$ 上，$v_{xxx}(x,\ \mu)$ 表示如下

$$v_{xxx}(x, \mu) = C(\mu)(a_1e^x - a_2e^{-x})$$

$$= C(\mu)\left(\frac{x_0^{-\frac{1}{2}}}{2}\right)\left[\left(\frac{1}{2} + x_0\right)e^{x-x_0} - \left(-\frac{1}{2} + x_0\right)e^{-x+x_0}\right]$$

$$= C(\mu)\left(\frac{x_0^{-\frac{1}{2}}}{2}\right)\left[\frac{1}{2}(e^{x-x_0} + e^{-x+x_0}) + x_0(e^{x-x_0} - e^{-x+x_0})\right] \tag{6.30}$$

设

$$F(x, \mu) = x_0(e^{x-x_0} - e^{-x+x_0})$$

很显然它是一个关于 x 的增函数。所以，当 x 在区间 (x_0, x_1) 时，我们能得到

$$F(x, \mu) \geqslant F(x_0, \mu) = 0$$

另外我们根据 x 在区间 $(0, x_0)$ 上的函数大于 0，即 $v(x, \mu) = C(\mu)\sqrt{x} > 0$，得到 $C(\mu) > 0$，又因为（6.30）式余下的部分全都大于 0，所以，当 x 在区间 (x_0, x_1) 时，$v_{xxx}(x, \mu) > 0$，这个不等式在区间 $x \in (x_0, x_1)$ 上，$v_x(x, \mu)$ 是凸的。

接着，我们分别把 x_0+ 和 x_0- 传入方程（6.25），可以得到如下表达式

$$\frac{1}{2}\sigma^2 v_{xx}(x_0+, \mu) + \frac{1}{2}\sigma_1{}^2\mu^2 v_{\mu\mu}(x_0+, \mu) + \mu v_x(x_0+, \mu)$$
$$+ k_1\mu v_\mu(x_0+, \mu) - \lambda v(x_0+, \mu) = 0$$

$$\frac{1}{2}\sigma^2 v_{xx}(x_0-, \mu) + \frac{1}{2}\sigma_1{}^2\mu^2 v_{\mu\mu}(x_0-, \mu) + \mu v_x(x_0-, \mu)$$
$$+ k_1\mu v_\mu(x_0-, \mu) - \lambda v(x_0-, \mu) = 0$$

从上面两个表达式我们能看到 $v_{xx}(x_0-, \mu) = v_{xx}(x_0+, \mu)$，这意味着 $v_{xx}(x, \mu)$ 在 x_0 点是连续的，因为 v、v_x、v_μ、$v_{\mu\mu}$ 在 x_0 点是连续的。这也意味着 $v_x(x, \mu)$ 在区间 $x \in (0, x_1]$ 上是凸的，而且，对于确定的 μ，方程（6.29）在区间 $x \in (0, x_1]$ 上有不少于 2 个的根。

接下来，关于 $v(x, \mu) = Mv(x, \mu)$，为了确保不产生一个固定的成本 K，（6.3）式中的最大值序列 η 的极限点不应该包含 0。基于此，我们知道存在一个序列 $\eta(x, \mu)$，使得

$$Mv(x, \mu) = v(x - \eta(x, \mu), \mu) + k\eta(x, \mu) - K$$

在对上面这个方程的右边项，关于求 η 积分后，我们能够得到 $x-$

$\eta(x, \mu)$ 是方程（6.29）的一个根。进一步，如果 $v_x(x_1, \mu) > k$，那么存在一个值 x_2，使得

$$x_1 - \eta(x_1, \mu) < x_2 < x_1$$

和

$$v(x_1) - k(x_1 - x_2) > v(x_2)$$

我们设 $\eta = \eta(x_1, \mu) - (x_1 - x_2)$，那么有

$$\begin{aligned} v(x_2 - \eta, \mu) + k\eta - K &= v(x_1 - \eta(x_1, \mu), \mu) \\ &\quad + k\eta(x_1, \mu) - k(x_1 - x_2) - K \\ &= v(x_1, \mu) - k(x_1 - x_2) > v(x_2, \mu) \end{aligned}$$

从上面这个表达式我们能够得到 $Mv(x_2, \mu) > v(x_2, \mu)$，这是与 QVI 矛盾的。所以，我们有 $v_x(x_1, \mu) \leqslant k$，这意味着在区间 $x \in (0, x_1)$ 上，方程（6.29）的解存在，而且唯一，我们设这个解为 $\tilde{x}$。

当 x 大于等于 x_1 时，设

$$v(x, \mu) = v(\tilde{x}, \mu) + k(x - \tilde{x}) - K$$

那么我们有

$$v_x(x, \mu) = k, \quad \forall x > x_1$$

当 x 大于 x_1 时，如果 $\eta \leqslant x - x_1$，那么，因为 $v(x, \mu)$ 在这个区间上的线性的性质，我们可以得到

$$v(x - \eta, \mu) + k\eta - K = v(x, \mu) - K < v(x, \mu)$$

除此之外，如果 $\eta > x - x_1$，那么

$$\begin{aligned} & v(x - \eta, \mu) + k\eta - K \\ & = v(x_1 - (\eta - (x - x_1)), \mu) + k(\eta - (x - x_1)) + k(x - x_1) - K \\ & \leqslant v(x_1, \mu) + k(x - x_1) \\ & = v(x, \mu) \end{aligned}$$

上面这个等式在 $\eta - (x - x_1)$ 点成立，这意味着 $v(x, \mu) = Mv(x, \mu)$。另外，根据 $v_x(x, \mu)$ 的属性，我们能够得到如下不等式

$$\begin{aligned} & \frac{1}{2}\sigma_1{}^2\mu^2 v_{\mu\mu}(x_1, \mu) + \mu uk + k_1\mu v_\mu(x_1, \mu) - \lambda v(x_1, \mu) \\ & \leqslant \frac{1}{2}\sigma^2 u^2 v_{xx}(x_1 -, \mu) + \frac{1}{2}\sigma_1{}^2\mu^2 v_{\mu\mu}(x_1, \mu) \\ & + \mu uk + k_1\mu v_\mu(x_1, \mu) - \lambda v(x_1, \mu) \\ & \leqslant 0 \end{aligned}$$

那么，对于 x 大于 x_1，我们有

$$\frac{1}{2}\sigma^2 u^2 v_{xx}(x, \mu) + \frac{1}{2}\sigma_1{}^2\mu^2 v_{\mu\mu}(x, \mu) + \mu v_x(x, \mu)$$

$$+ k_1\mu v_\mu(x, \mu) - \lambda v(x, \mu)$$

$$< \frac{1}{2}\sigma_1{}^2\mu^2 v_{\mu\mu}(x_1, \mu) + \mu uk + k_1\mu v_\mu(x_1, \mu) - \lambda v(x_1, \mu)$$

$$\leqslant 0.$$

基于如上所有的分析，我们可以得出结论，函数 $v(x, \mu)$ 在 x 大于 x_1 满足 QVI。

到目前为止，我们能推测 QVI 问题的解的形式，即存在两个点 x_0 和 x_1，以及 $x_0 < x_1$ 和参数 c，使得 $v_x(x, \mu)$ 满足

$$v_x(x, \mu) = \begin{cases} \frac{1}{2}c\tilde{f}_1(\mu)\frac{1}{\sqrt{x}}, & 0 \leqslant x < x_0 \\ c\tilde{f}_1(\mu)a_1e^x - c\tilde{f}_1(\mu)a_2e^{-x}, & x_0 \leqslant x < x_1 \\ k, & x \geqslant x_1 \end{cases}$$

除此之外，也存在另一个点 $\tilde{x} < x$，使得 $v(\tilde{x}, \mu) = k$，以及

$$\int_{\tilde{x}}^{x_1} v_x(x, \mu)\mathrm{d}x = v(x_1, \mu) - v(\tilde{x}, \mu) = k(x_1 - \tilde{x}) - K。$$

那么，我们有

$$\int_{\tilde{x}}^{x_1}(k - v_x(x, \mu))dx = K$$

如上所示，我们给出了解的形式，以及它的一些性质，可是包含在这个解里的一些具体值，如 c、x_1 和 $\tilde{x}$ 仍然是未知的。我们将在下一节尝试探索这些值。

6.5 确定未知参数

为了找到这些未知参数，如 c、x_1 和 $\tilde{x}$，我们定义两个函数 $H(x)$ 和 $I(c)$，如下

$$H(x) = \begin{cases} \frac{1}{2}\sqrt{x}, & 0 \leqslant x < x_0 \\ a_1e^x - a_2e^{-x}, & x \geqslant x_0 \end{cases}$$

以及

$$I(c)=\int_{\tilde{x}^c}^{x_1{}^c}(k-c\tilde{f}_1(\mu)H(y))\mathrm{d}y \tag{6.31}$$

那么，我们能够得到如下结论。

命题 6.5.1 对任意的 $K>0$，存在唯一的 c 和与其对应的节点 $x_1{}^c$ 和 $\tilde{x}^c$，使得（6.31）式等于 K。

证明： 和证明函数 $v_x(x,\mu)$ 凸性的分析相似，我们知道函数 $H(x)$ 在区间 $x\in(0,x_1)$ 上也是凸的，而且，不难求出如下两个极限

$$\lim_{x\to 0}H(x)=\infty\ ,\qquad \lim_{x\to\infty}H(x)=\infty$$

所以，存在一个点 x^*，使得对于函数 $H(x)$ 的导数，我们有一个0点

$$H_x(x^*)=0,\quad x^*>x_0$$

令 $\alpha=H(x^*)$，那么下面我们根据 $\tilde{f}_1(\mu)$ 与0之间的关系，分两个方面讨论。

一方面，如果 $\tilde{f}_1(\mu)>0$，那么 $0<c<k/(\alpha\tilde{f}_1(\mu))$，存在两个点 $x_1{}^c$ 和 $\tilde{x}^c$，且 $\tilde{x}^c<x^*<x_1{}^c$，使得 $cH(\tilde{x}^c)=cH(x_1{}^c)=k/\tilde{f}_1(\mu)$。并且，当 $c=k/(\alpha\tilde{f}_1(\mu))$ 时，我们有 $x_1{}^c=x^*=\tilde{x}^c$。根据函数 $H(x)$ 的凸性，我们易知，当 $0<c\leqslant k/(\alpha\tilde{f}_1(\mu))$，$\tilde{x}^c$ 是一个关于 c 的增函数，而 $x_1{}^c$ 在这个区间内是一个关于 c 的减函数。所以，$I(c)$ 是一个关于 c 的连续的并且递减的函数，并且有当 c 趋于0时，$I(c)$ 趋于无穷大。而且 $I(k/(\alpha\tilde{f}_1(\mu)))=0$。综上所述，对任意的 K（大于0的数），都存在一个值 $\tilde{c}<k/(\alpha\tilde{f}_1(\mu))$，使得

$$I(\tilde{c})=\int_{\tilde{x}^{\tilde{c}}}^{x_1{}^{\tilde{c}}}(k-\tilde{c}\tilde{f}_1(\mu)H(y))\mathrm{d}y=K \tag{6.32}$$

另一方面，如果 $\tilde{f}_1(\mu)<0$，那么 $k/(\alpha\tilde{f}_1(\mu))<c<0$，存在一个关于 c 递减的函数 $\tilde{x}^c$，和一个关于 c 递增的函数 $x_1{}^c$，使得函数 $I(c)$ 是一个关于 c 连续并且增加的函数。很明显 c 趋于0时，$I(c)$ 趋于无穷大，而且 $I(k/(\alpha\tilde{f}_1(\mu)))$ 等于0。所以，对任意的 $K(K>0)$，都存在一个常数 $\tilde{x}^c\in(k/(\alpha\tilde{f}_1(\mu)),0)$，使得（6.32）式也正确。

再根据（6.28）式，给定 μ，我们可以求得 $\bar{d}$、$\tilde{d}$ 对应的唯一的值 $\hat{\bar{d}}$、$\hat{\tilde{d}}$。所以，基于以上分析，我们知道下面的方程成立

$$v(x,\mu)=\begin{cases}\tilde{c}\tilde{f}_1(\mu)\sqrt{x}, & 0\leqslant x<x_0\\ \hat{\bar{d}}\tilde{f}_4(\mu)e^{x}+\hat{\tilde{d}}\tilde{\tilde{f}}_4(\mu)e^{-x}, & x_0\leqslant x<x_1\\ v(x_1,\mu)+k(x-x_1), & x\geqslant x_1\end{cases} \tag{6.33}$$

那么，方程（6.32）变成

$$v(x_1, \mu) - v(\tilde{x}, \mu) = k(x_1 - \tilde{x}) - K \tag{6.34}$$

其中，$x_1 = x_1^{\bar{c}}$，以及 $\tilde{x} = \tilde{x}^{\bar{c}}$

到目前为止，我们已经找到了解的未知参数，以及自变量 x 的节点。接下来我们要证明找到的这个解就是 QVI 的解，并且我们也证明了对应于解的分红策略就是最优分红策略。

6.6 最优分红策略

定理 6.6.1 （6.33）式描述的函数 $v(x, \mu)$ 在区间 $x \in (0, \infty)$ 上是连续可积的，且在这个区间上除去 x_1 点的余下区间是二次连续可积的。这个函数是 QVI 的一个解。

证明： 首先，很明显，我们找到的解 $v(x, \mu)$ 在区间 $x \in [0, x_0]$ 及 $x \in [x_0, x_1]$ 都满足（6.11）式。而且，根据上文的讨论，函数 $v_x(x, \mu)$ 在区间 $x \in (0, x^*]$ 上关于 x 是递减的。所以，当 $x \leqslant \tilde{x}$，我们有 $v_x(x, \mu) > k$。因为 $-v_x(x-\eta, \mu) + k < 0$，所以表达式 $v(x-\eta, \mu) + k\eta - K$ 是一个关于 η 的减函数，这意味着当 x 处于区间 $(0, x^*]$ 时，

$$Mv(x-\eta, \mu) = v(x-\eta, \mu) + k\eta - K < v(x, \mu) - K < v(x, \mu)$$

而且，对于 x 大于 $\tilde{x}$，我们能得到

$$Mv(x, \mu) = v(\tilde{x}, \mu) + k(x - \tilde{x}) - K。$$

$v_x(x, \mu)$ 是一个凸函数，在两点 $\tilde{x}$ 和 x_1 处都等于 k，在开区间 $(\tilde{x}, x_1)$ 上小于 k。所以，

$$\begin{aligned} Mv(x, \mu) &= v(\tilde{x}, \mu) + k(x - \tilde{x}) - K \\ &= v(\tilde{x}, \mu) + k(x_1 - \tilde{x}) - k(x_1 - x) - K \\ &= v(x_1, \mu) - k(x_1 - x) \\ &< v(x, \mu) \end{aligned}$$

这意味着 x 处于区间 $(0, x_1)$ 时，$Mv(x, \mu) < v(x, \mu)$。与此同时，当 $x \in (0, x_1)$ 时，函数 $v(x, \mu)$ 满足 QVI。最后，根据（6.34）式及函数 $v(x, \mu)$ 在 x 区间 $(0, x_1)$ 上的线性性质，我们可以得出：当 $x \in (0, x_1)$ 时，$Mv(x, \mu) = v(x, \mu)$。

我们在如下定理中给出最优策略的具体形式，并加以证明。

定理 6.6.2　如果控制 π^* 具有如下形式

$$\pi^* = (u^*, T^*, \xi^*) = (u_t^*; \tau_1^*, \tau_2^*, \cdots, \tau_n^*, \cdots; \xi_1^*, \xi_2^*, \cdots, \xi_n^*, \cdots)$$

其中

$$u_t^* = u^*(X_t^*, \mu^*(t)) = \begin{cases} \dfrac{2\mu^*(t)}{\sigma^2}X_t^*, & 0 \leqslant X_t^* \leqslant x_0 \\ 1, & X_t^* > x_0 \end{cases} \tag{6.35}$$

$$\tau_1^* = \inf\{t \geqslant 0;\ X_t^* = x_1^*(\mu^*(t))\} \tag{6.36}$$

$$\xi_1^* = x_1^*(\mu^*(t)) - \tilde{x}^*(\mu^*(t)) \tag{6.37}$$

当 n 大于 2 时，有

$$\tau_n^* = \inf\{t \geqslant \tau_{n-1};\ X_t^* = x_1^*(\mu^*(t))\} \tag{6.38}$$

$$\xi_n^* = x_1^*(\mu^*(t)) - \tilde{x}^*(\mu^*(t)) \tag{6.39}$$

这里的 X_t^* 和 μ_t^* 分别是以下离散的随机微分方程的解

$$X_t^* = X_0^* + \int_0^t \mu^*(s)u_s^*(\mu^*(s), X_t^*)\mathrm{d}s + \int_0^t \sigma u_s^*(\mu^*(s), X_t^*)\mathrm{d}W_s^1 - (x_1^*(\mu^*(t)) - \tilde{x}^*(\mu^*(t)))\sum_{n=1}^{\infty} I_{\{\tau_n^* < t\}}$$

$$\mu^*(t) = \mu^*(0) + \int_0^t k_1\mu^*(s)\mathrm{d}s + \int_0^t \sigma_1\mu^*(s)\mathrm{d}W_s^2$$

其中，W_t^1 与 W_t^2 相互独立。那么控制 π^* 是与（6.33）式中函数 v 相关联的 QVI 控制。这里，函数 v 就是值函数，正如：

$$v(x, \mu) = V(x, \mu) = J(x, \mu; \pi^*) = J(x, \mu; u^*, T^*, \xi^*)$$

证明：（6.33）式中的函数 $v(x, \mu)$ 满足定理 6.3.1 中的所有条件。从上两节的讨论中可以看出我们在本定理中定义的控制 π^* 就是与函数 $v(x, \mu)$ 对应的最优控制。而且，根据（6.2）式，我们知道控制 π^* 是可取得的。所以，根据定理 6.3.1，我们能够得到结论：我们找到的函数 $v(x, \mu)$ 是一个值函数，而且与此函数对应的控制 π^* 是最优分红策略。

6.7 数值算例

6.7.1 计算未知参数和节点及研究主要参数之间的关系

例 6.7.1　固定 $\mu = k_1 = 0.05$，设 $\sigma = \sigma_1 = 0.3$，$\lambda = 0.06$，$K = 0.06$，k

从 0.03 以步长 0.01 变化到 0.12。相对应的参数值如表 6-1 所示，同时各参数与 $\tilde{c}$ 的关系见图 6-1。

表 6-1 固定漂移系数和变化红利税率时各未知参数和节点的值

k	$\tilde{c}$	$\tilde{x}$	x_1	ξ	μ
0.03	0.022 3	0.006 2	3.021 9	3.015 7	0.05
0.04	0.051 5	0.020 2	2.482 7	2.462 5	0.05
0.05	0.084 7	0.034 3	2.217 7	2.183 4	0.05
0.06	0.126 0	0.053 6	2.013 4	1.959 7	0.05
0.07	0.170 7	0.071 2	1.873 6	1.802 4	0.05
0.08	0.216 7	0.087 0	1.778 0	1.691 0	0.05
0.09	0.268 2	0.106 4	1.691 9	1.585 5	0.05
0.10	0.325 1	0.125 7	1.614 6	1.488 9	0.05
0.11	0.380 0	0.143 3	1.561 8	1.418 6	0.05
0.12	0.430 7	0.153 8	1.530 2	1.376 4	0.05

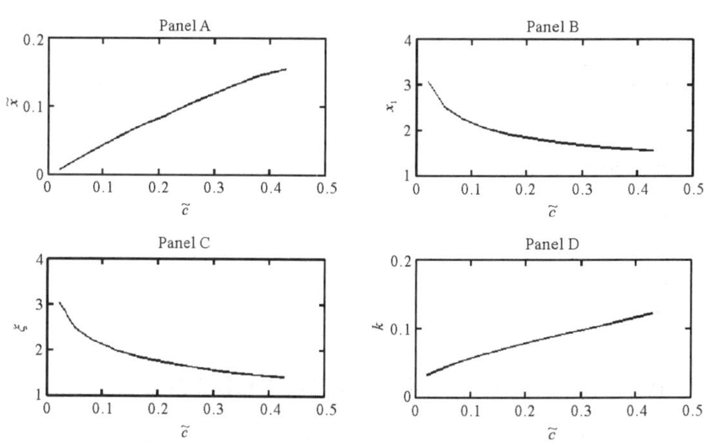

图 6-1 固定 μ 为 0.05 时，各变量与 $\tilde{c}$ 的关系

根据表 6-1 和图 6-1，固定 μ 为 0.05 时，k 和 $\tilde{x}$ 随着 $\tilde{c}$ 的增加而增加，而 ξ 和 x_1 随着 $\tilde{c}$ 的增加而减少，这与我们的理论分析完全一致。

例 6.7.2 设 $k=0.06$，K 从 0.02 以步长 0.01 变化到 0.11，其他参数和例 6.7.1 相同，所有参数见表 6-2，各参数与 $\tilde{c}$ 的关系见图 6-2。

表 6-2　固定漂移系数和变化交易成本时各未知参数和未知节点的值

K	$\tilde{c}$	$\tilde{x}$	x_1	ξ	μ
0.02	0.268 2	0.239 9	1.349 1	1.109 2	0.05
0.03	0.219 4	0.160 8	1.514 4	1.353 5	0.05
0.04	0.178 8	0.106 4	1.691 9	1.585 5	0.05
0.05	0.150 3	0.074 7	1.848 6	1.773 9	0.05
0.06	0.126 0	0.053 6	2.013 4	1.959 7	0.05
0.07	0.105 7	0.037 8	2.179 5	2.141 7	0.05
0.08	0.089 4	0.027 2	2.340 3	2.313 1	0.05
0.09	0.075 2	0.018 5	2.509 1	2.490 6	0.05
0.10	0.063 0	0.013 2	2.683 1	2.669 9	0.05
0.11	0.053 8	0.009 7	2.837 3	2.827 7	0.05

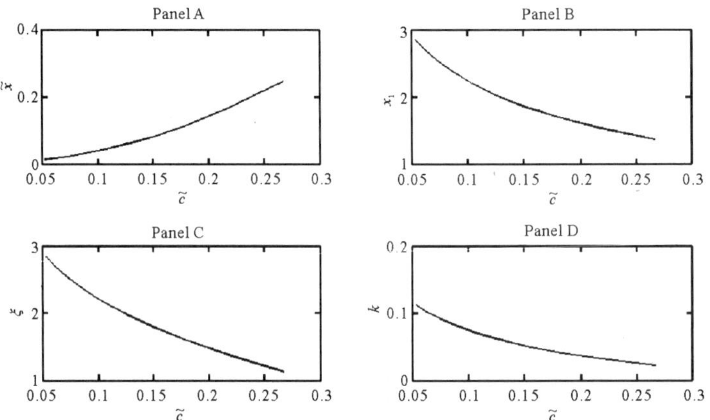

图 6-2　固定 μ 为 0.05 和变化交易成本时各参数与 $\tilde{c}$ 的关系

根据表 6-2 和图 6-2，我们看到，固定 μ 后，$\tilde{x}$ 为 $\tilde{c}$ 的增函数，而 ξ 和 x_1 为 $\tilde{c}$ 的减函数，他们的关系和例 6.7.1 完全一致。交易成本 K 随 $\tilde{c}$ 的增加而减少，这意味着 $I(\tilde{c})$ 是 $\tilde{c}$ 的减函数，也与文中的分析相符合。

例 6.7.3 设 $K=0.05$，$k=0.06$，μ 从 0.01 以步长 0.005 变化到 0.055，其他参数和例 6.7.1 相同，所有未知参数的解如表 6-3 所示，各参数的关系见图 6-3 和图 6-4。

表 6-3 变化漂移系数时各未知参数和节点的值

μ	$\tilde{c}$	$\tilde{x}$	x_1	ξ
0.010	3.817 6	1.503 5	4.580 7	3.077 3
0.015	1.674 5	0.703 9	3.173 6	2.469 7
0.020	0.922 6	0.400 5	2.540 6	2.140 1
0.025	0.575 7	0.254 0	2.224 5	1.970 5
0.030	0.395 7	0.178 0	2.054 4	1.876 5
0.035	0.296 5	0.138 7	1.945 5	1.806 8
0.040	0.229 3	0.110 4	1.890 2	1.779 8
0.045	0.181 5	0.088 9	1.870 1	1.781 3
0.050	0.150 3	0.074 7	1.848 6	1.773 9
0.055	0.126 5	0.064 7	1.842 3	1.777 6

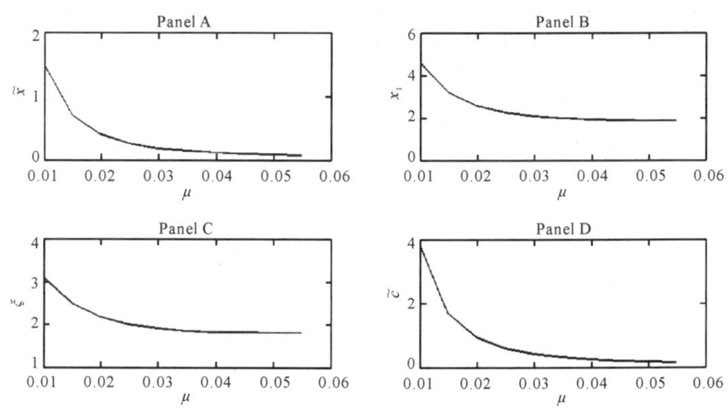

图 6-3 当 μ 变化时各参数与其之间的关系

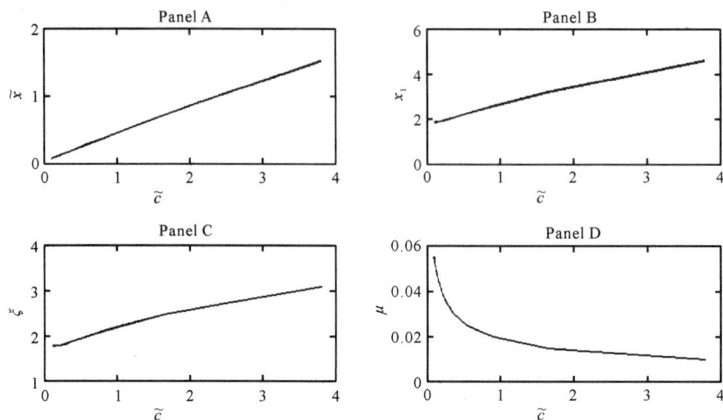

图 6-4　当 μ 在 0.01~0.055 变化时各参数与 $\tilde{c}$ 之间的关系

根据表 6-3 和图 6-3、图 6-4，当漂移系数在 0.01~0.055 变动的时候，参数都随着 μ 的增加而减小，μ 随着 $\tilde{c}$ 的增加而减小，其他参数都随着 $\tilde{c}$ 的增加而增加。

下面几个例子改变一组参数，重新验证各参数之间关系的稳健性。

例 6.7.4　固定 $\mu=0.5$，设 $\sigma=0.6$，$\sigma_1=0.9$，$\lambda=0.06$，$k_1=0.05$，$K=0.2$，k 从 0.50 以步长 0.01 变化到 0.60，各参数和 $\tilde{c}$ 的关系见表 6-4 和图 6-5。

表 6-4　固定漂移系数和变化红利税率时各未知参数和节点的值

k	$\tilde{c}$	$\tilde{x}$	x_1	ξ	μ
0.50	0.611 91	0.073 828	1.277 1	1.203 2	0.50
0.51	0.632 22	0.075 234	1.263 3	1.188 1	0.50
0.52	0.650 1	0.076 641	1.253 8	1.177 2	0.50
0.53	0.668 2	0.078 047	1.245 4	1.167 4	0.50
0.54	0.686 5	0.079 453	1.237	1.157 5	0.50
0.55	0.705 02	0.080 859	1.227 5	1.146 6	0.50
0.56	0.723 75	0.082 266	1.219	1.136 8	0.50
0.57	0.742 68	0.083 672	1.210 6	1.126 9	0.50
0.58	0.761 83	0.085 078	1.202 2	1.117 1	0.50
0.59	0.781 19	0.086 484	1.193 7	1.107 2	0.50
0.60	0.800 76	0.087 891	1.185 3	1.097 4	0.50

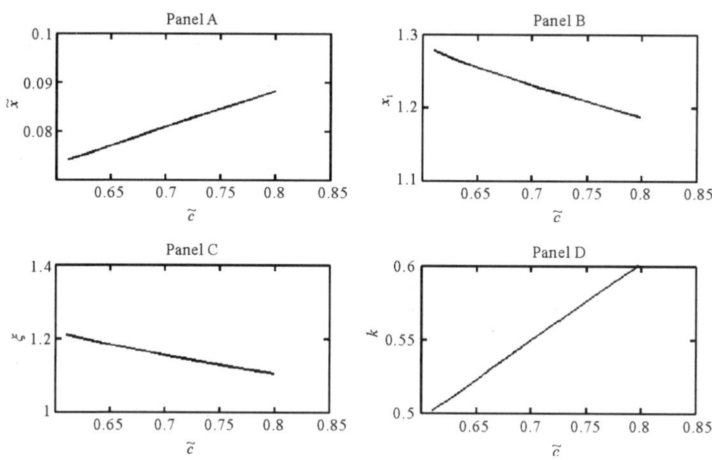

图 6-5 当 μ 固定，k 在 0.50~0.60 变动时各参数和 $\tilde{c}$ 的关系

例 6.7.5 固定 $\mu=0.2$，设 $\sigma=0.5$，$\sigma_1=0.3$，$\lambda=0.06$，$k_1=0.05$，$K=0.1$，k 从 0.40 以步长 0.01 变化到 0.50，各参数和 $\tilde{c}$ 的关系见表 6-5 和图 6-6。

表 6-5 固定漂移系数和变化红利税率时各未知参数和节点的值

k	$\tilde{c}$	$\tilde{x}$	x_1	ξ	μ
0.40	0.725 12	0.189 82	1.143 2	0.953 37	0.20
0.41	0.753 79	0.194 7	1.131	0.936 28	0.20
0.42	0.777 57	0.198 36	1.124 9	0.926 51	0.20
0.43	0.801 61	0.200 81	1.117 6	0.916 75	0.20
0.44	0.825 91	0.203 25	1.111 5	0.908 2	0.20
0.45	0.850 47	0.205 69	1.105 3	0.899 66	0.20
0.46	0.875 28	0.209 35	1.099 2	0.889 89	0.20
0.47	0.900 35	0.211 79	1.093 1	0.881 35	0.20
0.48	0.925 68	0.214 23	1.087	0.872 8	0.20
0.49	0.951 26	0.217 9	1.080 9	0.863 04	0.20
0.50	0.977 11	0.220 34	1.074 8	0.854 49	0.20

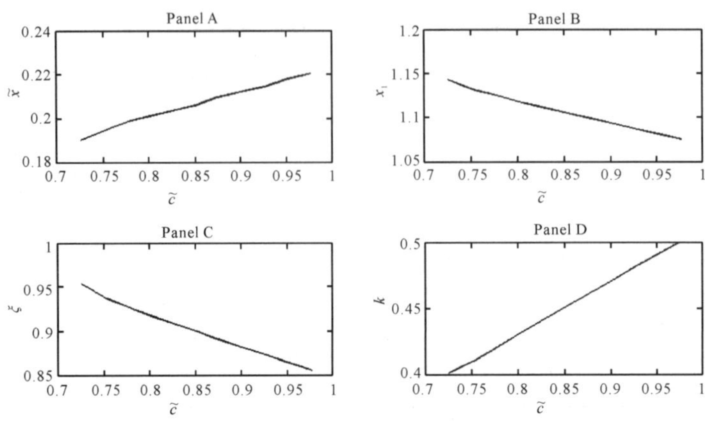

图 6-6　当 μ 固定，k 在 0.40~0.50 变动时各参数和 $\tilde{c}$ 的关系

例 6.7.6　固定 $\mu=0.3$，设 $\sigma=0.5$，$\sigma_1=0.5$，$\lambda=0.06$，$k_1=0.05$，$K=0.12$，k 从 0.40 以步长 0.01 变化到 0.55，各参数和 $\tilde{c}$ 的关系见表 6-6 和图 6-7。

表 6-6　固定漂移系数和变化红利税率时各未知参数和节点的值

k	$\tilde{c}$	$\tilde{x}$	x_1	ξ	μ
0.40	0.517 93	0.109 86	1.148 5	1.038 6	0.30
0.41	0.536 93	0.113 12	1.137 5	1.024 4	0.30
0.42	0.554 16	0.114 75	1.128 9	1.014 2	0.30
0.43	0.571 59	0.116 37	1.121 6	1.005 2	0.30
0.44	0.591 38	0.118	1.110 6	0.992 64	0.30
0.45	0.611 47	0.121 26	1.098 4	0.977 17	0.30
0.46	0.629 59	0.122 88	1.091 1	0.968 22	0.30
0.47	0.647 9	0.124 51	1.083 8	0.959 27	0.30
0.48	0.666 41	0.126 14	1.076 5	0.950 32	0.30
0.49	0.685 12	0.127 77	1.069 1	0.941 37	0.30
0.50	0.704 03	0.129 39	1.061 8	0.932 41	0.30
0.51	0.723 13	0.132 65	1.054 5	0.921 83	0.30
0.52	0.742 43	0.134 28	1.047 2	0.912 88	0.30
0.53	0.761 93	0.135 9	1.039 8	0.903 93	0.30

表6-6(续)

k	$\tilde{c}$	$\tilde{x}$	x_1	ξ	μ
0.54	0.781 62	0.137 53	1.032 5	0.894 98	0.30
0.55	0.801 51	0.139 16	1.025 2	0.886 03	0.30

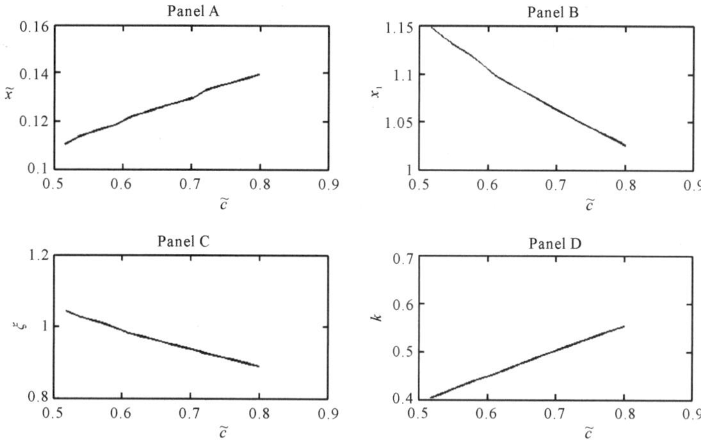

图 6-7　当 μ 固定，k 在 0.40~0.55 变动时各参数和 $\tilde{c}$ 的关系

例 6.7.7　固定 $\mu=0.3$，设 $\sigma=0.5$，$\sigma_1=0.9$，$\lambda=0.06$，$k_1=0.05$，$K=0.15$，k 从 0.20 以步长 0.01 变化到 0.35，各参数和 $\tilde{c}$ 的关系见表 6-7 和图 6-8。

表 6-7　固定漂移系数和变化红利税率时各未知参数和节点的值

k	$\tilde{c}$	$\tilde{x}$	x_1	ξ	μ
0.20	0.228 43	0.038 249	1.697 7	1.659 4	0.30
0.21	0.249 2	0.041 504	1.658 7	1.617 2	0.30
0.22	0.270 86	0.043 132	1.622 1	1.579	0.30
0.23	0.293 4	0.046 387	1.585 5	1.539 1	0.30
0.24	0.315 06	0.049 642	1.556 2	1.506 6	0.30
0.25	0.337 46	0.052 897	1.528 1	1.475 2	0.30
0.26	0.360 6	0.056 152	1.500	1.443 9	0.30
0.27	0.384 48	0.059 408	1.473 2	1.413 8	0.30
0.28	0.407 02	0.061 035	1.452 4	1.391 4	0.30
0.29	0.430 16	0.064 29	1.431 7	1.367 4	0.30

表6-7(续)

k	$\tilde{c}$	$\tilde{x}$	x_1	ξ	μ
0. 30	0. 453 9	0. 065 918	1. 410 9	1. 345	0. 30
0. 31	0. 478 22	0. 069 173	1. 391 4	1. 322 2	0. 30
0. 32	0. 503 14	0. 070 801	1. 371 9	1. 301 1	0. 30
0. 33	0. 528 66	0. 074 056	1. 352 3	1. 278 3	0. 30
0. 34	0. 554 76	0. 077 311	1. 334	1. 256 7	0. 30
0. 35	0. 578 87	0. 078 939	1. 320 6	1. 241 7	0. 30

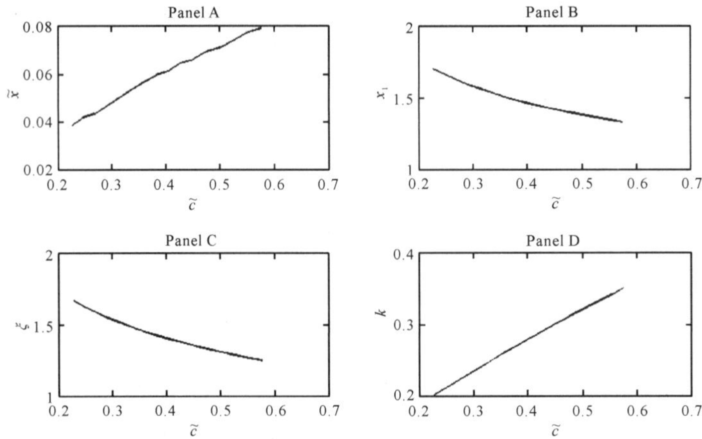

图 6-8　当 μ 固定，k 在 0. 20~0. 35 变动时各参数和 $\tilde{c}$ 的关系

根据表 6-4~表 6-7 和图 6-5~图 6-8，各参数和 $\tilde{c}$ 的关系并没有随着设置参数的变化而变化，例 6. 7. 4~例 6. 7. 7 中各变化规律和例 6. 7. 1 的完全相同，所以我们可以下结论，当 μ 固定时，k 和 $\tilde{x}$ 为 $\tilde{c}$ 的增函数，而 ξ 和 x_1 为 $\tilde{c}$ 的减函数。

例 6. 7. 8　固定 $\mu=0.08$，设 $\sigma=0.6$，$\sigma_1=0.3$，$\lambda=0.06$，$k=0.5$，$k_1=0.1$，K 从 0. 15 以步长 0. 01 变化到 0. 25，各参数和 $\tilde{c}$ 的关系见表 6-8 和图 6-9。

表 6-8　固定漂移系数和变化交易成本时各未知参数和节点的值

K	$\tilde{c}$	$\tilde{x}$	x_1	ξ	μ
0. 15	3. 312 3	0. 946 47	2. 368 1	1. 421 6	0. 08
0. 16	3. 252 5	0. 912 41	2. 374 7	1. 462 3	0. 08

表6-8(续)

K	$\tilde{c}$	$\tilde{x}$	x_1	ξ	μ
0. 17	3. 192 6	0. 879 46	2. 381 3	1. 501 8	0. 08
0. 18	3. 142 7	0. 851 99	2. 386 8	1. 534 8	0. 08
0. 19	3. 092 8	0. 824 52	2. 392 3	1. 567 7	0. 08
0. 20	3. 033	0. 793 76	2. 398 9	1. 605 1	0. 08
0. 21	2. 983 1	0. 767 4	2. 405 5	1. 638 1	0. 08
0. 22	2. 943 2	0. 746 52	2. 409 9	1. 663 3	0. 08
0. 23	2. 893 3	0. 722 35	2. 416 4	1. 694 1	0. 08
0. 24	2. 843 4	0. 697 08	2. 423	1. 726	0. 08
0. 25	2. 803 5	0. 677 31	2. 428 5	1. 751 2	0. 08

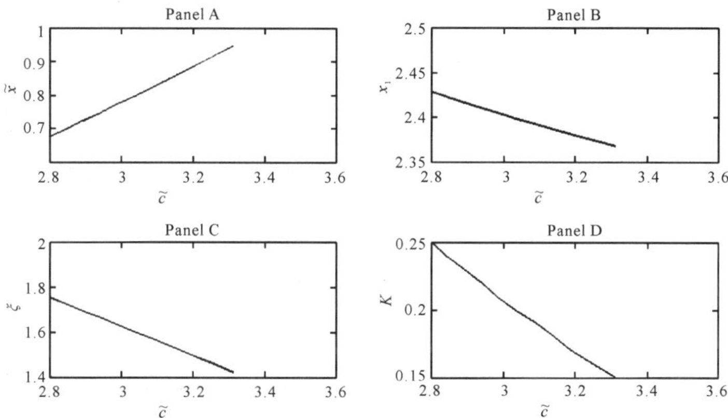

图 6-9　当 μ 固定，K 在 0. 15~0. 25 变动时各参数和 $\tilde{c}$ 的关系

例 6. 7. 9　固定 $\mu=0.2$，设 $\sigma=0.5$，$\sigma_1=0.3$，$\lambda=0.08$，$k=0.6$，$k_1=0.1$，K 从 0. 15 以步长 0. 01 变化到 0. 25，各参数和 $\tilde{c}$ 的关系见表 6-9 和图 6-10。

表 6-9　固定漂移系数和变化交易成本时各未知参数和节点的值

K	$\tilde{c}$	$\tilde{x}$	x_1	ξ	μ
0. 15	1. 155 5	0. 189 82	1. 143 2	0. 953 37	0. 20
0. 16	1. 130 9	0. 181 27	1. 163 9	0. 982 67	0. 20

表6-9(续)

K	$\tilde{c}$	$\tilde{x}$	x_1	ξ	μ
0. 17	1. 106 3	0. 173 95	1. 184 7	1. 010 7	0. 20
0. 18	1. 081 7	0. 166 63	1. 205 4	1. 038 8	0. 20
0. 19	1. 057 1	0. 159 3	1. 226 2	1. 066 9	0. 20
0. 20	1. 032 5	0. 151 98	1. 248 2	1. 096 2	0. 20
0. 21	1. 012	0. 145 87	1. 266 8	1. 120 9	0. 20
0. 22	0. 991 56	0. 139 77	1. 286 9	1. 147 2	0. 20
0. 23	0. 971 07	0. 133 67	1. 307 1	1. 173 4	0. 20
0. 24	0. 950 59	0. 128 78	1. 327 2	1. 198 4	0. 20
0. 25	0. 930 1	0. 122 68	1. 347 4	1. 224 7	0. 20

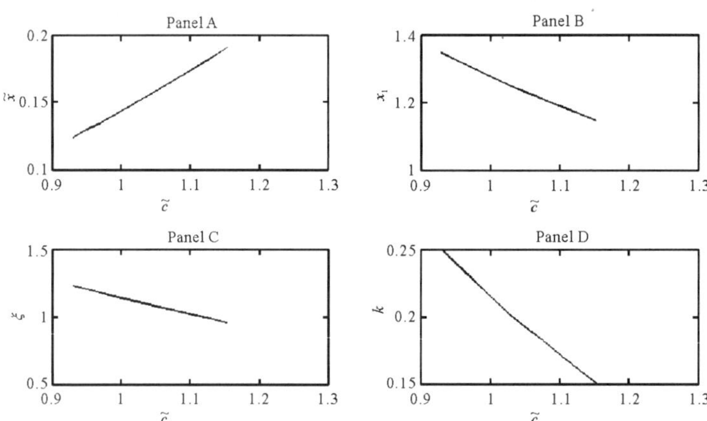

图 6-10　当 μ 固定，K 在 0. 15~0. 25 变动时各参数和 $\tilde{c}$ 的关系

例 6. 7. 10　固定 $\mu=0.2$，设 $\sigma=0.6$，$\sigma_1=0.6$，$\lambda=0.07$，$k=0.6$，$k_1=0.1$，K 从 0. 05 以步长 0. 01 变化到 0. 20，各参数和 $\tilde{c}$ 的关系见表 6-10 和图 6-11。

表 6-10　固定漂移系数和变化交易成本时各未知参数和节点的值

K	$\tilde{c}$	$\tilde{x}$	x_1	ξ	μ
0. 05	2. 478 9	0. 496 58	1. 081 9	0. 585 35	0. 20
0. 06	2. 400 7	0. 464 94	1. 104 8	0. 639 84	0. 20

表6-10(续)

K	$\tilde{c}$	$\tilde{x}$	x_1	ξ	μ
0.07	2.335 4	0.440 33	1.122 4	0.682 03	0.20
0.08	2.270 2	0.415 72	1.143 5	0.727 73	0.20
0.09	2.205	0.392 87	1.162 8	0.769 92	0.20
0.10	2.152 8	0.373 54	1.180 4	0.806 84	0.20
0.11	2.094 1	0.354 2	1.201 5	0.847 27	0.20
0.12	2.041 9	0.336 62	1.219	0.882 42	0.20
0.13	1.996 2	0.320 8	1.236 6	0.915 82	0.20
0.14	1.944	0.304 98	1.256	0.950 98	0.20
0.15	1.904 9	0.292 68	1.271 8	0.979 1	0.20
0.16	1.859 2	0.278 61	1.289 4	1.010 7	0.20
0.17	1.820 1	0.268 07	1.306 9	1.038 9	0.20
0.18	1.780 9	0.255 76	1.322 8	1.067	0.20
0.19	1.741 8	0.245 21	1.340 3	1.095 1	0.20
0.20	1.702 6	0.234 67	1.357 9	1.123 2	0.20

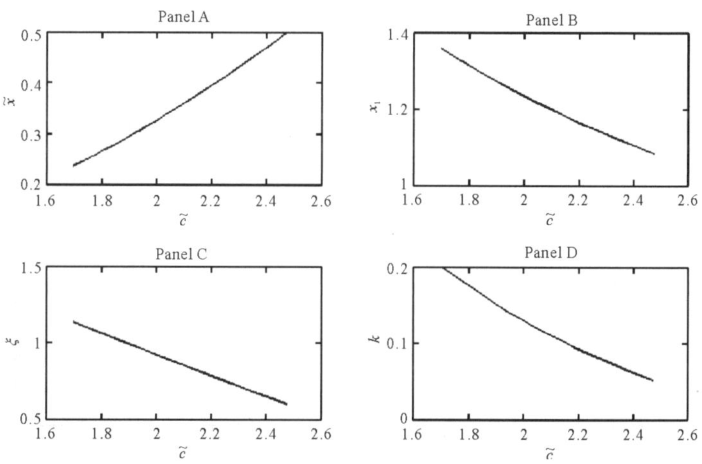

图 6-11　当 μ 固定，K 在 0.05~0.20 变动时各参数和 $\tilde{c}$ 的关系

例 6.7.11　固定 μ =0.6，设 σ = 0.7，σ_1 = 0.6，λ = 0.07，k =0.5，k_1 =0.1，K 从 0.05 以步长 0.01 变化到 0.20，各参数和 $\tilde{c}$ 的关系见表 6-11 和图 6-12。

表 6-11　固定漂移系数和变化交易成本时各未知参数和节点的值

K	$\tilde{c}$	$\tilde{x}$	x_1	ξ	μ
0.05	0.756 75	0.201 77	0.812 68	0.610 9	0.60
0.06	0.731 53	0.189 01	0.849 17	0.660 15	0.60
0.07	0.706 3	0.176 25	0.887 45	0.711 19	0.60
0.08	0.681 08	0.163 49	0.926 92	0.763 43	0.60
0.09	0.660 06	0.153 92	0.960 42	0.806 5	0.60
0.10	0.639 03	0.144 35	0.995 11	0.850 76	0.60
0.11	0.618 01	0.134 78	1.031	0.896 22	0.60
0.12	0.601 2	0.126 81	1.059 7	0.932 91	0.60
0.13	0.584 38	0.120 43	1.089 6	0.969 19	0.60
0.14	0.567 56	0.114 05	1.120 7	1.006 7	0.60
0.15	0.552 85	0.107 67	1.148 2	1.040 6	0.60
0.16	0.538 13	0.101 29	1.175 8	1.074 5	0.60
0.17	0.525 52	0.098 096	1.200 9	1.102 8	0.60
0.18	0.510 81	0.091 715	1.230 8	1.139 1	0.60
0.19	0.498 19	0.086 93	1.255 9	1.169	0.60
0.20	0.485 58	0.083 74	1.283 4	1.199 7	0.60

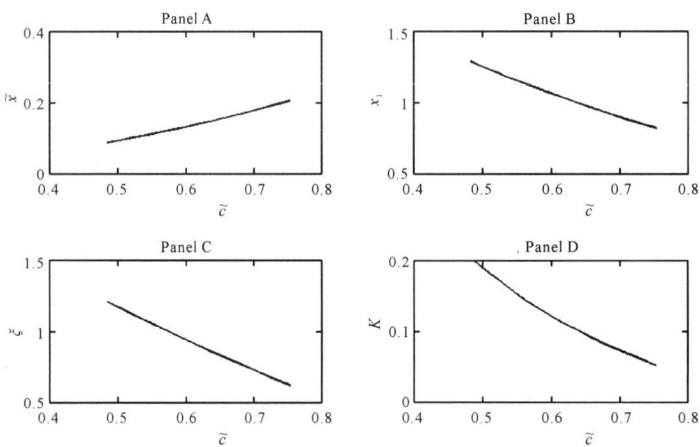

图 6-12　当 μ 固定，K 在 0.05~0.20 变动时各参数和 $\tilde{c}$ 的关系

根据表 6-8~表 6-11 和图 6-9~表 6-12，例 6.7.8~例 6.7.11 中各参数和 $\tilde{c}$ 的关系和例 6.7.2 的完全相同。

例 6.7.12 假设 $\sigma=0.6$，$\sigma_1=0.3$，$\lambda=0.06$，$k=0.5$，$k_1=K=0.1$，μ 从 0.10 以步长 0.01 变化到 0.20，各参数和 μ 的关系及各参数和 $\tilde{c}$ 的关系见表 6-12 和图 6-13、图 6-14。

表 6-12 变化漂移系数时各未知参数和节点的值

μ	$\tilde{c}$	$\tilde{x}$	x_1	ξ
0. 10	2. 707 1	0. 841 11	1. 925 7	1. 084 6
0. 11	2. 391 1	0. 739 08	1. 782 6	1. 043 5
0. 12	2. 133 9	0. 654 05	1. 666 3	1. 012 2
0. 13	1. 932 6	0. 588 87	1. 569 2	0. 980 32
0. 14	1. 763 7	0. 534 25	1. 491	0. 956 75
0. 15	1. 620 4	0. 486 91	1. 425 6	0. 938 67
0. 16	1. 497 6	0. 445 5	1. 371 6	0. 926 15
0. 17	1. 400 0	0. 414 12	1. 323	0. 908 89
0. 18	1. 315 2	0. 385 74	1. 282 2	0. 896 48
0. 19	1. 237 0	0. 358 04	1. 248	0. 890 01
0. 20	1. 171 9	0. 336 62	1. 219	0. 882 42

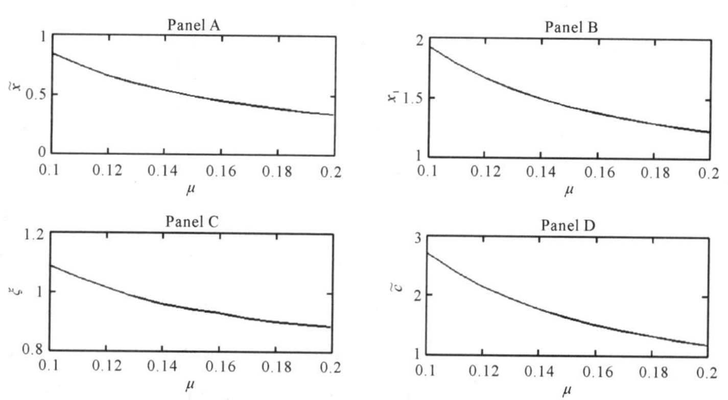

图 6-13 当 μ 在 0.10~0.20 变动时各参数和 μ 的关系

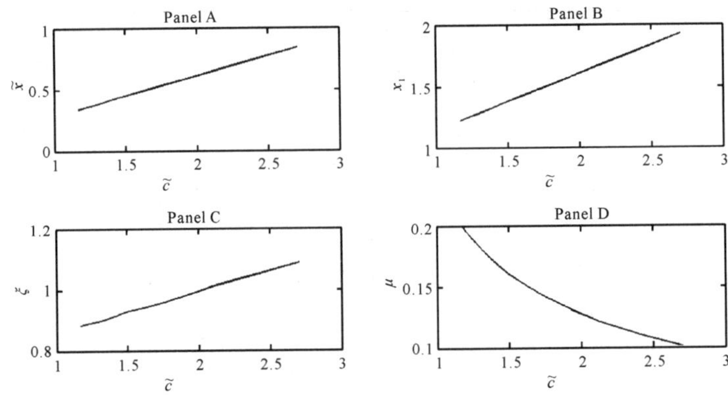

图 6-14　当 μ 在 0.10~0.20 变动时各参数和 $\tilde{c}$ 的关系

例 6.7.13　假设 $\sigma = 0.8$, $\sigma_1 = 0.5$, $\lambda = 0.06$, $k = 0.3$, $k_1 = 0.1$, $K = 0.2$, μ 从 0.05 以步长 0.01 变化到 0.20，各参数和 μ 的关系及各参数和 $\tilde{c}$ 的关系见表 6-13 和图 6-15、图 6-16。

表 6-13　变化漂移系数时各未知参数和节点的值

μ	$\tilde{c}$	$\tilde{x}$	x_1	ξ
0.05	11.884	2.947 7	6.436 7	3.489 1
0.06	8.794 8	2.242 8	5.383 5	3.140 6
0.07	6.789 9	1.764	4.637 8	2.873 9
0.08	5.422 1	1.428 7	4.083	2.654 3
0.09	4.420 8	1.172 7	3.658 9	2.486 1
0.10	3.675 5	0.977 34	3.324 2	2.346 9
0.11	3.106 5	0.827 41	3.057 5	2.230 1
0.12	2.663 4	0.708 98	2.839 2	2.130 2
0.13	2.312 8	0.615 99	2.659 3	2.043 3
0.14	2.023 5	0.536 27	2.510 6	1.974 3
0.15	1.789 1	0.472 4	2.387	1.914 6
0.16	1.590 7	0.416 99	2.282 2	1.865 2
0.17	1.427 4	0.374 08	2.195 8	1.821 7
0.18	1.292 2	0.337 67	2.118 9	1.781 2
0.19	1.174 5	0.305 1	2.055 1	1.75
0.20	1.071 4	0.277 34	2.002 3	1.725

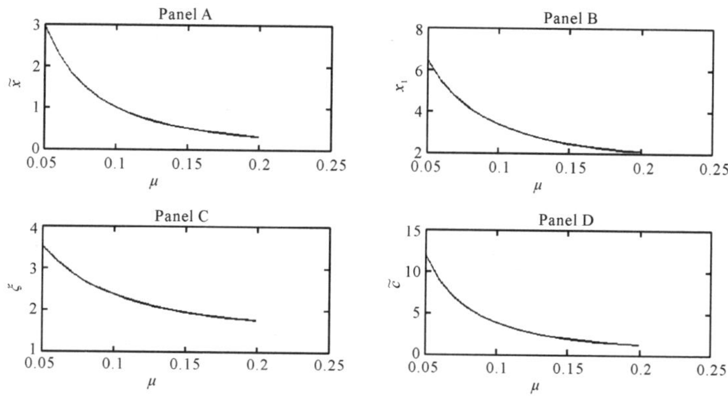

图 6-15　当 μ 在 0.05~0.20 变动时各参数和 μ 的关系

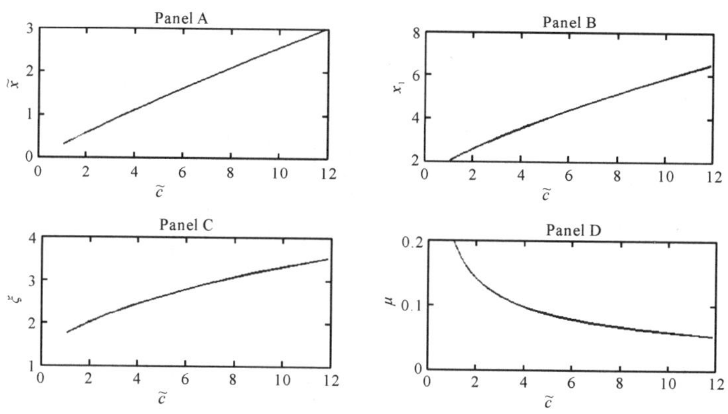

图 6-16　当 μ 在 0.05~0.20 变动时各参数和 $\tilde{c}$ 的关系

根据表 6-12、表 6-13 和图 6-13~图 6-16，$\tilde{x}$ 为 $\tilde{c}$ 的增函数，为 μ 的减函数；ξ 和 x_1 为 $\tilde{c}$ 的增函数，为 μ 的减函数。

6.7.2　模拟漂移系数和资产盈余轨道并寻找分红事件

例 6.7.14　假设 $\sigma_1=0.3$，$k=0.35$，$\sigma=0.2$，$\lambda=k_1=0.05$，$K=0.2$，$\mu(t)$ 以 $\mu(0)=0.5$ 为初值模拟一个 $T=250$（月）的几何布朗运动的轨道，见图 6-17，基于这个轨道的 $X(t)$ 和 $x_1(t)$ 的轨迹及最优分红时对应的分红事件，分别见图 6-18 和 6-19。其中，假定 $X(t)$ 的初值为 1。

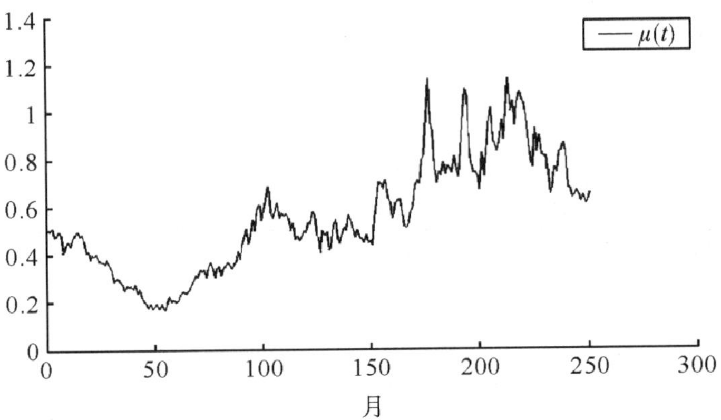

图 6-17　基于例 6.7.14 参数设置的漂移系数的轨迹

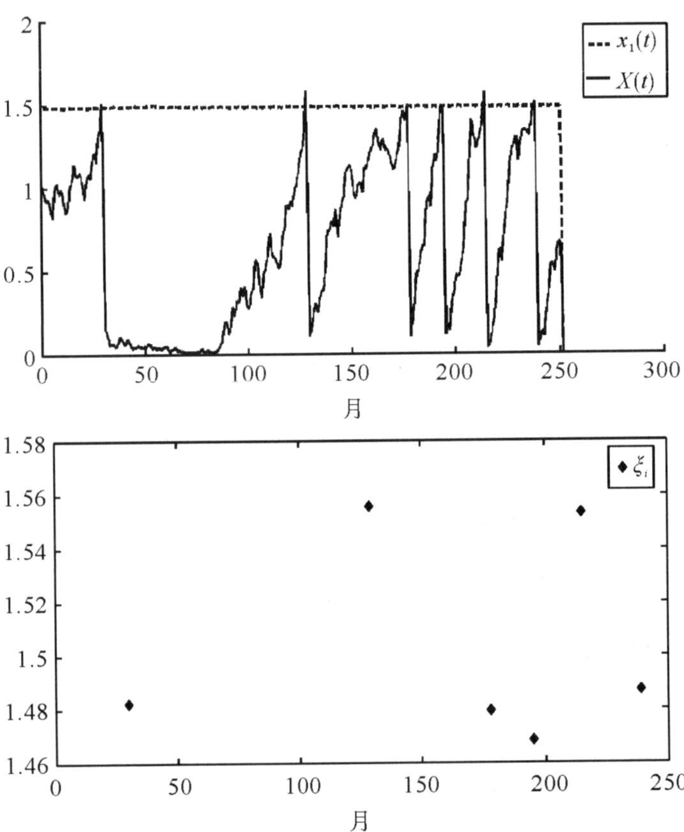

图 6-18　分红事件发生过程、对应的分红数量与分红时间

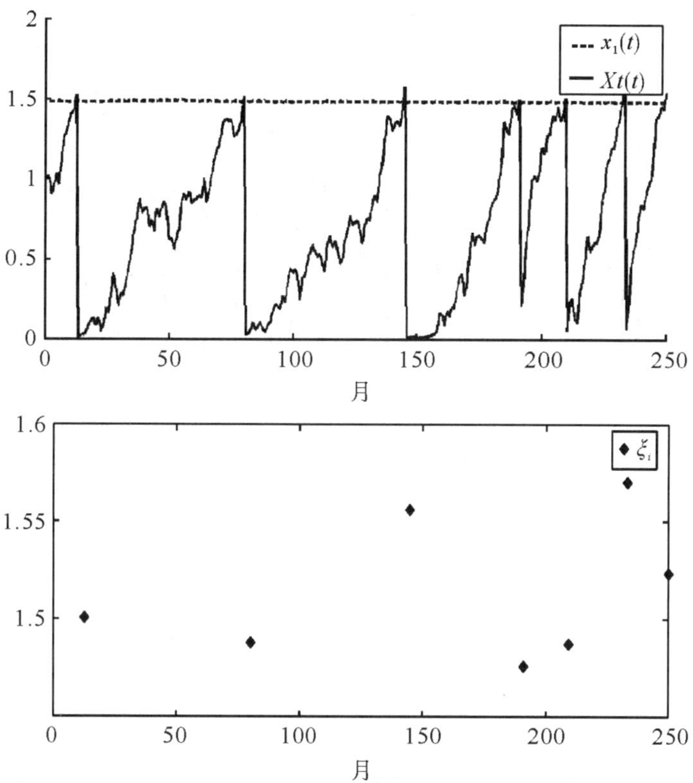

图 6-19　分红事件发生过程、对应的分红数量与分红时间

根据图 6-18 和图 6-19，分红时间和分红数量都是不确定的，主要取决于漂移和资产盈余的实际情况，分红壁也会有波动。因此，我们的结果和现实生活比较相符。为了体现稳健性，下文做如下模拟。

例 6.7.15　假设 $k=0.5$, $\sigma=0.15$, $K=0.15$，其他参数与例 6.7.14 相同，可以得到新的分红事件发生过程、分红事件分布，如图 6-20 所示。

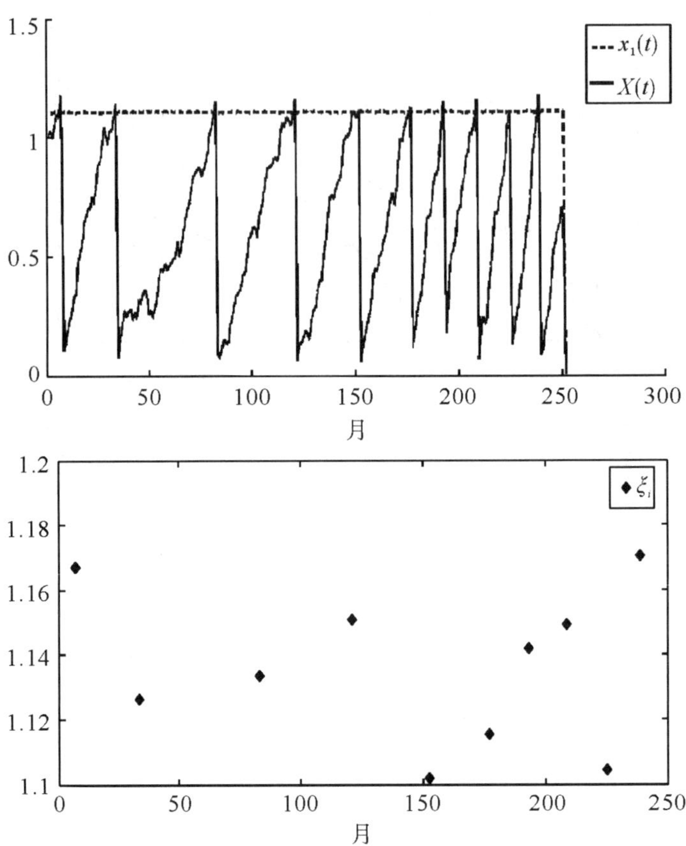

图 6-20　参数如例 6.7.15 的分红事件发生过程、分红事件分布

例 6.7.16　假设 $k=0.75$，$\sigma=0.1$，$K=0.05$，其他参数与例 6.7.14 相同，可以产生新的漂移的轨迹，并得到新的分红事件发生过程、分红事件分布，见图 6-21～图 6-23。其中，假定 $X(t)$ 的初值为 0.5。

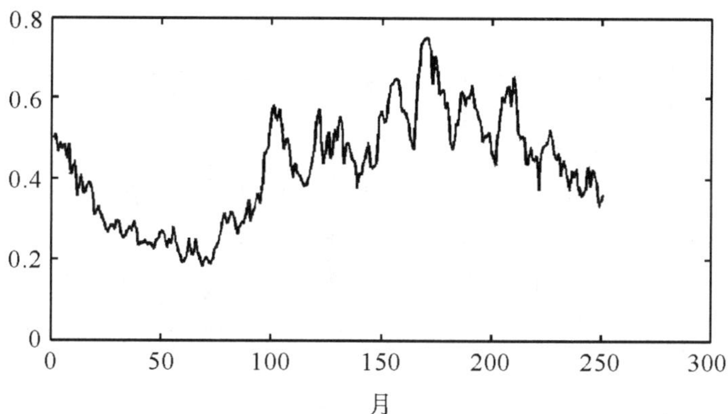

图 6-21　基于例 6.7.16 参数设置的漂移系数的轨迹

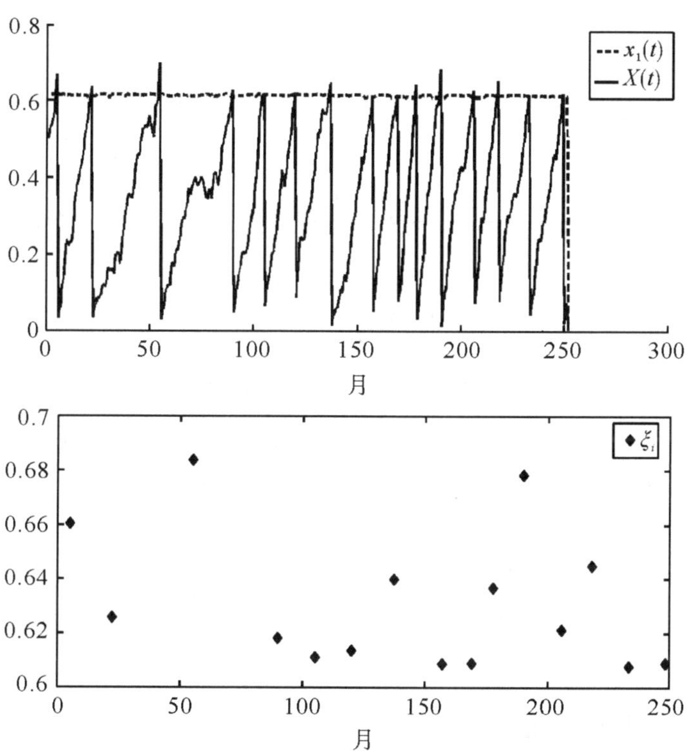

图 6-22　参数如例 6.7.16 的分红事件发生过程、分红事件分布

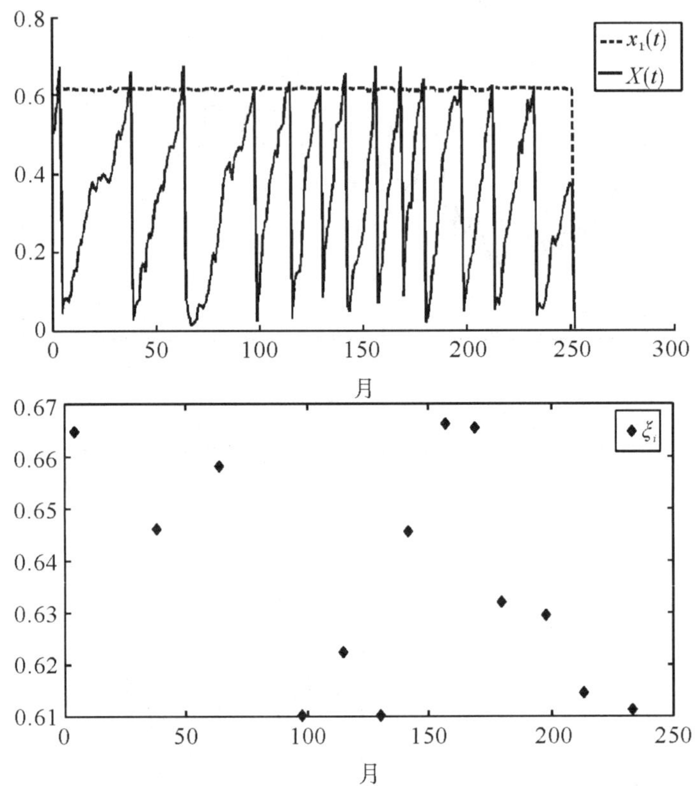

图 6-23　参数如例 6.7.16 的分红事件发生过程、分红事件分布

从图 6-20～图 6-23 可以看出，分红时间间隔、每次分红数量也不是固定不变的，分红壁 $x_1(t)$ 也是波动的，相比卡德尼拉斯等（Cadenillas，2006）得出的固定分红壁和固定分红数量，本章得出的变化分红数量和分红壁的结论更加符合实际。另外，从图 6-20～图 6-23 可以看出，随着分红壁的值减小，分红的频率在加大。这和实际情况也是相符的，分红壁减小，资产盈余比较容易累积到分红标准，因此就比较容易进行分红。

6.8　本章小结

在本章中，我们尝试寻找带有随机漂移项的脉冲红利模型的最优红利策略。和卡德尼拉斯（Cadenillas，2006）等一样，我们也研究带交易费用、红利税率及再保险的最优分红策略。和他们不同的是，我们假设这个随机漂移系数遵循几何布朗运动，是一个变化的常量。首先，我们把这个问题转换为一个拟变分不等式（QVI）问题。其次，我们尝试构造 QVI 的解。我们找到了一个带有未知参数且包含幂级数的值函数。再次，我们通过分析值函数的导数，找到了唯一的 QVI 的未知参数及自变量节点。理论分析告诉我们，基于我们的解的分红策略就是最优分红策略。最后，我们给出了大量的数值算例，结果表明，最优分红策略对应的分红时间间隔和每次分红数量都是不同的，分红壁也有波动。同时，分红壁越大，公司分红频率越小，这是符合实际情况的，分红壁越大，公司收益超过分红壁的可能性就越小，越不容易达成分红的目标。公司应该根据自身资产、收益情况合理制定分红壁，以利于合理分红，最终促进公司更好更快地发展。

7 漂移系数服从拥挤环境人口增长过程的最优分红策略研究

7.1 引言

本章的模型中的盈余过程、分红时刻、分红数量、税率、交易成本、股东收入函数、目标值函数、控制等都遵循第 6 章的相关设定，只是本章假设盈余过程中的漂移系数$\mu(t)$遵循拥挤环境中的人口增长过程，随机方程如下

$$d\mu_t = k_1\mu_t(k_2 - \mu_t)dt + \sigma_1\mu_t dW_t^2$$

其中，初值为μ，同样设定为大于 0。

第 6 章中，通过设置漂移系数为几何布朗运动，经过理论分析和数值模拟，我们得到非常好的结论，本章研究在新的随机漂移的设定下，最优分红策略是否还能被找到，如若能够被找到，我们同样研究最优分红策略相关的分红壁和每次分红数量是否也是变化的。

7.2 值函数的等价形式

首先，我们针对函数$\varphi(x, \mu)$同样定义一个映射$M\varphi(x, \mu)$：$[0, \infty) \times (0, \infty) \to \boldsymbol{R}$，如下

$$M\varphi(x, \mu) = \sup_{\eta}\{\varphi(x - \eta, \mu) + g(\eta) : \eta > 0, x \geqslant \eta\} \tag{7.1}$$

接着，我们定义一个算子L^u，即

$$L^u\varphi(x, \mu) = \frac{1}{2}\sigma^2u^2\frac{\partial^2\varphi(x, \mu)}{\partial x^2} + \frac{1}{2}\sigma_1{}^2\mu^2\frac{\partial^2\varphi(x, \mu)}{\partial\mu^2} + \rho\sigma\sigma_1\mu u\frac{\partial^2\varphi(x, \mu)}{\partial x\partial\mu} + \mu u\frac{\partial\varphi(x, \mu)}{\partial x} + k_1\mu(k_2 - \mu)\frac{\partial\varphi(x, \mu)}{\partial\mu} - \lambda\varphi(x, \mu)$$

本章剔除掉 μ 等于 0 的情形，给出新的拟变分不等式的定义。

定义 7.2.1 对任意的 $u \in [0, 1]$ 和 $x \in [0, \infty)$，$\mu \in (0, \infty)$，若函数 v：$[0, \infty) \times (0, \infty) \to [0, \infty)$ 满足如下条件

$$L^u v(x, \mu) \leqslant 0 \tag{7.2}$$

$$v(x, \mu) \geqslant Mv(x, \mu) \tag{7.3}$$

$$(v(x, \mu) - Mv(x, \mu))\max_{u\in[0, 1]} L^u v(x, \mu) = 0 \tag{7.4}$$

满足边界条件

$$v(0, \mu) = \lim_{\mu\to 0} v(x, \mu) = 0$$

那么，就称函数 v 满足拟变分不等式（QVI）。

关于初值条件的取值，第 6 章已经做了非常详细的金融学解释，这里就不再赘述。本章 QVI 问题与第 6 章唯一的不同，是本章用 $\lim_{\mu\to 0} v(x, \mu) = 0$ 取代 $v(x, \mu) = 0$。

下面的定理解决了我们的 QVI 的解函数是否是值函数的问题。

定理 7.2.1 设 $v \in C^1((0, \infty) \times (0, \infty))$ 是 QVI 问题的一个解，且存在一个 U，使得函数 v 在区间 $0 < x < U$ 时二次连续可积，在 $x \geqslant U$ 时是线性的。那么，对于任意 $x > 0$ 和 $\mu > 0$，均有

$$V(x, \mu) \leqslant v(x, \mu)$$

另外，如果与 v 相关联的 QVI 的控制（u^v，T^v，ξ^v）是可取的，那么函数 v 与值函数等价，而且，这个控制为最优控制，即

$$V(x, \mu) = v(x, \mu) = J(x, \mu;\ u^v, T^v, \xi^v)$$

证明：假设 τ^ε 是过程 $X = X^{(u, T, \xi)}$ 在区间 $[0, \varepsilon]$ 内的首达时间。其中，控制 (u, T, ξ) 决定了 X 的轨道，ε 是一个比较小的正数。因为 $v(0, \mu) \leqslant v(\varepsilon, \mu)$ 且 $v(x, \mu)$ 在区间 $x \in [x_1, \infty)$ 是线性的，所以根据勒贝格控制收敛定理，有如下等式

$$\lim_{T\to\infty}E_{x,\,\mu}[e^{-\lambda(T\wedge\tau^{\varepsilon})}v(X(T\wedge\tau^{\varepsilon}),\,\mu(T\wedge\tau^{\varepsilon}))]$$
$$=E_{x,\,\mu}[e^{-\lambda(\tau^{\varepsilon})}v(X(\tau^{\varepsilon}),\,\mu(\tau^{\varepsilon}))]\leqslant v(\varepsilon,\,\mu(\tau^{\varepsilon})) \tag{7.5}$$

再者，根据 $\frac{\partial v(X_s,\,\mu_s)}{\partial\mu}$ 和 $\frac{\partial v(X_s,\,\mu_s)}{\partial X}$ 的有界性，有

$$E_{x,\,\mu}[\int_0^{\tau^{\varepsilon}}\{e^{-\lambda t}v'(X(t),\,\mu(t))\}^2\mathrm{d}t]<\infty \tag{7.6}$$

另外，对任意的 $n\geqslant 1$，通过设 $t_i=t\wedge\tau^{\varepsilon}\wedge\tau_i$，有

$$e^{-\lambda t_n}v(X(t_n),\,\mu(t_n))-v(X(0),\,\mu(0))$$
$$=e^{-\lambda t_n}v(X(t_n),\,\mu(t_n))-v(x,\,\mu)$$
$$=\sum_{i=1}^{n}\{e^{-\lambda t_i}v(X(t_i),\,\mu(t_i))-e^{-\lambda t_{i-1}}v(X(t_{i-1}),\,\mu(t_{i-1}))\}$$
$$=\sum_{i=1}^{n}\{e^{-\lambda t_i}v(X(t_i-),\,\mu(t_i-))-e^{-\lambda t_{i-1}}v(X(t_{i-1}),\,\mu(t_{i-1}))\}$$
$$+\sum_{i=1}^{n}I_{\{\tau_i\leqslant t\wedge\tau^{\varepsilon}\}}e^{-\lambda\tau_i}\{v(X(\tau_i),\,\mu(\tau_i))-v(X(\tau_i-),\,\mu(\tau_i-))\}$$

其中，$t_i-=t\wedge\tau^{\varepsilon}\wedge\tau_i-$。

我们对上式的第一项运用伊藤公式，可得

$$e^{-\lambda t_i}v(X(t_i-),\,\mu(t_i-))-e^{-\lambda t_{i-1}}v(X(t_{i-1}),\,\mu(t_{i-1}))\}$$
$$=\int_{(t_{i-1},\,t_i]}e^{-\lambda s}\left\{\frac{1}{2}\sigma^2u_s^2\frac{\partial^2v(X_s,\,\mu_s)}{\partial X^2}+\frac{1}{2}\sigma_1{}^2\mu_s^2\frac{\partial^2v(X_s,\,\mu_s)}{\partial\mu^2}\right.$$
$$+\rho\sigma\sigma_1\mu_su_s\frac{\partial^2v(X_s,\,\mu_s)}{\partial X\partial\mu_s}+k_1\mu_s(k_2-\mu_s)\frac{\partial v(X_s,\,\mu_s)}{\partial\mu}$$
$$\left.-\lambda v(X_s,\,\mu_s)+\mu_su_s\frac{\partial v(X_s,\,\mu_s)}{\partial X}\right\}\mathrm{d}s+\int_{(t_{i-1},\,t_i]}e^{-\lambda s}\sigma u_s\frac{\partial v(X_s,\,\mu_s)}{\partial X}\mathrm{d}W_s^1$$
$$+\int_{(t_{i-1},\,t_i]}e^{-\lambda s}\sigma_1\mu_s\frac{\partial v(X_s,\,\mu_s)}{\partial\mu}\mathrm{d}W_s^2$$

接着，联合上面的方程和不等式（7.2），我们能求得

$$e^{-\lambda t_i}v(X(t_i-),\,\mu(t_i-))-e^{-\lambda t_{i-1}}v(X(t_{i-1}),\,\mu(t_{i-1}))$$
$$\leqslant\int_{(t_{i-1},\,t_i]}e^{-\lambda s}\sigma u_s\frac{\partial v(X_s,\,\mu_s)}{\partial X}\mathrm{d}W_s^1+\int_{(t_{i-1},\,t_i]}e^{-\lambda s}\sigma_1\mu_s\frac{\partial v(X_s,\,\mu_s)}{\partial\mu}\mathrm{d}W_s^2$$

以及

$$e^{-\lambda\tau_i}\{v(X(\tau_i),\ \mu(\tau_i))-v(X(\tau_i),\ \mu(\tau_i))\}\leqslant -e^{-\lambda\tau_i}g(\xi_i)$$

合并以上两个式子，得到

$$\begin{aligned}&v(x,\ \mu)-E_{x,\ \mu}[e^{-\lambda t_n}v(X(t_n),\ \mu(t_n))]\\ \geqslant\ &E_{x,\ \mu}[\sum_{i=1}^{n}\{I_{\{\tau_i\leqslant t\wedge\tau^{\varepsilon}\}}e^{-\lambda\tau_i}g(\xi_i)-\int_{(t_{i-1},\ t_i]}e^{-\lambda s}\sigma u_s\frac{\partial v(X_s,\ \mu_s)}{\partial X}\mathrm{d}W_s^1\}]\\ &-E_{x,\ \mu}[\sum_{i=1}^{n}\{\int_{(t_{i-1},\ t_i]}e^{-\lambda s}\sigma_1\mu_s\frac{\partial v(X_s,\ \mu_s)}{\partial\mu}\mathrm{d}W_s^2\}]\end{aligned}$$

另外，对于任意 π，我们有

$$v(x,\ \mu)\geqslant J(x,\ \mu;\ \pi)$$

又

$$J(x,\ \mu;\ \pi)\geqslant 0$$

而且

$$P(\{\tau\to\infty\})=1$$

所以

$$\begin{aligned}&\lim_{n\to\infty}\{v(x,\ \mu)-E_{x,\ \mu}[e^{-\lambda t_n}v(X(t_n),\ \mu(t_n))]\}\\ =\ &v(x,\ \mu)-E_{x,\ \mu}[e^{-\lambda(t\wedge\tau^{\varepsilon})}v(X(t\wedge\tau^{\varepsilon}),\ \mu(t\wedge\tau^{\varepsilon}))]\end{aligned}$$

根据（7.6），我们能够消去以下两项

$$\lim_{n\to\infty}E_{x,\ \mu}[\int_0^{t_n}e^{-\lambda s}\sigma u_s\frac{\partial v(X_s,\ \mu_s)}{\partial X}\mathrm{d}W_s^1]=0$$

$$\lim_{n\to\infty}E_{x,\ \mu}[\int_0^{t_n}e^{-\lambda s}\sigma_1\mu_s\frac{\partial v(X_s,\ \mu_s)}{\partial\mu}\mathrm{d}W_s^2]=0$$

所以

$$\begin{aligned}&v(x,\ \mu)-E_{x,\ \mu}[e^{-\lambda(t\wedge\tau^{\varepsilon})}v(X(t\wedge\tau^{\varepsilon}),\ \mu(t\wedge\tau^{\varepsilon}))]\\ &\geqslant E_{x,\ \mu}\Big[\sum_{i=1}^{n}I_{\{\tau_i\leqslant t\wedge\tau^{\varepsilon}\}}e^{-\lambda\tau_i}g(\xi_i)\Big]\end{aligned}\tag{7.7}$$

根据（7.5），我们知道

$$\begin{aligned}&\lim_{t\to\infty}\{v(x,\ \mu)-E_{x,\ \mu}[e^{-\lambda(t\wedge\tau^{\varepsilon})}v(X(t\wedge\tau^{\varepsilon}),\ \mu(t\wedge\tau^{\varepsilon}))]\}\\ &=v(x,\ \mu)-E_{x,\ \mu}[e^{-\lambda(\tau^{\varepsilon})}v(X(\tau^{\varepsilon}),\ \mu(\tau^{\varepsilon}))]\end{aligned}$$

以及

$$\lim_{t\to\infty}E_{x,\ \mu}\Big[\sum_{i=1}^{n}\{I_{\{\tau_i\leqslant t\wedge\tau^{\varepsilon}\}}e^{-\lambda\tau_i}g(\xi_i)\}\Big]=E_{x,\ \mu}\Big[\sum_{i=1}^{n}\{I_{\{\tau_i\leqslant\tau^{\varepsilon}\}}e^{-\lambda\tau_i}g(\xi_i)\}\Big]$$

所以，根据上面计算，我们能够得到

$$v(x,\ \mu)-E_{x,\ \mu}[e^{-\lambda(\tau^{\varepsilon})}v(X(\tau^{\varepsilon}),\ \mu(\tau^{\varepsilon}))]$$

$$\geqslant E_{x,\ \mu}\Big[\sum_{i=1}^{n}\{I_{\{\tau_i\leqslant\tau^{\varepsilon}\}}e^{-\lambda\tau_i}g(\xi_i)\}\Big]$$

其中，等式对与 QVI 问题的解函数 v 相关联的控制成立。假设 $\varepsilon\rightarrow 0$，那么对任意 $\pi=(u,\ T,\ \xi)$，有

$$v(x,\ \mu)\geqslant J(x,\ v;\ \pi)$$

同样，等式对与 QVI 的解函数 v 相关联的控制 $\pi^{v}=(u^{v},\ T^{v},\ \xi^{v})$ 成立。

7.3 拟变分不等式的一个候选解

在本章中，为计算简单，我们假设 ρ 等于 0。同时，本章仅仅考虑 k_2 为 0 的情形。定义分红壁如下

$$x_1=\{x\geqslant 0:\ v(x,\ \mu)=Mv(x,\ \mu)\}$$

另外，从 QVI 中，我们能够求得

$$\max_{u\in[0,\ 1]}\Big\{\frac{1}{2}\sigma^2u^2\frac{\partial^2v(x,\ \mu)}{\partial x^2}+\frac{1}{2}\sigma_1{}^2\mu^2\frac{\partial^2v(x,\ \mu)}{\partial\mu^2}+\mu u\frac{\partial v(x,\ \mu)}{\partial x}$$

$$-\lambda v(x,\ \mu)+k_1\mu(k_2-\mu)\frac{\partial v(x,\ \mu)}{\partial\mu}\Big\}=0 \tag{7.8}$$

对于 x 小于 x_1，μ 大于 0，取如下值，能够得到（7.8）式的最大值。

$$u(x,\ \mu)=-\frac{v_x\mu}{v_{xx}\sigma^2} \tag{7.9}$$

把（7.9）代入方程（7.8），我们能得到

$$\frac{1}{2}\sigma_1^2\mu^2v_{\mu\mu}+k_1\mu(k_2-\mu)v_{\mu}-\frac{1}{2}\times\frac{v_x^2\mu^2}{v_{xx}\sigma^2}-\lambda v=0 \tag{7.10}$$

假设方程（7.10）有如下形式的解

$$v_1(x,\ \mu)=C(\mu)x^{\gamma} \tag{7.11}$$

如果 σ_1 不等于 0，那么把（7.11）代入方程（7.10），即可得到如下方程

$$C''(\mu)+\left(\frac{2k_1k_2}{\sigma_1^2\mu}-\frac{2k_1}{\sigma_1^2}\right)C'(\mu)+\left(\frac{\gamma}{\sigma_1^2\sigma^2(1-\gamma)}-\frac{2\lambda}{\sigma_1^2\mu^2}\right)C(\mu)=0 \tag{7.12}$$

方程（7.12）是一个关于μ二阶线性微分方程。

设

$$\alpha_1=2k_1k_2/\sigma_1^2,\ \alpha_2=-2k_1/\sigma_1^2,\ \alpha_3=1/(\sigma^2\sigma_1^2),\ \alpha_4=-2\lambda/\sigma_1^2$$

我们注意到α_4小于0，这是因为λ大于0，而α_3很明显大于0。然后我们把上式代入方程（7.12），即可得其简化形式

$$C''(\mu)+\left(\frac{\alpha_1}{\mu}+\alpha_2\right)C'(\mu)+\left(\frac{\alpha_3\gamma}{(1-\gamma)}+\frac{\alpha_4}{\mu^2}\right)C(\mu)=0 \tag{7.13}$$

为了求解这个微分方程，我们假设

$$\begin{cases}m(\mu)=\dfrac{a}{\mu}+b\\ n(\mu)=\dfrac{c}{\mu}+d\end{cases} \tag{7.14}$$

以及

$$\begin{cases}m(\mu)+n(\mu)=\dfrac{\alpha_1}{\mu}+\alpha_2\\ n'(\mu)+m(\mu)n(\mu)=\dfrac{\alpha_4}{\mu^2}+\alpha_3\dfrac{\gamma}{1-\gamma}\end{cases} \tag{7.15}$$

其中，a、b、c、d及γ都是未定参数。

我们把（7.14）式代入（7.15）式，为了让（7.15）式能够恒成立，让方程两边的μ的所有次幂的系数都分别相等，得到如下关于未定参数的方程组

$$\begin{cases}a+c=\alpha_1\\ b+d=\alpha_2\\ bd=\alpha_3\dfrac{\gamma}{1-\gamma}\\ ac-c=\alpha_4\\ ad+bc=0\end{cases} \tag{7.16}$$

求解（7.16）式，我们可得到一组未定参数的解

$$
\begin{cases}
a = \dfrac{\alpha_1 + 1 + \sqrt{(1-\alpha_1)^2 - 4\alpha_4}}{2} \\
b = \dfrac{\alpha_2\left(\alpha_1 + 1 + \sqrt{(1-\alpha_1)^2 - 4\alpha_4}\right)}{2\left(1 + \sqrt{(1-\alpha_1)^2 - 4\alpha_4}\right)} \\
\gamma = \dfrac{\alpha_2{}^2\left[\left(1 + \sqrt{(1-\alpha_1)^2 - 4\alpha_4}\right)^2 - \alpha_1{}^2\right]}{4\alpha_3\left(1 + \sqrt{(1-\alpha_1)^2 - 4\alpha_4}\right)^2 + \alpha_2{}^2\left[\left(1 + \sqrt{(1-\alpha_1)^2 - 4\alpha_4}\right)^2 - \alpha_1{}^2\right]} \\
c = \dfrac{\alpha_1 - 1 - \sqrt{(1-\alpha_1)^2 - 4\alpha_4}}{2} \\
d = \dfrac{\alpha_2\left(-\alpha_1 + 1 + \sqrt{(1-\alpha_1)^2 - 4\alpha_4}\right)}{2\left(1 + \sqrt{(1-\alpha_1)^2 - 4\alpha_4}\right)}
\end{cases}
$$

我们求出 $n(\mu)$ 和 $m(\mu)$ 的具体表达式后，方程（7.13）变为

$$C''(\mu) + [n(\mu) + m(\mu)]C'(\mu) + [n'(\mu) + n(\mu)m(\mu)]C(\mu) = 0$$

上式可以化为

$$\frac{d[C'(\mu) + n(\mu)C(\mu)]}{d\mu} + m(\mu)[C'(\mu) + n(\mu)C(\mu)] = 0$$

如果我们假设

$$y = C'(\mu) + n(\mu)C(\mu)$$

那么原方程（7.13）就化简为

$$y' + m(\mu)y = 0$$

易解

$$y = C_1 e^{-\int m(\mu)\mathrm{d}\mu}$$

将上式代入 $y' + m(\mu)y = 0$，则方程（7.13）就变为

$$C'(\mu) + n(\mu)C(\mu) = C_1 e^{-\int m(\mu)\mathrm{d}\mu}$$

解这个关于 $C(\mu)$ 的一阶方程，可得方程（7.13）的一个通解如下

$$C(\mu) = e^{-\int n(\mu)\mathrm{d}\mu}\left[C_1\int e^{\int[n(\mu)-m(\mu)]\mathrm{d}\mu}\mathrm{d}\mu + C_2\right]$$

其中，C_1、C_2 都是可求得数值，积分项的值为积分数值为 0 时的不定积分的值，积分数值已经包含在 C_1、C_2 中，本章以下所有积分均为此项约定。

命题 7.3.1　$\lim\limits_{\mu\to 0} e^{-\int n(\mu)\mathrm{d}\mu} \cdot \int e^{\int[n(\mu)-m(\mu)]\mathrm{d}\mu}\mathrm{d}\mu = \infty$ 。其中，$n(\mu)$、$m(\mu)$

满足（7.14）、（7.15）式，积分项结果中的积分值为0。

证明：

$$\lim_{\mu\to 0} e^{-\int n(\mu)\mathrm{d}\mu} \cdot \int e^{\int [n(\mu)-m(\mu)]\mathrm{d}\mu}\mathrm{d}\mu$$

$$= \lim_{\mu\to 0} e^{-c\ln\mu - d\mu} \cdot \int e^{(c-a)ln\mu + (d-b)\mu}\mathrm{d}\mu$$

$$= \lim_{\mu\to 0} \mu^{-c} e^{-d\mu} \cdot \int \mu^{(c-a)} e^{(d-b)\mu}\mathrm{d}\mu$$

$$= \lim_{\mu\to 0} \frac{\int \mu^{(c-a)} e^{(d-b)\mu}\mathrm{d}\mu}{\mu^{c} e^{d\mu}}$$

因为$c = \dfrac{\alpha_1 - 1 - \sqrt{(1-\alpha_1)^2 - 4\alpha_4}}{2}$，$c - a = -1 - \sqrt{(1-\alpha_1)^2 - 4\alpha_4}$，$c - a + 1$均小于0，本书仅考虑$k_2$为0的情形。此时，$\alpha_1$为0，$d - b = 0$，所以我们可以将上式化简为

$$原式 = \lim_{\mu\to 0} \frac{\mu^{(c-a+1)}}{(c-a+1)\mu^{c} e^{d\mu}}$$

$$= \lim_{\mu\to 0} \frac{1}{(c-a+1)\mu^{a-1}}$$

因为$a = \dfrac{\alpha_1 + 1 + \sqrt{(1-\alpha_1)^2 - 4\alpha_4}}{2}$大于1，所以上式趋于无穷大，原命题得证。

所以根据边界条件$v(x, 0) = 0$，我们可得$C_1 = 0$，所以

$$C(\mu) = C_2 e^{-\int n(\mu)\mathrm{d}\mu} = \hat{C} e^{-\int n(\mu)\mathrm{d}\mu}$$

其中，$\hat{C}$为待确定的数值。

令

$$\bar{F}_0(\mu) = e^{-\int n(\mu)\mathrm{d}\mu} = \mu^{-c} e^{-d\mu}$$

则方程（7.10）的一个通解可以表示为

$$v_1(x, \mu) = C(\mu)x^{\gamma} = \hat{C} e^{-\int n(\mu)\mathrm{d}\mu} x^{\gamma} = \hat{C}\bar{F}_0(\mu)x^{\gamma}$$

从（7.9）式中我们能得到$u(x, \mu) = \mu x/((1-\gamma)\sigma^2)$，这意味着固定漂移系数和扩散系数的话，$u(x, \mu)$是一个关于$x$的增函数。而且，当且仅当$x$小于等于$x_0$时，$u(x, \mu)$小于等于1，这里的$x_0$显然可以根据

(7.9) 式获得，即

$$x_0 = \frac{(1-\gamma)\sigma^2}{\mu}$$

所以，基于 $u(x, \mu) \in [0, 1]$，我们能得到，若 $x_0 \leqslant x < x_1$，那么 u 就等于1，此时方程 (7.8) 就变为

$$\frac{1}{2}\sigma^2 v_{xx} + \frac{1}{2}\sigma_1{}^2\mu^2 v_{\mu\mu} + \mu v_x + k_1\mu(k_2 - \mu)v_\mu - \lambda v = 0 \tag{7.17}$$

同样，为了消去参数 x，得到只含 μ 的方程，我们首先假设方程的解有如下的形式

$$v_2(x, \mu) = e^{\zeta x}D(\mu) \tag{7.18}$$

把 (7.18) 式代入 (7.17) 式中，经过化简，我们可得到如下关于 $D(\mu)$ 的二阶线性微分方程

$$D''(\mu) + \left(\frac{2k_1k_2}{\sigma_1^2\mu} + \frac{-2k_1}{\sigma_1^2}\right)D'(\mu) + \left(\frac{2\zeta}{\sigma_1^2\mu} + \frac{\sigma^2\zeta^2 - 2\lambda}{\sigma_1^2\mu^2}\right)D(\mu) = 0 \tag{7.19}$$

设

$$\beta_1 = \frac{2k_1k_2}{\sigma_1^2},\ \beta_2 = \frac{-2k_1}{\sigma_1^2},\ \beta_3 = \frac{2}{\sigma_1^2},\ \beta_4 = \frac{\sigma^2}{\sigma_1^2},\ \beta_5 = \frac{-2\lambda}{\sigma_1^2}$$

同时假设

$$\begin{cases} \bar{m}(\mu) = \dfrac{e}{\mu} + f \\ \bar{n}(\mu) = \dfrac{g}{\mu} + h \end{cases} \tag{7.20}$$

以及

$$\begin{cases} \bar{m}(\mu) + \bar{n}(\mu) = \dfrac{\beta_1}{\mu} + \beta_2 \\ \bar{n}'(\mu) + \bar{m}(\mu)\bar{n}(\mu) = \dfrac{\beta_3\zeta}{\mu} + \dfrac{\beta_4\zeta^2 + \beta_5}{\mu^2} \end{cases} \tag{7.21}$$

那么，我们可以解出 (7.20) 式和 (7.21) 式中的未知参数，即

$$\begin{cases} e_1 = \dfrac{2\beta_1\beta_2{}^2\beta_4 + \beta_3{}^2(\beta_1 + 1) - \beta_3\left[\sqrt{\beta_3{}^2(\beta_1 - 1)^2 - 4\beta_5(\beta_2{}^2\beta_4 + \beta_3{}^2)}\right]}{2(\beta_2{}^2\beta_4 + \beta_3{}^2)} \\ f_1 = \beta_2 \\ g_1 = \dfrac{\beta_3\left[\beta_3(\beta_1 - 1) + \sqrt{\beta_3{}^2(\beta_1 - 1)^2 - 4\beta_5(\beta_2{}^2\beta_4 + \beta_3{}^2)}\right]}{2(\beta_2{}^2\beta_4 + \beta_3{}^2)} \\ h_1 = 0 \\ \zeta_1 = \dfrac{\beta_2\left[\beta_3(\beta_1 - 1) + \sqrt{\beta_3{}^2(\beta_1 - 1)^2 - 4\beta_5(\beta_2{}^2\beta_4 + \beta_3{}^2)}\right]}{2(\beta_2{}^2\beta_4 + \beta_3{}^2)} \end{cases}$$

以及

$$\begin{cases} e_2 = \dfrac{\beta_3\left[(\beta_1\beta_3 + \beta_3) - \sqrt{(\beta_1\beta_3 + \beta_3)^2 - 4(\beta_5 + \beta_1)(\beta_2{}^2\beta_4 + \beta_3{}^2)}\right]}{2(\beta_2{}^2\beta_4 + \beta_3{}^2)} \\ f_2 = 0 \\ g_2 = \beta_1 - \dfrac{\beta_3\left[(\beta_1\beta_3 + \beta_3) - \sqrt{(\beta_1\beta_3 + \beta_3)^2 - 4(\beta_5 + \beta_1)(\beta_2{}^2\beta_4 + \beta_3{}^2)}\right]}{2(\beta_2{}^2\beta_4 + \beta_3{}^2)} \\ h_2 = \beta_2 \\ \zeta_2 = \dfrac{\beta_2\left[(\beta_1\beta_3 + \beta_3) - \sqrt{(\beta_1\beta_3 + \beta_3)^2 - 4(\beta_5 + \beta_1)(\beta_2{}^2\beta_4 + \beta_3{}^2)}\right]}{2(\beta_2{}^2\beta_4 + \beta_3{}^2)} \end{cases}$$

所以，对于 ζ_1 及 ζ_2，我们分别有不同的通解。

对于 ζ_1，方程（7.19）的通解为

$$\hat{D}(\mu) = e^{-\int \bar{n}_1(\mu)\mathrm{d}\mu}\left[D_1\int e^{\int[\bar{n}_1(\mu) - \bar{m}_1(\mu)]\mathrm{d}\mu}\mathrm{d}\mu + D_2\right]$$

本书仅讨论 k_2 为 0 的情形，即 $\beta_1 = 0$，那么我们有如下命题。

命题 7.3.2　$\lim\limits_{\mu\to 0} e^{-\int \bar{n}(\mu)\mathrm{d}\mu} \cdot \int e^{\int[\bar{n}(\mu) - \bar{m}(\mu)]\mathrm{d}\mu}\mathrm{d}\mu = 0$，其中，$\bar{n}(\mu)$、$\bar{m}(\mu)$ 满足（7.20）式、（7.21）式，积分项的值为积分值为 0 时的值。

证明：

（1）当 $\bar{m}(\mu)=\frac{e_1}{\mu}+f_1,\ \bar{n}(\mu)=\frac{g_1}{\mu}+h_1$ 时

$$\lim_{\mu\to 0} e^{-\int \bar{n}(\mu)d\mu}\cdot\int e^{\int[\bar{n}(\mu)-\bar{m}(\mu)]d\mu}d\mu$$

$$=\lim_{\mu\to 0} e^{-g_1\ln\mu-h_1\mu}\cdot\int e^{(g_1-e_1)ln\mu+(h_1-f_1)\mu}d\mu$$

$$=\lim_{\mu\to 0}\mu^{-g_1}e^{-h_1\mu}\int\mu^{(g_1-e_1)}e^{(h_1-f_1)\mu}d\mu$$

$$=\lim_{\mu\to 0}\frac{\int\mu^{(g_1-e_1)}e^{(h_1-f_1)\mu}d\mu}{\mu^{g_1}e^{h_1\mu}}$$

因为 $g_1>0$，$e_1<0$，所以，分子分母均趋于0，我们使用洛必达法，则得

$$原式=\lim_{\mu\to 0}\frac{\mu^{(g_1-e_1)}e^{(h_1-f_1)\mu}}{g_1\mu^{g_1-1}e^{h_1\mu}+h_1\mu^{g_1}e^{h_1\mu}}$$

$$=\lim_{\mu\to 0}\frac{1}{g_1\mu^{e_1-1}+h_1\mu^{e_1}}$$

所以上式趋于0，在这种情况下原命题成立。

（2）当 $\bar{m}(\mu)=\frac{e_2}{\mu}+f_2,\ \bar{n}(\mu)=\frac{g_2}{\mu}+h_2$ 时

$$\lim_{\mu\to 0} e^{-\int \bar{n}(\mu)d\mu}\cdot\int e^{\int[\bar{n}(\mu)-\bar{m}(\mu)]d\mu}d\mu$$

$$=\lim_{\mu\to 0} e^{-g_2\ln\mu-h_2\mu}\cdot\int e^{(g_2-e_2)ln\mu+(h_2-f_2)\mu}d\mu$$

$$=\lim_{\mu\to 0}\frac{\int\mu^{(g_2-e_2)}e^{(h_2-f_2)\mu}d\mu}{\mu^{g_2}e^{h_2\mu}}$$

同样，$g_2>0$，$e_2<0$，分子分母也均趋于0，我们继续使用洛必达法则，得

$$原式=\lim_{\mu\to 0}\frac{\mu^{(g_2-e_2)}e^{(h_2-f_2)\mu}}{g_2\mu^{g_2-1}e^{h_2\mu}+h_2\mu^{g_2}e^{h_2\mu}}$$

$$=\lim_{\mu\to 0}\frac{1}{g_2\mu^{e_2-1}+h_2\mu^{e_2}}$$

$$=0$$

综合以上两种情况，原命题成立。

基于命题 7.3.2 及边界条件 $\lim\limits_{\mu\to 0} v(x, \mu)=0$，易得 $D_2=0$。此时，方程（7.19）的通解可以简化为

$$\hat{D}(\mu)=D_1 e^{-\int \bar{n}_1(\mu)\mathrm{d}\mu}\int e^{\int[\bar{n}_1(\mu)-\bar{m}_1(\mu)]\mathrm{d}\mu}\mathrm{d}\mu$$

$$=\hat{D} e^{-\int \bar{n}_1(\mu)\mathrm{d}\mu}\int e^{\int[\bar{n}_1(\mu)-\bar{m}_1(\mu)]\mathrm{d}\mu}\mathrm{d}\mu$$

对于 ζ_2，方程（7.19）的通解为

$$\overset{\frown}{D}(\mu)=e^{-\int \bar{n}_2(\mu)\mathrm{d}\mu}\left[D_3\int e^{\int[\bar{n}_2(\mu)-\bar{m}_2(\mu)]\mathrm{d}\mu}\mathrm{d}\mu+D_4\right]$$

根据边界条件，D_4 等于 0。所以，方程（7.19）的通解可以简化为

$$\overset{\frown}{D}(\mu)=D_3 e^{-\int \bar{n}_2(\mu)\mathrm{d}\mu}\int e^{\int[\bar{n}_2(\mu)-\bar{m}_2(\mu)]\mathrm{d}\mu}\mathrm{d}\mu$$

$$=\overset{\frown}{D} e^{-\int \bar{n}_2(\mu)\mathrm{d}\mu}\int e^{\int[\bar{n}_2(\mu)-\bar{m}_2(\mu)]\mathrm{d}\mu}\mathrm{d}\mu$$

为简便计，我们假设

$$\bar{F}_1(\mu)=e^{-\int \bar{n}_1(\mu)\mathrm{d}\mu}\int e^{\int[\bar{n}_1(\mu)-\bar{m}_1(\mu)]\mathrm{d}\mu}\mathrm{d}\mu=\mu^{-g_1}e^{-h_1\mu}\int e^{\int[\bar{n}_1(\mu)-\bar{m}_1(\mu)]\mathrm{d}\mu}\mathrm{d}\mu$$

$$\bar{F}_2(\mu)=e^{-\int \bar{n}_2(\mu)\mathrm{d}\mu}\int e^{\int[\bar{n}_2(\mu)-\bar{m}_2(\mu)]\mathrm{d}\mu}\mathrm{d}\mu=\mu^{-g_2}e^{-h_2\mu}\int e^{\int[\bar{n}_2(\mu)-\bar{m}_2(\mu)]\mathrm{d}\mu}\mathrm{d}\mu$$

其中，上述两个式子的积分项的结果为积分值为 0 时的不定积分的值。

基于以上的分析，方程（7.18）的一个一般解可以表示为

$$v_2(x, \mu)=e^{\zeta_1 x}\hat{D}\bar{F}_1(\mu)+e^{\zeta_2 x}\overset{\frown}{D}\bar{F}_2(\mu)$$

其中，$\overset{\frown}{D}$、$\hat{D}$ 是待确定的自由常量。

由于函数 v 及 v 对 x 的偏导在 x_0 点是连续的，我们能够得到

$$\hat{D}(\mu)=a_1 C(\mu),\quad \overset{\frown}{D}(\mu)=a_2 C(\mu)$$

即

$$\hat{D}\bar{F}_1(\mu)=a_1\hat{C}\bar{F}_0(\mu),\quad \overset{\frown}{D}\bar{F}_2(\mu)=a_2\hat{C}\bar{F}_0(\mu) \tag{7.22}$$

其中

$$a_1=\frac{\gamma x_0^{\gamma-1}-\zeta_2 x_0^{\gamma}}{(\zeta_1-\zeta_2)e^{\zeta_1 x_0}},$$

$$a_2=\frac{-\gamma x_0^{\gamma-1}+\zeta_1 x_0^{\gamma}}{(\zeta_1-\zeta_2)e^{\zeta_2 x_0}}$$

基于以上方程，我们能得出结论，对于确定的 μ ，需要求解的未知参数仅仅包含 3 个：$\hat{C}$、$\hat{D}$、$\overset{\frown}{D}$ 。我们将会在下一节确定这些未知参数。

下面，我们将分析本节求出的这个解的一些性质。首先给出一个关于 $v(x, \mu)$ 关于 x 偏导的命题。

命题 7.3.3　假设随机过程 μ_t 适用于信息空间 $\{F_t\}_{t\geqslant 0}$ ，那么函数 $v_x(x, \mu)$ 在区间 $x\in(0, x_0)$ 上是凸函数，在区间 $x\in(x_0, x_1)$ 为凸函数或增函数。

证明：我们知道，因为 μ_t 适应于信息空间 $\{F_t\}_{t\geqslant 0}$ ，所以对于确定的 t ，μ_t 是一个已知且确定的数。在区间 $x\in(0, x_0)$ 上

$$v_{xxx}(x, \mu)=C(\mu)\gamma(\gamma-1)(\gamma-2)x^{\gamma-3}$$

由 $v(x, \mu)=C(\mu)x^{\gamma}>0$ 知 $C(\mu)>0$，又因为 $\gamma\in(0, 1)$ ，所以上式大于0，故在此区间上 $v_x(x, \mu)$ 是凸的。

另外，在区间 $x\in(x_0, x_1)$ 上

$$\begin{aligned}v_{xxx}(x, \mu)&=C(\mu)(a_1\zeta_1{}^3e^{\zeta_1x}+a_2\zeta_2{}^3e^{\zeta_2x})\\&=C(\mu)\left(\frac{x_0{}^{\gamma-1}}{\zeta_1-\zeta_2}\right)[(\gamma-\zeta_2x_0)\zeta_1{}^3e^{\zeta_1(x-x_0)}+(-\gamma+\zeta_1x_0)\zeta_2{}^3e^{\zeta_2(x-x_0)}]\end{aligned}$$

这里确定了 μ 的值，x_0 的值也就随之确定了。下面我们分两种情况讨论上面表达式的性质。

(1) 当 $k_1<0$ 时。

此时，$\beta_2>0$，$\zeta_1>0$，$\zeta_2<0$，$\zeta_1+\zeta_2=0$，$\zeta_1-\zeta_2>0$。我们再细分两种子情况：

①$\gamma<\zeta_1x_0$ 时。

$$v_{xx}(x, \mu)=C(\mu)\left(\frac{x_0{}^{\gamma-1}}{\zeta_1-\zeta_2}\right)[(\gamma-\zeta_2x_0)\zeta_1{}^2e^{\zeta_1(x-x_0)}+(-\gamma+\zeta_1x_0)\zeta_2{}^2e^{\zeta_2(x-x_0)}]$$

显然上式是大于0的，因为每项都大于0，所以在这种情形下，$v_x(x, \mu)$ 是关于 x 的增函数。这个性质非常重要，当这个函数非凸时，增函数的性质能得到保证，在上个区间时减函数的前提下，能够取到最低点。在寻找未知参数的过程中，函数 $H(x)$ 会用到这个性质。

②$\gamma\geqslant\zeta_1x_0$ 时。

此时，我们可以放缩如下

$$v_{xxx}(x,\ \mu) = C(\mu)\left(\frac{x_0^{\ \gamma-1}}{\zeta_1 - \zeta_2}\right)\zeta_1^{\ 3}[(\gamma + \zeta_1 x_0)e^{\zeta_1(x-x_0)} + (\gamma - \zeta_1 x_0)e^{\zeta_2(x-x_0)}]$$
$$> 0$$

这里，$C(\mu)$ 大于0，因为，在区间 $x \in (0,\ x_0)$ 上的函数 $v(x,\ \mu)$ 大于0，即 $v(x,\ \mu) = C(\mu)x^{\gamma} > 0$。基于此，我们可以得出结论：$v_x(x,\ \mu)$ 是区间 $x \in (x_0,\ x_1)$ 上的凸函数。

（2）当 $k_1 > 0$ 时。

$$\beta_2 < 0,\ \zeta_1 < 0,\ \zeta_2 > 0,\ \zeta_1 + \zeta_2 = 0,\ \zeta_1 - \zeta_2 < 0$$

①$\gamma < \zeta_2 x_0$ 时。

$$v_{xx}(x,\ \mu) = C(\mu)\left(\frac{x_0^{\ \gamma-1}}{\zeta_1 - \zeta_2}\right)[(\gamma - \zeta_2 x_0)\zeta_1^{\ 2}e^{\zeta_1(x-x_0)} + (-\gamma + \zeta_1 x_0)\zeta_2^{\ 2}e^{\zeta_2(x-x_0)}]$$
$$= C(\mu)\left(\frac{x_0^{\ \gamma-1}}{-\zeta_1 + \zeta_2}\right)[(-\gamma + \zeta_2 x_0)\zeta_1^{\ 2}e^{\zeta_1(x-x_0)} + (\gamma - \zeta_1 x_0)\zeta_2^{\ 2}e^{\zeta_2(x-x_0)}]$$

因为上式中的每项都大于0，所以，这种情形下，$v_x(x,\ \mu)$ 也是关于 x 的增函数。

②$\gamma \geqslant \zeta_2 x_0$ 时。

此时，可以运算如下：

$$v_{xxx}(x,\ \mu) = C(\mu)\left(\frac{x_0^{\ \gamma-1}}{-\zeta_1 + \zeta_2}\right)\zeta_2^{\ 3}[(\gamma - \zeta_2 x_0)e^{\zeta_1(x-x_0)} + (\gamma + \zeta_2 x_0)e^{\zeta_2(x-x_0)}]$$
$$> 0$$

所以，$v_x(x,\ \mu)$ 在区间 $x \in (x_0,\ x_1)$ 或为凸函数，或为增函数。

命题 7.3.4　假设 μ_t 是适用于信息空间 $\{F_t\}_{t\geqslant 0}$ 的一个随机过程，那么方程 $v_x(x,\ \mu) = k$ 在 $x \in (0,\ x_1)$ 内存在唯一的根 $\tilde{x}$。若 QVI 问题的解是唯一的，那么我们有

$$v(x,\ \mu) = v(\tilde{x},\ \mu) + k(x - \tilde{x}) - K,\ x \geqslant x_1$$

证明：我们分别把 x_0+ 和 x_0- 代入方程（7.13），得到的表达式如下

$$\frac{1}{2}\sigma^2 v_{xx}(x_0+,\ \mu) + \frac{1}{2}\sigma_1^{\ 2}\mu^2 v_{\mu\mu}(x_0+,\ \mu) + \mu v_x(x_0+,\ \mu) + k_1\mu(k_2 - \mu)v_{\mu}(x_0+,\ \mu) - \lambda v(x_0+,\ \mu) = 0$$

$$\frac{1}{2}\sigma^2 v_{xx}(x_0 -,\ \mu) + \frac{1}{2}\sigma_1{}^2\mu^2 v_{\mu\mu}(x_0 -,\ \mu) + \mu v_x(x_0 -,\ \mu)$$

$$+ k_1\mu(k_2 - \mu)v_\mu(x_0 -,\ \mu) - \lambda v(x_0 -,\ \mu) = 0$$

从上面的表达式我们能得到 $v_{xx}(x_0 -,\ \mu) = v_{xx}(x_0 +,\ \mu)$ ，所以 $v_{xx}(x,\ \mu)$ 在 x_0 点是连续的。由命题 7.3.3 可推知，对于确定的 μ ，方程（7.23）在区间 $x \in (0,\ x_1]$ 上就有不少于 2 个的根。

接下来，我们证明 $v(x,\ \mu) = Mv(x,\ \mu)$ 。为了确保不产生成本 K，（7.1）式中的最大值序列 η 的极限点不应该为 0. 则存在一个序列 $\eta(x,\ \mu)$，使得

$$Mv(x,\ \mu) = v(x - \eta(x,\ \mu),\ \mu) + k\eta(x,\ \mu) - K$$

对上面这个方程的右边关于 η 积分，我们能够得到如下重要结论：$x - \eta(x,\ \mu)$ 是方程（7.23）的一个根。接着，如果 $v_x(x_1,\ \mu) > k$ ，那么肯定存在一个值 x_2，使得下面两个式子成立

$$x_1 - \eta(x_1,\ \mu) < x_2 < x_1$$

$$v(x_1) - k(x_1 - x_2) > v(x_2)$$

我们设

$$\eta = \eta(x_1,\ \mu) - (x_1 - x_2)$$

则有

$$\begin{aligned} & v(x_2 - \eta,\ \mu) + k\eta - K \\ & = v(x_1 - \eta(x_1,\ \mu),\ \mu) + k\eta(x_1,\ \mu) - k(x_1 - x_2) - K \\ & = v(x_1,\ \mu) - k(x_1 - x_2) \\ & > v(x_2,\ \mu) \end{aligned}$$

所以，$Mv(x_2,\ \mu) > v(x_2,\ \mu)$。这与拟变分不等式是矛盾的。因此，我们应该有

$$v_x(x_1,\ \mu) \leqslant k$$

这说明在区间 $x \in (0,\ x_1)$ 上，方程（7.23）存在唯一的解，我们设这个解为 $\tilde{x}$ 。

当 x 大于等于 x_1 时，设

$$v(x,\ \mu) = v(\tilde{x},\ \mu) + k(x - \tilde{x}) - K$$

则有

$$v_x(x,\ \mu) = k,\quad \forall x > x_1$$

当 x 大于 x_1 时，若 $\eta \leqslant x - x_1$，那么我们可以得到：$v(x - \eta,\ \mu) + k\eta - K = v(x,\ \mu) - K < v(x,\ \mu)$。

除此之外，若 $\eta > x - x_1$，那么

$$v(x-\eta,\ \mu)+k\eta-K$$

$$=v(x_1-(\eta-(x-x_1)),\ \mu)+k(\eta-(x-x_1))+k(x-x_1)-K\leqslant v(x_1,\ \mu)+k(x-x_1)$$

$$=v(x,\ \mu).$$

上面这个等式在 $\eta-(x-x_1)$ 点成立，即 $v(x,\ \mu)=Mv(x,\ \mu)$ 。另外，根据 $v_x(x,\ \mu)$ 的属性，我们能够得到如下式子

$$\frac{1}{2}\sigma_1{}^2\mu^2v_{\mu\mu}(x_1,\ \mu)+\mu uk+k_1\mu(k_2-\mu)v_\mu(x_1,\ \mu)-\lambda v(x_1,\ \mu)\leqslant$$

$$\frac{1}{2}\sigma^2u^2v_{xx}(x_1-,\ \mu)+\frac{1}{2}\sigma_1{}^2\mu^2v_{\mu\mu}(x_1,\ \mu)+\mu uk$$

$$+k_1\mu(k_2-\mu)v_\mu(x_1,\ \mu)-\lambda v(x_1,\ \mu)\leqslant 0$$

所以，当 x 大于 x_1，有

$$\frac{1}{2}\sigma^2u^2v_{xx}(x,\ \mu)+\frac{1}{2}\sigma_1{}^2\mu^2v_{\mu\mu}(x,\ \mu)+\mu v_x(x,\ \mu)+$$

$$k_1\mu(k_2-\mu)v_\mu(x,\ \mu)-\lambda v(x,\ \mu)<$$

$$\frac{1}{2}\sigma_1{}^2\mu^2v_{\mu\mu}(x_1,\ \mu)+\mu uk+k_1\mu(k_2-\mu)v_\mu(x_1,\ \mu)-\lambda v(x_1,\ \mu)\leqslant 0$$

所以，函数 $v(x,\ \mu)$ 在区间 $x\in(x_1,\ \infty)$ 满足拟变分不等式。

至此，原命题得证。

7.4 值函数和与之关联的最优策略

到目前为止，我们能求解出 QVI 问题的解的大概形式，即存在两个点 x_0 和 x_1，以及 $x_0<x_1$ 和未知参数 $\hat{C}$，使得 $v_x(x,\ \mu)$ 满足

$$v_x(x,\ \mu)=\begin{cases}\hat{C}\bar{F}_0(\mu)\gamma x^{\gamma-1}, & 0\leqslant x<x_0\\ \hat{C}\bar{F}_0(\mu)a_1\zeta_1e^{\zeta_1x}+\hat{C}\bar{F}_0(\mu)a_2\zeta_2e^{\zeta_2x}, & x_0\leqslant x<x_1\\ k & x\geqslant x_1\end{cases}$$

另外，也存在另一个点 $\tilde{x}<x$，使得 $v(\tilde{x},\ \mu)=k$，以及

$$\int_{\tilde{x}}^{x_1}v_x(x,\ \mu)\mathrm{d}x=v(x_1,\ \mu)-v(\tilde{x},\ \mu)=k(x_1-\tilde{x})-K$$

所以，我们有

$$\int_{\tilde{x}}^{x_1}(k - v_x(x, \mu))\mathrm{d}x = K$$

如上所示，我们给出了解的形式，以及解的一些性质，可是包含在这个解里的一些具体值，如 $\hat{C}$ 、x_1 和 $\tilde{x}$ 依然是未知的。我们将在下面尝试求解这些值，并证明带有这些参数的函数 $v(x, \mu)$ 就是 QVI 问题的解，以及与这个函数相关联的策略，即最优策略。

为了找到这些未知参数，我们先定义函数 $H(x)$ 如下

$$H(x) = \begin{cases} \gamma x^{\gamma-1}, & 0 \leqslant x < x_0 \\ a_1\zeta_1 e^{\zeta_1 x} + a_2\zeta_2 e^{\zeta_2 x}, & x \geqslant x_0 \end{cases}$$

和函数 $v_x(x, \mu)$ 或凸或一部分增的属性相似，因为 $\gamma \in (0, 1)$，所以函数 $H(x)$ 在区间 $x \in (0, x_0)$ 上是凸函数，也是减函数；在区间 $x \in (x_0, x_1)$ 上是凸函数或者增函数，因为 $\gamma \in (0, 1)$，$\zeta_1 + \zeta_2 = 0$，所以不管是哪种情况，下面两个极限都是成立的

$$\lim_{x\to 0} H(x) = \infty, \quad \lim_{x\to\infty} H(x) = \infty$$

下面，我们分几种情况尝试求解未知参数。

(1) $k_1 < 0$ 且 $\gamma \geqslant \zeta_1 x_0$。

此时，函数 $H(x)$ 在区间 $x \in (x_0, x_1)$ 上是凸函数，那么有一个零点

$$H_x(x^*) = 0, \ x^* > x_0$$

令 $\alpha = H(x^*)$，因为 $\bar{F}_0(\mu) > 0$，那么 $0 < \hat{C} < k/(\alpha\bar{F}_0(\mu))$，存在两个点 ${x_1}^{\hat{C}}$ 和 $\tilde{x}^{\hat{C}}$，且 $\tilde{x}^{\hat{C}} < x^* < {x_1}^{\hat{C}}$，使得 $\hat{C}H(\tilde{x}^{\hat{C}}) = \hat{C}H({x_1}^{\hat{C}}) = k/\bar{F}_0(\mu)$。并且当 $\hat{C} = k/(\alpha\bar{F}_0(\mu))$ 时，我们有 ${x_1}^{\hat{C}} = x^* = \tilde{x}^{\hat{C}}$。根据函数 $H(x)$ 的性质，我们易知，当 $0 < \hat{C} \leqslant k/(\alpha\bar{F}_0(\mu))$，$\tilde{x}^{\hat{C}}$ 是一个关于 $\hat{C}$ 的增函数，而 ${x_1}^{\hat{C}}$ 在这个区间内关于 $\hat{C}$ 是减函数。所以，$I(\hat{C})$ 是一个关于 $\hat{C}$ 的连续的并且递减的函数，并且有当 $\hat{C}$ 趋于 0 时，$I(\hat{C})$ 趋于无穷大。而且，$I(k/(\alpha\bar{F}_0(\mu))) = 0$。所以，对任意的 K（大于 0 的数），都存在一个值 $\tilde{c} < k/(\alpha\bar{F}_0(\mu))$，使得：

$$I(\tilde{c}) = \int_{\tilde{x}^{\tilde{c}}}^{{x_1}^{\tilde{c}}}(k - \tilde{c}\bar{F}_0(\mu)H(y))\mathrm{d}y = K \tag{7.24}$$

(2) $k_1 < 0$ 且 $\gamma < \zeta_1 x_0$。

此时，$H(x)$ 在区间 $x \in (x_0, x_1)$ 上是增函数，此时，x_0 点即为 $H(x)$

的最小值点，所以

$$H_x(x_0)=0$$

因为 $\bar{F}_0(\mu)>0$，那么 $0<\hat{C}<k/(H(x_0)\bar{F}_0(\mu))$，存在两个点 $x_1^{\hat{C}}$ 和 $\tilde{x}^{\hat{C}}$，且 $\tilde{x}^{\hat{C}}<x_0<x_1^{\hat{C}}$，使得 $\hat{C}H(\tilde{x}^{\hat{C}})=\hat{C}H(x_1^{\hat{C}})=k/\bar{F}_0(\mu)$。并且当 $\hat{C}=k/(H(x_0)\bar{F}_0(\mu))$ 时，我们有 $x_1^{\hat{C}}=x_0=\tilde{x}^{\hat{C}}$。根据函数 $H(x)$ 的性质，当 $0<\hat{C}\leqslant k/(H(x_0)\bar{F}_0(\mu))$，$\tilde{x}^{\hat{C}}$ 是 $\hat{C}$ 的增函数，$x_1^{\hat{C}}$ 则相反。所以，$I(\hat{C})$ 也是关于 $\hat{C}$ 连续且递减的，并且 $I(k/(H(x_0)\bar{F}_0(\mu)))=0$，$\lim\limits_{\hat{C}\to 0}I(\hat{C})=\infty$。所以，对任意的 K（大于 0 的数），都存在一个值 $\tilde{c}<k/(\alpha\bar{F}_0(\mu))$，使得（7.24）式也成立。

(3) $k_1>0,\gamma<\zeta_2x_0$。

此时，$H(x)$ 在区间 $x\in(x_0,x_1)$ 上是增函数，同情况（2）。

(4) $k_1>0,\gamma\geqslant\zeta_2x_0$。

此时，$H(x)$ 在区间 $x\in(x_0,x_1)$ 上是凸函数，同情况（1）。

基于上面的讨论，我们给出求解未知参数和未知节点 $\tilde{c}$、x_1 和 $\tilde{x}$ 的一个算法。

算法 7.4.1　计算未知参数和节点 $\tilde{c}$、x_1 和 $\tilde{x}$。

（1）判断 k_1 与 0 的大小关系，若 $k_1<0$，跳到第（2）步；否则，跳到第（3）步。

（2）比较 γ 与 ζ_1x_0 的大小关系，若 $\gamma<\zeta_1x_0$，跳到第（4）步；否则，跳到（5）。

（3）比较 γ 与 ζ_2x_0 的大小关系，若 $\gamma<\zeta_2x_0$，跳到第（4）步；否则，跳到（5）。

（4）此时，未知参数 $\tilde{c}$、未知节点 x_1 和 $\tilde{x}$ 可由如下三个方程确定

$$\tilde{c}\gamma\tilde{x}^{\gamma-1}=k/\bar{F}_0(\mu)$$

$$\tilde{c}(a_1\zeta_1e^{\zeta_1x_1}+a_2\zeta_2e^{\zeta_2x_1})=k/\bar{F}_0(\mu)$$

$$\int_{\tilde{x}}^{x_0}(k-\tilde{c}\bar{F}_0(\mu)H(y))\mathrm{d}y+\int_{x_0}^{x_1}(k-\tilde{c}\bar{F}_0(\mu)H(y))\mathrm{d}y=K$$

（5）未知参数和节点可由如下方程确定

$$\begin{cases}\tilde{c}\gamma\tilde{x}^{\gamma-1}=k/\bar{F}_0(\mu)\\ \tilde{c}(a_1\zeta_1e^{\zeta_1x_1}+a_2\zeta_2e^{\zeta_2x_1})=k/\bar{F}_0(\mu)\\ \int_{\tilde{x}}^{x_0}(k-\tilde{c}\bar{F}_0(\mu)H(y))\mathrm{d}y+\int_{x_0}^{x_1}(k-\tilde{c}\bar{F}_0(\mu)H(y))\mathrm{d}y=K\\ \tilde{x}\leqslant x_0\end{cases}$$

或

$$\begin{cases}\tilde{c}(a_1\zeta_1e^{\zeta_1\tilde{x}}+a_2\zeta_2e^{\zeta_2\tilde{x}})=k/\bar{F}_0(\mu)\\ \tilde{c}(a_1\zeta_1e^{\zeta_1x_1}+a_2\zeta_2e^{\zeta_2x_1})=k/\bar{F}_0(\mu)\\ \int_{\tilde{x}}^{x_1}(k-\tilde{c}\bar{F}_0(\mu)H(y))\mathrm{d}y=K\\ \tilde{x}>x_0\end{cases}$$

另外，根据（7.22）式，我们可以分别找出 $\hat{D}$、$\overset{\frown}{D}$ 的值，设为 $\tilde{d}_1$、$\tilde{d}_2$，至此，我们已经求出了所有的未知参数。

所以，我们可以得到下面的方程

$$v(x,\ \mu)=\begin{cases}\tilde{c}\bar{F}_0(\mu)x^{\gamma}, & 0\leqslant x<x_0\\ \tilde{d}_1\bar{F}_1(\mu)e^{\zeta_1x}+\tilde{d}_2\bar{F}_2(\mu)e^{\zeta_2x}, & x_0\leqslant x<x_1\\ v(x_1,\ \mu)+k(x-x_1), & x\geqslant x_1\end{cases}\tag{7.25}$$

那么，方程（7.24）变成

$$v(x_1,\ \mu)-v(\tilde{x},\ \mu)=k(x_1-\tilde{x})-K\tag{7.26}$$

其中，$x_1=x_1{}^{\tilde{c}}$，$\tilde{x}=\tilde{x}^{\tilde{c}}$

到目前为止，我们已经找到所有的未知参数和未知节点。接下来就证明我们找到的这个解就是 QVI 问题的解，也是值函数，并且对应于这个解的分红策略就是最优分红策略。

定理 7.4.1　（7.25）式描述的函数 $v(x,\ \mu)$ 在区间 $x\in(0,\ \infty)$ 上是连续可积的，且在 $x\in(0,\ x_1)\cup(x_1,\ \infty)$ 上是二次连续可积的，这个函数是 QVI 的一个解。

接着，我们在定理 7.4.2 中证明了与（7.25）式描述的 $v(x,\ \mu)$ 相关联的控制就是最优控制。

定理 7.4.2　如果一个控制 π^* 可以表示如下

$$\pi^* = (u^*,\ T^*,\ \xi^*)$$
$$= (u_t^*;\ \tau_1^*,\ \tau_2^*,\ \cdots,\ \tau_n^*,\ \cdots;\ \xi_1^*,\ \xi_2^*,\ \cdots,\ \xi_n^*,\ \cdots)$$

其中

$$u_t^* = u^*(X_t^*,\ \mu^*(t)) = \begin{cases} \dfrac{\mu^*(t)}{\sigma^2(1-\gamma)} X_t^*, & 0 \leqslant X_t^* \leqslant x_0 \\ 1, & X_t^* > x_0 \end{cases} \tag{7.27}$$

$$\tau_1^* = \inf\{t \geqslant 0;\ X_t^* = x_1^*(\mu^*(t))\} \tag{7.28}$$

$$\xi_1^* = x_1^*(\mu^*(t)) - \tilde{x}^*(\mu^*(t)) \tag{7.29}$$

$$\tau_n^* = \inf\{t \geqslant \tau_{n-1};\ X_t^* = x_1^*(\mu^*(t))\} \tag{7.30}$$

$$\xi_n^* = x_1^*(\mu^*(t)) - \tilde{x}^*(\mu^*(t)) \tag{7.31}$$

由于 $n \geqslant 2$，上面的 X_t^* 和 μ_t^* 分别是以下离散的随机微分方程的解

$$X_t^* = X_0^* + \int_0^t \mu^*(s) u_s^*(\mu^*(s),\ X_t^*)\mathrm{d}s + \int_0^t \sigma u_s^*(\mu^*(s),\ X_t^*)\mathrm{d}W_s^1$$
$$- (x_1^*(\mu^*(t)) - \tilde{x}^*(\mu^*(t))) \sum_{n=1}^{\infty} I_{\{\tau_n^* < t\}}$$

$$\mu^*(t) = \mu^*(0) + \int_0^t k_1 \mu^*(s)(k_2 - \mu^*(s))\mathrm{d}s + \int_0^t \sigma_1 \mu^*(s)\mathrm{d}W_s^2$$

上式中，W_t^1 与 W_t^2 相互独立。

那么控制 π^* 是与（7.25）式中 QVI 的解函数 v 相关联的控制。这里的函数 v 也正是值函数，正如

$$v(x,\ \mu) = V(x,\ \mu) = J(x,\ \mu;\ \pi^*) = J(x,\ \mu;\ u^*,\ T^*,\ \xi^*)$$

7.5 数值模拟

7.5.1 研究主要参数相互关系

例 7.5.1 固定 $\mu = 0.20$，假设 $k_1 = 0.05$，$k_2 = 0$，$K = 0.05$，$\lambda = 0.05$，$\sigma = 0.3$，$\sigma_1 = 0.3$，k 从 0.01 以步长 0.01 变化到 0.10。各参数的值见表 7-1，各参数和 $\bar{c}$ 的关系见图 7-1。

表 7-1　固定 μ = 0.20 和变化 k 时各参数的值

k	$\tilde{c}$	$\tilde{x}$	x_1	ξ	μ
0.01	6.267 6	0.118 36	13.412	13.294	0.20
0.02	18.25	0.172 71	8.139 4	7.966 7	0.20
0.03	32.629	0.206 03	6.178 5	5.972 5	0.20
0.04	47.929	0.227 07	5.218 5	4.991 4	0.20
0.05	64.52	0.244 6	4.537 9	4.293 3	0.20
0.06	81.295	0.256 88	4.115 5	3.858 6	0.20
0.07	98.715	0.267 4	3.781 8	3.514 4	0.20
0.08	116.5	0.276 17	3.522 7	3.246 6	0.20
0.09	134.39	0.283 18	3.326 4	3.043 2	0.20
0.10	153	0.290 19	3.139 2	2.849	0.20

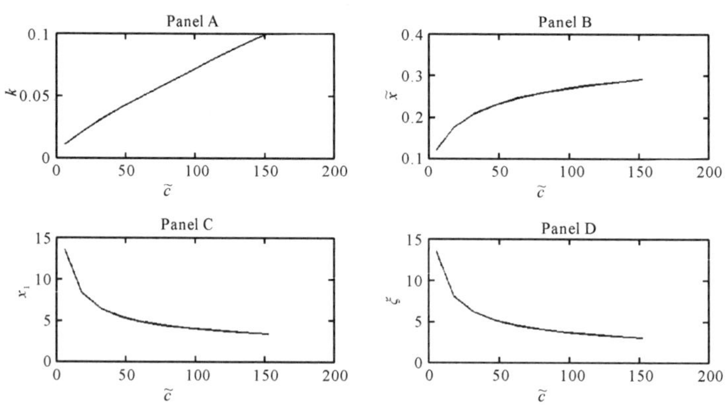

图 7-1　固定 μ = 0.20 和变化 k 时各参数和 $\tilde{c}$ 的关系

从表 7-1 和图 7-1 中我们可以看到，固定 μ 时，$\tilde{x}$ 和 k 随 $\tilde{c}$ 的增加而增加，x_1 和 ξ 与 $\tilde{c}$ 的关系则相反，随着 $\tilde{c}$ 的增加而减小，具体是否是增减函数的关系，我们要进行稳健性检验。

例 7.5.2　固定 $\mu = 0.20$，设 $k_1 = \lambda = 0.05$，$k_2 = 0$，$k = 0.4$，$\sigma = 0.3$，$\sigma_1 = 0.3$，K 从 0.01 以步长 0.01 变化到 0.10，各参数的值及与 $\tilde{c}$ 的关系见表 7-2 和图 7-2。

表 7-2　固定 $\mu = 0.20$ 和变化交易成本 K 时各参数值

K	$\tilde{c}$	$\tilde{x}$	x_1	ξ	μ
0.01	855.35	0.405 92	0.966 36	0.560 44	0.20
0.02	825.85	0.391 89	1.162 3	0.770 41	0.20
0.03	800.05	0.379 62	1.346 4	0.966 8	0.20
0.04	777.92	0.369 1	1.513 4	1.144 3	0.20
0.05	761.33	0.362 08	1.644 9	1.282 9	0.20
0.06	744.74	0.353 32	1.781 7	1.428 4	0.20
0.07	731.84	0.348 06	1.893 4	1.545 3	0.20
0.08	718.94	0.341 04	2.008 4	1.667 4	0.20
0.09	707.87	0.335 78	2.109 7	1.773 9	0.20
0.10	696.81	0.330 52	2.214	1.883 5	0.20

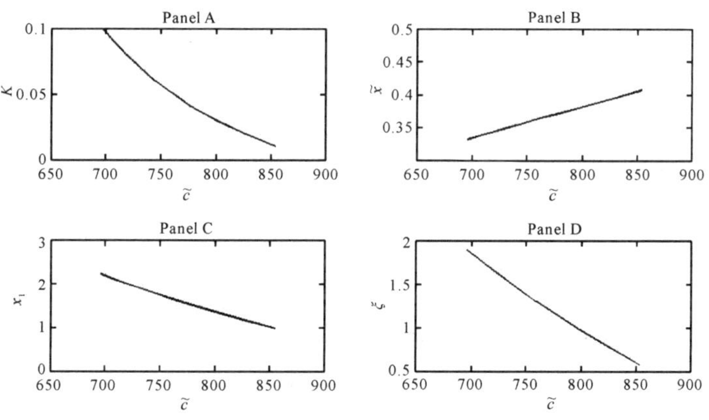

图 7-2　固定 $\mu = 0.20$ 和变化交易成本 K 时各参数与 $\tilde{c}$ 的关系

从表 7-2 和图 7-2 可知，固定 $\mu = 0.20$ 后和变化交易成本时，$\tilde{x}$ 随 $\tilde{c}$ 的增加而增加，K 、x_1 和 ξ 随着 $\tilde{c}$ 的增加而减小。

例 7.5.3　令 $k = 0.7$，μ 从 0.08 以步长 0.01 变化到 0.19。其他参数同例 7.5.1，我们也可求得一组未知参数和未知节点的数据，见表 7-3。各参数和 μ 、$\tilde{c}$ 的关系分别见图 7-3、图 7-4。

表 7-3　漂移系数变化时各未知参数和节点的值

μ	$\tilde{c}$	$\tilde{x}$	x_1	ξ
0. 08	16 319	0. 902 47	1. 608 2	0. 705 76
0. 09	11 915	0. 805 6	1. 530 4	0. 724 75
0. 10	8 992. 5	0. 728 55	1. 475 5	0. 746 96
0. 11	6 970. 6	0. 665 51	1. 435 4	0. 769 91
0. 12	5 524. 1	0. 612 97	1. 404 9	0. 791 97
0. 13	4 459. 6	0. 568 52	1. 384	0. 815 51
0. 14	3 657. 6	0. 530 41	1. 367 4	0. 836 95
0. 15	3 040. 8	0. 497 39	1. 355 1	0. 857 72
0. 16	2 558. 2	0. 468 49	1. 346	0. 877 54
0. 17	2 174. 8	0. 443	1. 338	0. 895 02
0. 18	1 865. 9	0. 419 85	1. 330 9	0. 911 05
0. 19	1 614	0. 399 6	1. 325 9	0. 926 32

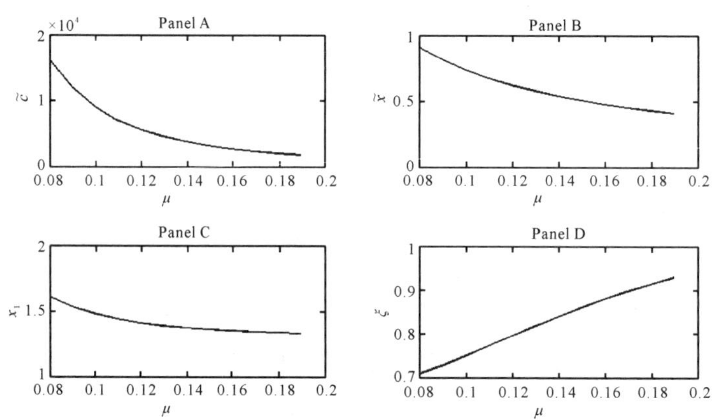

图 7-3　变化 μ 时各参数与其之间的关系

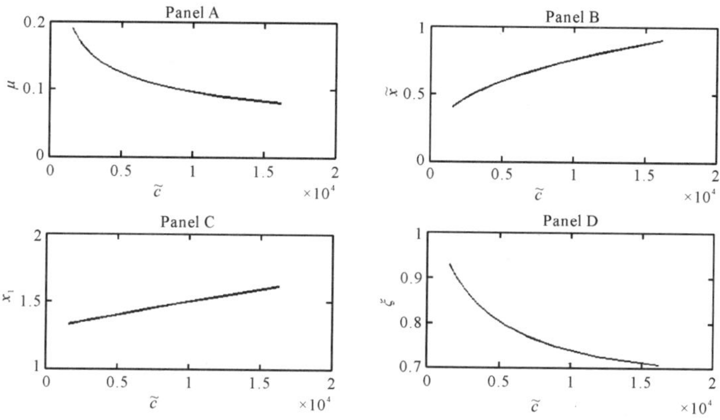

图 7-4 变化 μ 时各参数与 $\tilde{c}$ 的关系

根据图 7-3，$\tilde{x}$、$\tilde{c}$、x_1 随着 μ 的增加而减少，ξ 随着 μ 的增加而增加。根据图 7-4，$\tilde{x}$、x_1 随着 $\tilde{c}$ 的增加而增加，ξ 随 $\tilde{c}$ 的增加而减少。下面是稳健性检验。

例 7.5.4 固定 $\mu=0.10$，假设 $k_1=0.1$，$k_2=0$，$K=0.1$，$\lambda=0.08$，$\sigma=0.2$，$\sigma_1=0.3$，k 从 0.15 以步长 0.01 变化到 0.25。各参数和 $\tilde{c}$ 的关系见表 7-4 和图 7-5。

表 7-4 固定 μ = 0.10 和变化 k 时各参数的值

k	$\tilde{c}$	$\tilde{x}$	x_1	ξ	μ
0.15	409.68	0.159 45	2.307 2	2.147 8	0.10
0.16	449.72	0.164 11	2.218 8	2.054 6	0.10
0.17	491.35	0.168 78	2.134 4	1.965 6	0.10
0.18	529.8	0.171 89	2.081 3	1.909 4	0.10
0.19	574.35	0.176 56	2.003 7	1.827 1	0.10
0.20	615.18	0.179 67	1.954 7	1.775	0.10
0.21	659.87	0.184 34	1.894 8	1.710 5	0.10
0.22	705.87	0.187 45	1.839	1.651 5	0.10
0.23	750.15	0.190 56	1.795 4	1.604 9	0.10
0.24	792.32	0.193 67	1.762 8	1.569 1	0.10
0.25	835.27	0.195 23	1.731 5	1.536 2	0.10

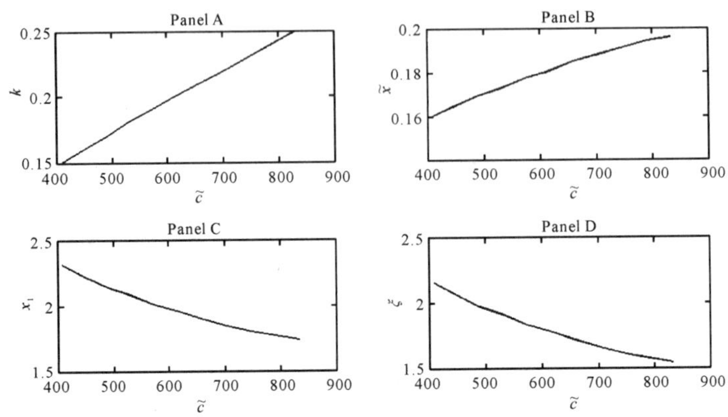

图 7-5　k 变化时各参数与 $\tilde{c}$ 关系的稳健性检验

例 7.5.5　固定 $\mu=0.10$，假设 $k_1=0.1$，$k_2=0$，$K=0.1$，$\lambda=0.08$，$\sigma=0.3$，$\sigma_1=0.3$，k 从 0.35 以步长 0.01 变化到 0.50。各参数和 $\tilde{c}$ 的关系见表 7-5 和图 7-6。

表 7-5　固定 $\mu=0.10$ 和变化 k 时各参数的值

k	$\tilde{c}$	$\tilde{x}$	x_1	ξ	μ
0.35	1 378.8	0.516 03	1.826 3	1.310 3	0.10
0.36	1 432.5	0.521 25	1.804 2	1.282 9	0.10
0.37	1 486.9	0.526 47	1.781 3	1.254 8	0.10
0.38	1 537.2	0.529 95	1.767 4	1.237 4	0.10
0.39	1 587.9	0.533 44	1.753 5	1.22	0.10
0.40	1 639.2	0.536 92	1.739 5	1.202 6	0.10
0.41	1 691	0.540 4	1.725 6	1.185 2	0.10
0.42	1 743.4	0.543 88	1.711 7	1.167 8	0.10
0.43	1 796.3	0.547 36	1.699 5	1.152 2	0.10
0.44	1 849.7	0.550 84	1.685 6	1.134 7	0.10
0.45	1 897.7	0.552 58	1.678 6	1.126	0.10
0.46	1 952	0.556 06	1.666 4	1.110 4	0.10
0.47	2 000.6	0.557 8	1.659 5	1.101 7	0.10
0.48	2 055.9	0.561 28	1.647 3	1.086	0.10
0.49	2 111.7	0.564 76	1.635 1	1.070 4	0.10
0.50	2 168	0.568 24	1.622 9	1.054 7	0.10

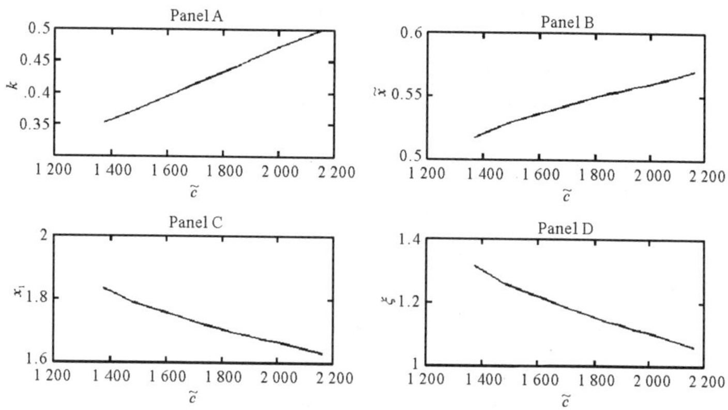

图 7-6　k 变化时各参数与 $\tilde{c}$ 关系的稳健性检验

例 7.5.6　固定 $\mu=0.10$，假设 $k_1=0.1$，$k_2=0$，$K=0.1$，$\lambda=0.08$，$\sigma=0.6$，$\sigma_1=0.7$，k 从 0.15 以步长 0.01 变化到 0.35。各参数和 $\tilde{c}$ 的关系见表 7-6 和图 7-7。

表 7-6　固定 $\mu=0.10$ 和变化 k 时各参数的值

k	$\tilde{c}$	$\tilde{x}$	x_1	ξ	μ
0. 15	800. 02	2. 197 8	5. 457 5	3. 259 6	0. 10
0. 16	866. 86	2. 232 7	5. 380 7	3. 148	0. 10
0. 17	935. 39	2. 267 6	5. 305 6	3. 038	0. 10
0. 18	1 002. 6	2. 295 5	5. 248 1	2. 952 5	0. 10
0. 19	1 071. 1	2. 323 5	5. 192 2	2. 868 8	0. 10
0. 20	1 141	2. 351 4	5. 138 1	2. 786 8	0. 10
0. 21	1 212. 2	2. 379 3	5. 084	2. 704 7	0. 10
0. 22	1 284. 8	2. 409	5. 031 7	2. 622 7	0. 10
0. 23	1 350. 9	2. 422 9	5. 005 5	2. 582 6	0. 10
0. 24	1 425. 9	2. 450 8	4. 954 9	2. 504 1	0. 10
0. 25	1 493. 7	2. 464 8	4. 930 5	2. 465 7	0. 10
0. 26	1 566. 6	2. 485 7	4. 892 1	2. 406 3	0. 10
0. 27	1 640. 6	2. 506 7	4. 857 2	2. 350 5	0. 10
0. 28	1 710. 8	2. 520 6	4. 832 8	2. 312 1	0. 10
0. 29	1 781. 7	2. 534 6	4. 810 1	2. 275 5	0. 10

表7-6(续)

k	$\tilde{c}$	$\tilde{x}$	x_1	ξ	μ
0. 30	1 853. 2	2. 548 6	4. 785 6	2. 237 1	0. 10
0. 31	1 925. 5	2. 562 5	4. 763	2. 200 4	0. 10
0. 32	1 998. 4	2. 576 5	4. 740 3	2. 163 8	0. 10
0. 33	2 072	2. 590 4	4. 717 6	2. 127 1	0. 10
0. 34	2 146. 2	2. 604 4	4. 694 9	2. 090 5	0. 10
0. 35	2 221. 2	2. 618 4	4. 672 2	2. 053 9	0. 10

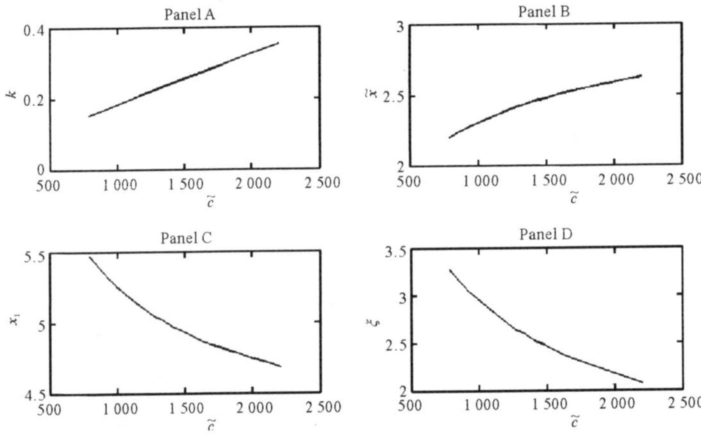

图 7-7　k 变化时各参数与 $\tilde{c}$ 关系的稳健性检验

例 7. 5. 7　固定 $\mu=0.30$，假设 $k_1=0.1$，$k_2=0$，$K=0.2$，$\lambda=0.07$，$\sigma=0.7$，$\sigma_1=0.7$，k 从 0. 15 以步长 0. 01 变化到 0. 35。各参数和 $\tilde{c}$ 的关系见表 7-7 和图 7-8。

表 7-7　固定 $\mu=0.30$ 和变化 k 时各参数的值

k	$\tilde{c}$	$\tilde{x}$	x_1	ξ	μ
0. 15	63. 865	1. 017 8	8. 116 7	7. 098 9	0. 30
0. 16	69. 07	1. 032	7. 880 4	6. 848 4	0. 30
0. 17	74. 506	1. 047 8	7. 624 8	6. 576 9	0. 30
0. 18	79. 836	1. 060 5	7. 425 8	6. 365 3	0. 30
0. 19	85. 146	1. 071 5	7. 254 4	6. 182 9	0. 30
0. 20	90. 549	1. 082 6	7. 087 2	6. 004 6	0. 30

表7-7(续)

k	$\tilde{c}$	$\tilde{x}$	x_1	ξ	μ
0.21	96.044	1.093 6	6.922 8	5.829 1	0.30
0.22	101.63	1.104 7	6.761 1	5.656 4	0.30
0.23	107.01	1.112 6	6.647 8	5.535 2	0.30
0.24	112.61	1.122 1	6.513 8	5.391 7	0.30
0.25	118.12	1.13	6.402 9	5.273	0.30
0.26	123.7	1.137 9	6.295 1	5.157 3	0.30
0.27	129.35	1.145 8	6.187 3	5.041 6	0.30
0.28	134.88	1.152 1	6.102 1	4.95	0.30
0.29	140.65	1.16	5.997 8	4.837 9	0.30
0.30	146.29	1.166 3	5.914 9	4.748 6	0.30
0.31	151.98	1.172 6	5.832	4.659 4	0.30
0.32	157.51	1.177 3	5.771 6	4.594 3	0.30
0.33	163.3	1.183 7	5.689 9	4.506 2	0.30
0.34	169.15	1.19	5.610 5	4.420 5	0.30
0.35	174.81	1.194 7	5.551 3	4.356 6	0.30

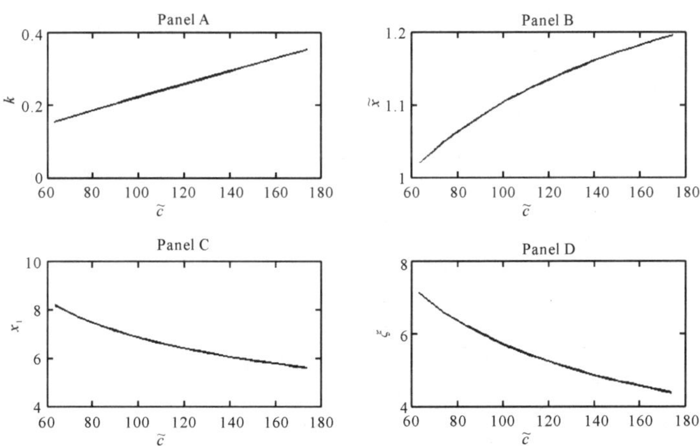

图 7-8　k 变化时各参数与 $\tilde{c}$ 关系的稳健性检验

根据表 7-4~表 7-7 及图 7-5~图 7-8，当固定 μ 和变化 k 时，各参数与 $\tilde{c}$ 的关系是稳健的。固定 μ 时，$\tilde{x}$ 和 k 随 $\tilde{c}$ 的增加而增加，x_1 和 ξ 与 $\tilde{c}$ 的关系则相反，随着 $\tilde{c}$ 的增加而减小。

例7.5.8 固定$\mu=0.15$，假设$k=0.5$，$k_1=0.05$，$k_2=0$，$\lambda=0.05$，$\sigma=0.3$，$\sigma_1=0.3$，K从0.05以步长0.01变化到0.20。各参数和$\tilde{c}$的关系见表7-8和图7-9。

表7-8 固定$\mu=0.15$和变化交易成本K时各参数值

K	$\tilde{c}$	$\tilde{x}$	x_1	ξ	μ
0.05	2 100.7	0.481 02	1.507 7	1.026 6	0.15
0.06	2 059.9	0.471 67	1.600 6	1.128 9	0.15
0.07	2 019.1	0.462 32	1.695 3	1.233	0.15
0.08	1 988.5	0.455 31	1.770 7	1.315 4	0.15
0.09	1 952.8	0.447 12	1.860 1	1.413	0.15
0.10	1 922.2	0.440 11	1.939	1.498 9	0.15
0.11	1 891.6	0.433 1	2.021 4	1.588 3	0.15
0.12	1 866.1	0.427 25	2.091 5	1.664 3	0.15
0.13	1 840.6	0.421 41	2.163 4	1.742	0.15
0.14	1 815.1	0.415 56	2.237 1	1.821 5	0.15
0.15	1 794.7	0.410 89	2.298 5	1.887 6	0.15
0.16	1 771.8	0.406 21	2.368 6	1.962 4	0.15
0.17	1 748.8	0.400 37	2.440 1	2.039 7	0.15
0.18	1 728.5	0.395 69	2.505 6	2.109 9	0.15
0.19	1 710.6	0.392 18	2.564 9	2.172 7	0.15
0.20	1 692.8	0.387 51	2.624 2	2.236 7	0.15

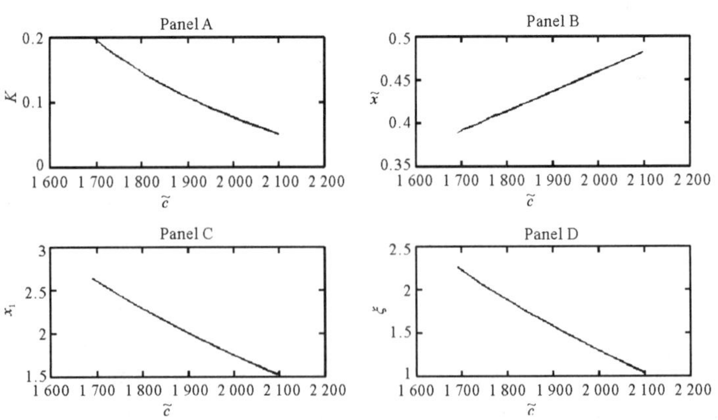

图7-9 固定$\mu=0.15$和变化交易成本的各参数关系的稳健性检验

例 7.5.9 固定 $\mu=0.10$，假设 $k=0.3$，$k_1=0.1$，$k_2=0$，$\lambda=0.08$，$\sigma=0.15$，$\sigma_1=0.3$，K 从 0.01 以步长 0.01 变化到 0.15。各参数和 $\tilde{c}$ 的关系见表 7-9 和图 7-10。

表 7-9 固定 μ = 0.10 和变化交易成本 K 时各参数值

K	$\tilde{c}$	$\tilde{x}$	x_1	ξ	μ
0.01	1 654.1	0.181 48	0.524 93	0.343 45	0.10
0.02	1 510.9	0.165 7	0.676 17	0.510 47	0.10
0.03	1 415.5	0.155 18	0.793 21	0.638 03	0.10
0.04	1 336	0.146 41	0.904 88	0.758 47	0.10
0.05	1 272.4	0.139 4	1.003 1	0.863 67	0.10
0.06	1 208.7	0.132 38	1.110 5	0.978 08	0.10
0.07	1 161	0.127 12	1.199 5	1.072 3	0.10
0.08	1 121.3	0.123 62	1.279 2	1.155 6	0.10
0.09	1 081.5	0.118 36	1.365 2	1.246 8	0.10
0.10	1 041.7	0.114 85	1.457 2	1.342 4	0.10
0.11	1 009.9	0.111 34	1.535 5	1.424 1	0.10
0.12	978.12	0.107 84	1.619 8	1.512	0.10
0.13	950.29	0.104 33	1.696 6	1.592 2	0.10
0.14	922.46	0.100 82	1.779 4	1.678 6	0.10
0.15	898.6	0.099 069	1.852 7	1.753 6	0.10

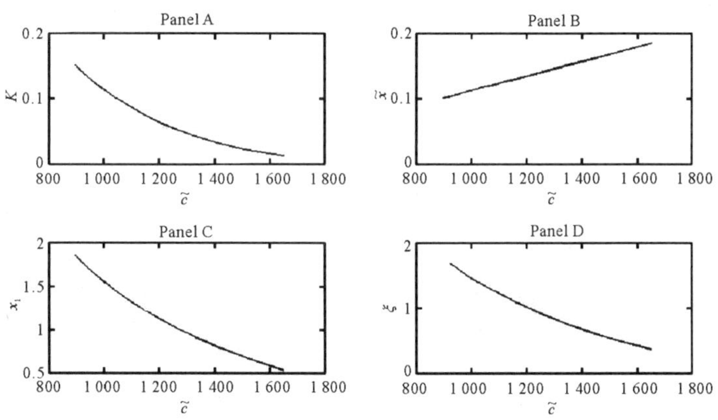

图 7-10 固定 $\mu=0.10$ 和变化交易成本的各参数关系的稳健性检验

例7.5.10　固定$\mu=0.30$，假设$k=0.5$，$k_1=0.1$，$k_2=0$，$\lambda=0.07$，$\sigma=0.7$，$\sigma_1=0.7$，K从0.05以步长0.01变化到0.25。各参数和$\tilde{c}$的关系见表7-10和图7-11。

表7-10　固定$\mu=0.30$和变化交易成本K时各参数值

K	$\tilde{c}$	$\tilde{x}$	x_1	ξ	μ
0.05	297.44	1.4253	3.1261	1.7009	0.30
0.06	294.15	1.4095	3.2689	1.8594	0.30
0.07	290.86	1.3937	3.4146	2.0209	0.30
0.08	287.57	1.3779	3.565	2.1871	0.30
0.09	284.94	1.3653	3.687	2.3217	0.30
0.10	282.31	1.3526	3.8102	2.4575	0.30
0.11	280	1.3416	3.9215	2.5799	0.30
0.12	277.7	1.3305	4.0328	2.7023	0.30
0.13	275.4	1.3195	4.1477	2.8283	0.30
0.14	273.42	1.31	4.246	2.936	0.30
0.15	271.45	1.3005	4.3467	3.0462	0.30
0.16	269.48	1.291	4.4486	3.1575	0.30
0.17	267.5	1.2816	4.5516	3.2701	0.30
0.18	265.86	1.2737	4.6393	3.3656	0.30
0.19	263.88	1.2642	4.7447	3.4805	0.30
0.20	262.24	1.2563	4.8347	3.5784	0.30
0.21	260.59	1.2468	4.9247	3.6779	0.30
0.22	259.28	1.2405	4.9982	3.7577	0.30
0.23	257.63	1.2326	5.0905	3.8579	0.30
0.24	255.99	1.2247	5.1841	3.9594	0.30
0.25	254.67	1.2184	5.2599	4.0415	0.30

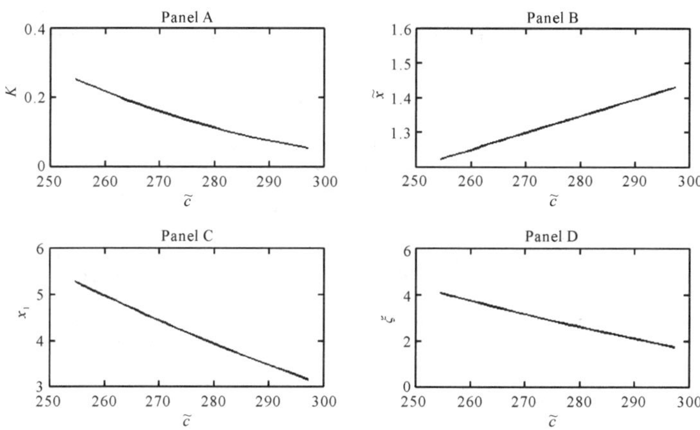

图 7-11 固定 μ =0.30 和变化交易成本的各参数关系的稳健性检验

例 7.5.11 固定 μ = 0.50，假设 k = 0.35，k_1 = 0.1，k_2 = 0，λ = 0.07，σ = 0.8，σ_1 = 0.7，K 从 0.05 以步长 0.01 变化到 0.25。各参数和 $\tilde{c}$ 的关系见表 7-11 和图 7-12。

表 7-11 固定 μ = 0.50 和变化交易成本 K 时各参数值

K	$\tilde{c}$	$\tilde{x}$	x_1	ξ	μ
0.05	64.313	1.118 5	3.666 8	2.548 3	0.50
0.06	63.605	1.106 2	3.9	2.793 8	0.50
0.07	63.038	1.096 3	4.088 8	2.992 5	0.50
0.08	62.33	1.084	4.329 4	3.245 4	0.50
0.09	61.763	1.074 1	4.527 4	3.453 3	0.50
0.10	61.268	1.065 5	4.701 4	3.635 9	0.50
0.11	60.772	1.056 8	4.877 2	3.820 4	0.50
0.12	60.276	1.047	5.057 9	4.011	0.50
0.13	59.78	1.038 3	5.239 3	4.201	0.50
0.14	59.355	1.030 9	5.398	4.367 1	0.50
0.15	58.93	1.023 5	5.557 8	4.534 3	0.50
0.16	58.576	1.017 3	5.692 8	4.675 4	0.50
0.17	58.151	1.009 9	5.856 9	4.846 9	0.50
0.18	57.797	1.003 8	5.995 1	4.991 3	0.50
0.19	57.443	0.997 6	6.135 4	5.137 8	0.50

表7-11(续)

K	$\tilde{c}$	$\tilde{x}$	x_1	ξ	μ
0.20	57.089	0.991 43	6.275 8	5.284 3	0.50
0.21	56.735	0.985 26	6.418 3	5.433	0.50
0.22	56.38	0.979 09	6.563	5.583 9	0.50
0.23	56.097	0.974 15	6.679 6	5.705 4	0.50
0.24	55.743	0.967 98	6.826 4	5.858 4	0.50
0.25	55.46	0.963 05	6.945 1	5.982 1	0.50

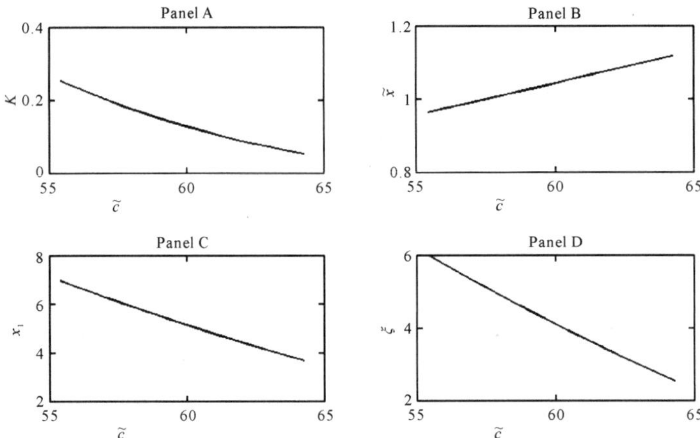

图 7-12　固定 μ =0.50 和变化交易成本的各参数关系的稳健性检验

根据表 7-8~表 7-11 和图 7-9~图 7-12，我们可以得出如下结论，固定 μ 和变化交易成本时，K 、$\tilde{x}$ 、x_1 和 ξ 与 $\tilde{c}$ 的关系是稳健的，$\tilde{x}$ 随 $\tilde{c}$ 的增加而增加，K 、x_1 和 ξ 随着 $\tilde{c}$ 的增加而减小。

例 7.5.12　假设 $k_1 = 0.05$， $k_2 = 0$， $K = 0.1$， $\lambda = 0.06$， $\sigma = 0.1$， $\sigma_1 = 0.2$， $k = 0.5$，μ 从 0.05 以步长 0.01 变化到 0.19。各参数和 μ 、$\tilde{c}$ 的关系见表 7-12，图 7-13、图 7-14。

表 7-12　漂移系数变化时各未知参数和节点的值

μ	$\tilde{c}$	$\tilde{x}$	x_1	ξ
0.05	76 282	0.102 28	0.901 49	0.799 21
0.06	43 150	0.089 137	0.933 42	0.844 28

表7-12(续)

μ	$\tilde{c}$	$\tilde{x}$	x_1	ξ
0. 07	26 549	0. 078 634	0. 969 4	0. 890 77
0. 08	17 464	0. 071 245	0. 996 81	0. 925 57
0. 09	12 008	0. 065 064	1. 030 9	0. 965 81
0. 10	8 596	0. 060 119	1. 056 6	0. 996 5
0. 11	6 316. 9	0. 056 073	1. 092 3	1. 036 2
0. 12	4 769. 4	0. 052 701	1. 122 1	1. 069 4
0. 13	3 683. 5	0. 048 647	1. 146 1	1. 097 5
0. 14	2 882. 8	0. 046 288	1. 183 8	1. 137 5
0. 15	2 301. 1	0. 044 243	1. 207 7	1. 163 5
0. 16	1 858. 2	0. 041 966	1. 237 7	1. 195 7
0. 17	1 519. 8	0. 039 497	1. 262 7	1. 223 2
0. 18	1 257. 1	0. 037 303	1. 285	1. 247 7
0. 19	1 047. 4	0. 035 34	1. 314 5	1. 279 2

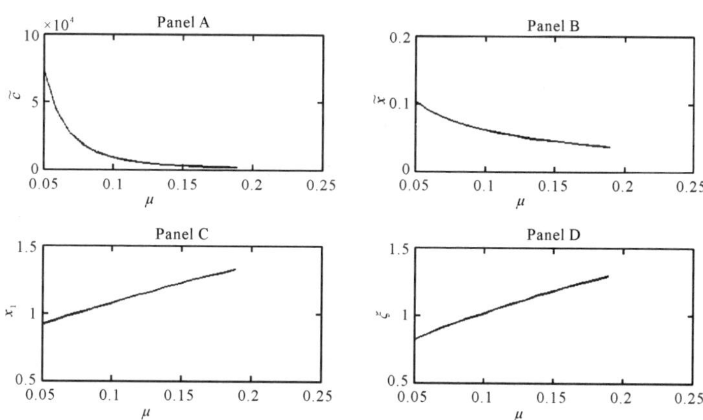

图 7-13　μ 变化时的各参数与 μ 关系的稳健性检验

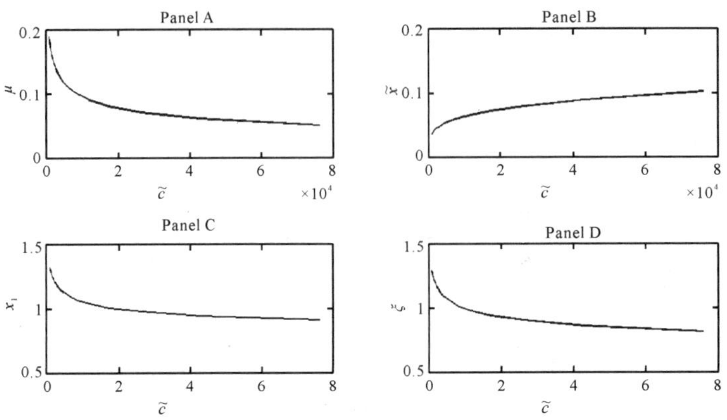

图 7-14　μ 变化时的各参数与 $\tilde{c}$ 关系的稳健性检验

例 7.5.13　假设 $k_1 = 0.05$，$k_2 = 0$，$K = 0.1$，$\lambda = 0.03$，$\sigma = 0.1$，$\sigma_1 = 0.1$，$k = 0.55$，μ 从 0.10 以步长 0.01 变化到 0.25。各参数和 μ 、$\tilde{c}$ 的关系见表 7-13，图 7-15、图 7-16。

表 7-13　漂移系数变化时各未知参数和节点的值

μ	$\tilde{c}$	$\tilde{x}$	x_1	ξ
0.10	9 226.7	0.067 799	1.219 8	1.152
0.11	6 098.2	0.063 053	1.255	1.191 9
0.12	4 153.9	0.059 097	1.291 7	1.232 6
0.13	2 900.9	0.054 551	1.334	1.279 5
0.14	2 079.9	0.051 768	1.358 4	1.306 7
0.15	1 513.7	0.048 317	1.401 8	1.353 4
0.16	1 124.3	0.045 784	1.427 9	1.382 1
0.17	845.94	0.043 091	1.461 1	1.418
0.18	645.34	0.042 429	1.490 7	1.448 2
0.19	498.4	0.040 196	1.517 1	1.476 9
0.20	388.2	0.038 186	1.554 5	1.516 3
0.21	306.17	0.036 367	1.573 7	1.537 3
0.22	243.04	0.034 714	1.604	1.569 3
0.23	194.53	0.033 205	1.633	1.599 8

表7-13(续)

μ	$\tilde{c}$	$\tilde{x}$	x_1	ξ
0.24	156.88	0.031 821	1.658 3	1.626 5
0.25	127.4	0.031 796	1.681 5	1.649 8

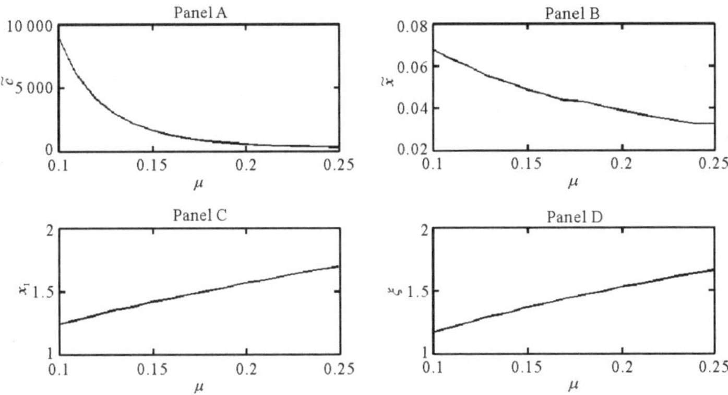

图 7-15　μ 变化时的各参数与 μ 关系的稳健性检验

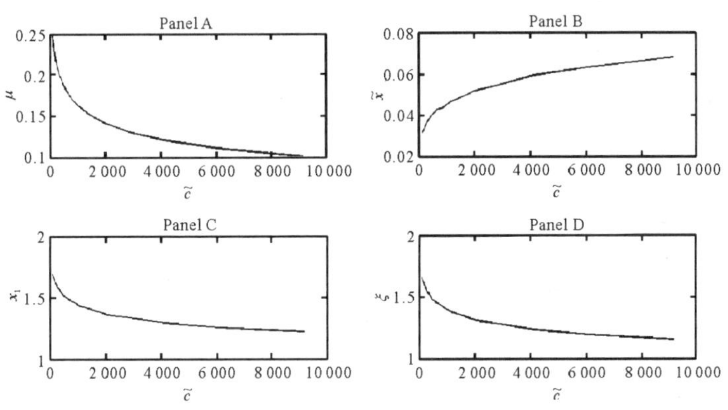

图 7-16　μ 变化时的各参数与 $\tilde{c}$ 关系的稳健性检验

从表 7-12、表 7-13 和图 7-13～图 7-16 可以看到，不论参数怎么变化，$\tilde{x}$ 、x_1、ξ 与 $\tilde{c}$ 、μ 的关系一直很稳健，$\tilde{x}$ 随 $\tilde{c}$ 增大而增大，但是 x_1、ξ 随 $\tilde{c}$ 的减小而增大，从例 7.5.1～例 7.5.13 可以看出，不管 μ 是否变化，$\tilde{x}$ 均随 $\tilde{c}$ 增大而增大，x_1、ξ 均随 $\tilde{c}$ 的减小而增大。

例 7.5.14　以上都是 k_1 大于 0 的情况，下面我们简单看一下 k_1 小于 0，性质是否还能保持。令 $k_1=-0.05$，其他参数和例 7.5.5 完全相同，各参数的值见表 7-14 和图 7-17。

表 7-14　k_1 = - 0.05、固定 μ = 0.10 和变化 k 时各参数的值

k	$\tilde{c}$	$\tilde{x}$	x_1	ξ	μ
0.35	6 509.7	0.521 65	1.832 1	1.310 5	0.10
0.36	6 763.1	0.526 91	1.809 8	1.282 9	0.10
0.37	7 020.3	0.532 17	1.787 6	1.255 5	0.10
0.38	7 257.4	0.535 67	1.773 6	1.237 9	0.10
0.39	7 497.1	0.539 18	1.759 6	1.220 4	0.10
0.40	7 739.3	0.542 69	1.745 5	1.202 9	0.10
0.41	7 983.9	0.546 19	1.731 5	1.185 3	0.10
0.42	8 231.1	0.549 7	1.719 2	1.169 5	0.10
0.43	8 480.7	0.553 21	1.705 2	1.152	0.10
0.44	8 732.9	0.556 71	1.691 2	1.134 5	0.10
0.45	8 959.4	0.558 47	1.685 9	1.127 5	0.10
0.46	9 216	0.561 97	1.671 9	1.109 9	0.10
0.47	9 445.6	0.563 73	1.666 6	1.102 9	0.10
0.48	9 706.5	0.567 23	1.652 6	1.085 4	0.10
0.49	9 969.9	0.570 74	1.640 3	1.069 6	0.10
0.50	10 205	0.572 49	1.635 1	1.062 6	0.10

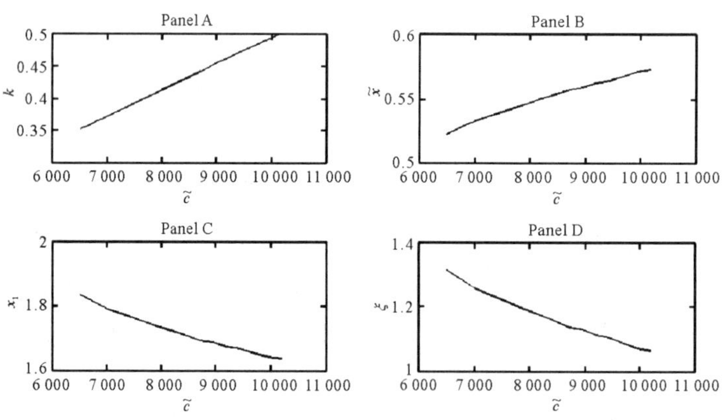

图 7-17　k_1 = - 0.05、固定 μ = 0.10 和变化 k 时各参数关系

例 7.5.15 令 $k_1=-0.15$，固定 $\mu=0.35$，假设 $K=0.1$，$k_2=0$，$\lambda=0.07$，$\sigma=0.8$，$\sigma_1=0.7$，k 从 0.15 以步长 0.01 变化到 0.35。各参数和 $\tilde{c}$ 的关系见表 7-15 和图 7-18。

表 7-15　$k_1=-0.15$、固定 $\mu=0.35$ 和变化 k 时各参数的值

k	$\tilde{c}$	$\tilde{x}$	x_1	ξ	μ
0.15	27.573	1.303 7	6.296 9	4.993 2	0.35
0.16	29.644	1.314 1	6.165 5	4.851 4	0.35
0.17	31.827	1.327 9	5.993 7	4.665 8	0.35
0.18	33.961	1.338 3	5.866 2	4.527 9	0.35
0.19	36.124	1.348 8	5.74	4.391 3	0.35
0.20	38.316	1.359 2	5.616 4	4.257 3	0.35
0.21	40.436	1.367 8	5.534 5	4.166 6	0.35
0.22	42.575	1.374 8	5.453 8	4.079	0.35
0.23	44.845	1.385 2	5.332 8	3.947 6	0.35
0.24	47.027	1.392 1	5.253 4	3.861 3	0.35
0.25	49.229	1.399 1	5.175 4	3.776 3	0.35
0.26	51.451	1.406	5.097 3	3.691 3	0.35
0.27	53.56	1.409 5	5.058 3	3.648 8	0.35
0.28	55.816	1.416 4	4.980 2	3.563 8	0.35
0.29	58.091	1.423 3	4.904 7	3.481 4	0.35
0.30	60.239	1.426 8	4.865 7	3.438 9	0.35
0.31	62.548	1.433 8	4.790 3	3.356 5	0.35
0.32	64.721	1.437 2	4.753 8	3.316 6	0.35
0.33	66.903	1.442 4	4.716 1	3.273 7	0.35
0.34	69.178	1.447 6	4.660 1	3.212 5	0.35
0.35	71.467	1.452 8	4.604 2	3.151 4	0.35

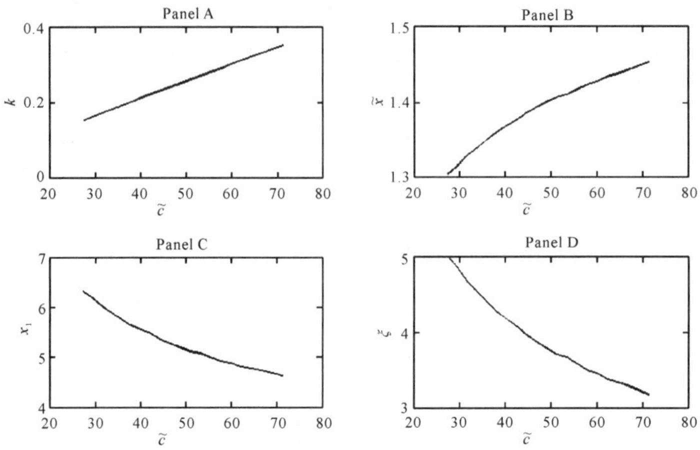

图 7-18　$k_1 = -0.15$、固定 $\mu = 0.35$ 和变化 k 时各参数关系

例 7.5.16　令 $k_1 = -0.1$，固定 $\mu = 0.2$，假设 $K = 0.06$，$k_2 = 0$，$\lambda = 0.06$，$\sigma = 0.5$，$\sigma_1 = 0.6$，k 从 0.10 以步长 0.01 变化到 0.35。各参数和 $\tilde{c}$ 的关系见表 7-16 和图 7-19。

表 7-16　$k_1 = -0.1$、固定 $\mu = 0.2$ 和变化 k 时各参数的值

k	$\tilde{c}$	$\tilde{x}$	x_1	ξ	μ
0.10	100.99	0.861 33	4.71	3.848 7	0.20
0.11	112.96	0.875 88	4.524 5	3.648 7	0.20
0.12	125.27	0.890 42	4.342 7	3.452 3	0.20
0.13	137.18	0.900 12	4.226 3	3.326 2	0.20
0.14	149.32	0.909 82	4.111 8	3.201 9	0.20
0.15	161.69	0.919 52	3.999	3.079 5	0.20
0.16	174.29	0.929 22	3.888 1	2.958 9	0.20
0.17	187.11	0.938 91	3.779	2.840 1	0.20
0.18	199.14	0.943 76	3.726 3	2.782 5	0.20
0.19	212.36	0.953 46	3.620 8	2.667 3	0.20
0.20	224.67	0.958 31	3.569 9	2.611 6	0.20
0.21	237.09	0.963 16	3.519	2.555 8	0.20
0.22	249.63	0.968 01	3.468	2.500 0	0.20

表7-16(续)

k	$\tilde{c}$	$\tilde{x}$	x_1	ξ	μ
0.23	262.93	0.975 28	3.391 7	2.416 4	0.20
0.24	275.73	0.980 13	3.342 6	2.362 4	0.20
0.25	288.63	0.984 98	3.293 5	2.308 5	0.20
0.26	300.92	0.987 41	3.269 8	2.282 4	0.20
0.27	314.02	0.992 25	3.220 7	2.228 5	0.20
0.28	327.24	0.997 1	3.173 5	2.176 4	0.20
0.29	340.58	1.002	3.126 2	2.124 2	0.20
0.30	353.17	1.004 4	3.102 5	2.098 2	0.20
0.31	365.82	1.006 8	3.078 9	2.072 1	0.20
0.32	379.44	1.011 7	3.031 6	2.020 0	0.20
0.33	392.23	1.014 1	3.008	1.993 9	0.20
0.34	405.08	1.016 5	2.986 2	1.969 7	0.20
0.35	418.98	1.021 3	2.940 7	1.919 3	0.20

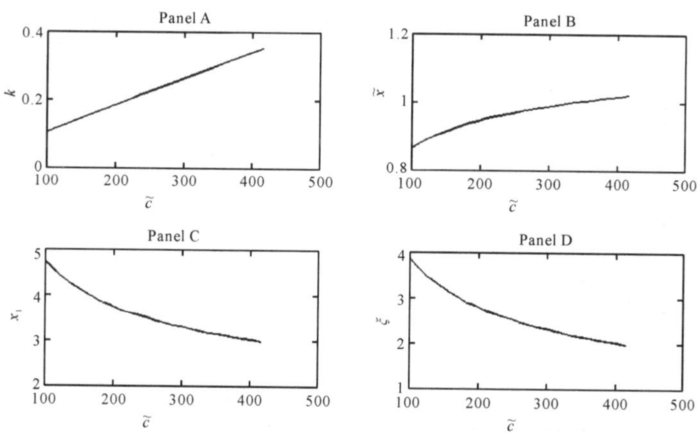

图 7-19　k_1 =－0.1、固定 μ = 0.2 和变化 k 时各参数关系

例 7.5.17　令 k_1 =－0.05，固定 μ =0.12，假设 k =0.5，k_2 = 0，λ = 0.05，σ = 0.2，σ_1 = 0.2，K 从 0.05 以步长 0.01 变化到 0.20。各参数和 $\tilde{c}$ 的关系见表 7-17 和图 7-20。

表 7-17　$k_1 = -0.05$，固定 $\mu = 0.12$，变化交易成本 K 时各参数值

K	$\tilde{c}$	$\tilde{x}$	x_1	ξ	μ
0.05	5 688.2	0.250 03	1.062 1	0.812 1	0.12
0.06	5 540.9	0.243 53	1.140 1	0.896 52	0.12
0.07	5 408.2	0.238 34	1.214 1	0.975 75	0.12
0.08	5 275.6	0.231 84	1.292	1.060 2	0.12
0.09	5 172.5	0.227 95	1.355 9	1.128	0.12
0.10	5 069.3	0.222 75	1.420 7	1.197 9	0.12
0.11	4 966.2	0.218 85	1.49	1.271 2	0.12
0.12	4 877.7	0.214 96	1.550 2	1.335 3	0.12
0.13	4 789.3	0.211 06	1.613 9	1.402 8	0.12
0.14	4 715.6	0.207 16	1.668 4	1.461 3	0.12
0.15	4 627.2	0.203 27	1.735 5	1.532 2	0.12
0.16	4 553.5	0.200 67	1.794 6	1.593 9	0.12
0.17	4 487.2	0.198 07	1.848	1.649 9	0.12
0.18	4 420.9	0.194 18	1.903 7	1.709 5	0.12
0.19	4 362	0.191 58	1.954 8	1.763 3	0.12
0.20	4 295.6	0.188 98	2.013 9	1.824 9	0.12

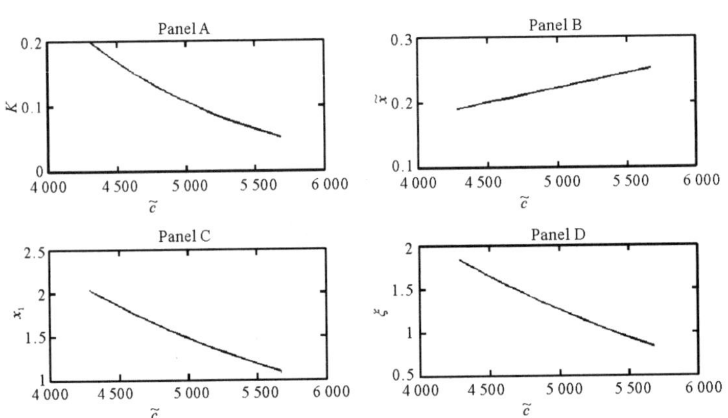

图 7-20　$k_1 = -0.05$、固定 $\mu = 0.12$ 和变化交易成本 K 时各参数关系

例 7.5.18　令 $k_1 = -0.1$，固定 $\mu = 0.30$，假设 $k = 0.35$，$k_2 = 0$，$\lambda = 0.07$，$\sigma = 0.8$，$\sigma_1 = 0.7$，K 从 0.05 以步长 0.01 变化到 0.25。各参数和 $\tilde{c}$ 的关系见表 7-18 和图 7-21。

表 7-18 $k_1 = -0.1$、固定 $\mu = 0.3$ 和变化交易成本 K 时各参数值

K	$\tilde{c}$	$\tilde{x}$	x_1	ξ	μ
0.05	229.01	1.814 3	3.905 8	2.091 4	0.30
0.06	225.91	1.789 6	4.085 7	2.296 1	0.30
0.07	222.8	1.765	4.270 5	2.505 6	0.30
0.08	220.21	1.743 4	4.427 8	2.684 5	0.30
0.09	217.87	1.724 9	4.572 8	2.848	0.30
0.10	215.54	1.706 4	4.720 9	3.014 5	0.30
0.11	213.47	1.689 9	4.855 1	3.165 2	0.30
0.12	211.4	1.673 5	4.990 8	3.317 3	0.30
0.13	209.33	1.657	5.131 2	3.474 2	0.30
0.14	207.25	1.639 5	5.273 1	3.633 5	0.30
0.15	205.7	1.627 2	5.381	3.753 8	0.30
0.16	203.88	1.612 8	5.509	3.896 2	0.30
0.17	202.33	1.600 5	5.620 1	4.019 6	0.30
0.18	200.52	1.586 1	5.752 7	4.166 7	0.30
0.19	198.96	1.573 7	5.866 9	4.293 1	0.30
0.20	197.67	1.563 4	5.964	4.400 6	0.30
0.21	196.11	1.551 1	6.082 8	4.531 7	0.30
0.22	194.82	1.539 8	6.183	4.643 3	0.30
0.23	193.26	1.527 4	6.304 9	4.777 4	0.30
0.24	191.97	1.517 2	6.406 7	4.889 5	0.30
0.25	190.67	1.506 9	6.511 6	5.004 7	0.30

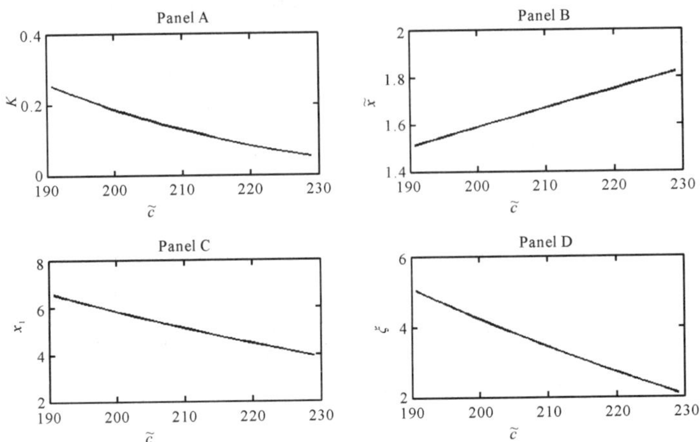

图 7-21 $k_1=-0.1$、固定 $\mu=0.30$ 和变化交易成本 K 时各参数关系

例 7.5.19 令 $k_1=-0.15$，固定 $\mu=0.5$，假设 $k=0.6$，$k_2=0$，$\lambda=0.07$，$\sigma=0.8$，$\sigma_1=0.7$，K 从 0.05 以步长 0.01 变化到 0.25。各参数和 $\tilde{c}$ 的关系见表 7-19 和图 7-22。

表 7-19 $k_1=-0.15$、固定 $\mu=0.5$ 和变化交易成本 K 时各参数值

K	$\tilde{c}$	$\tilde{x}$	x_1	ξ	μ
0.05	64.912	1.132 3	3.027 6	1.895 2	0.50
0.06	64.287	1.121 4	3.222 5	2.101 1	0.50
0.07	63.801	1.112 9	3.377 3	2.264 4	0.50
0.08	63.315	1.103 2	3.532 1	2.428 9	0.50
0.09	62.899	1.095 9	3.666 9	2.571	0.50
0.10	62.482	1.088 6	3.803 5	2.714 9	0.50
0.11	62.066	1.081 3	3.940 1	2.858 8	0.50
0.12	61.718	1.075 3	4.054 9	2.979 6	0.50
0.13	61.371	1.069 2	4.171 5	3.102 3	0.50
0.14	61.024	1.063 1	4.289 9	3.226 7	0.50
0.15	60.677	1.055 8	4.408 3	3.352 4	0.50
0.16	60.33	1.049 8	4.528 5	3.478 7	0.50
0.17	60.052	1.044 9	4.623 2	3.578 3	0.50
0.18	59.74	1.040 1	4.732 5	3.692 4	0.50
0.19	59.427	1.034	4.843 6	3.809 6	0.50

表7-19(续)

K	$\tilde{c}$	$\tilde{x}$	x_1	ξ	μ
0. 20	59. 15	1. 029 1	4. 942	3. 912 8	0. 50
0. 21	58. 872	1. 024 3	5. 040 4	4. 016 1	0. 50
0. 22	58. 629	1. 019 4	5. 127 5	4. 108 1	0. 50
0. 23	58. 386	1. 015 8	5. 215 7	4. 199 9	0. 50
0. 24	58. 108	1. 010 9	5. 316 6	4. 305 7	0. 50
0. 25	57. 865	1. 006 1	5. 405 9	4. 399 8	0. 50

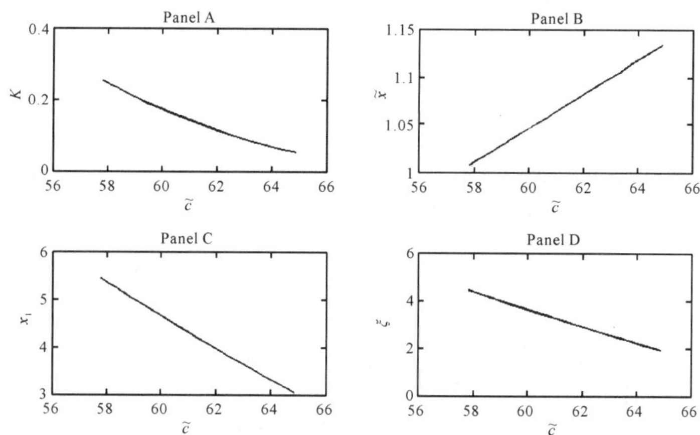

图 7-22　k_1 = - 0. 15、固定 μ = 0. 5 和变化交易成本 K 时各参数关系

从例 7. 5. 14~例 7. 5. 19 看出，其规律与 $k_1>0$ 时完全相同。固定 μ 和变化交易成本 K 时，$\tilde{x}$ 随 $\tilde{c}$ 的增加而增加，K 、x_1 和 ξ 随着 $\tilde{c}$ 的增加而减小；固定 μ 时，$\tilde{x}$ 和 k 随 $\tilde{c}$ 的增加而增加，x_1 和 ξ 与 $\tilde{c}$ 的关系则相反，随着 $\tilde{c}$ 的增加而减小。

7. 5. 2　模拟轨道寻找最优分红策略

例 7. 5. 20　设置参数 $k_1 = 0.05$，$k_2 = 0$，$K = 0.05$，$\lambda = 0.05$，$\sigma = 0.3$，$\sigma_1 = 0.3$，$k = 0.7$，以 $\mu(0) = 0.5$ 为初值，按 $\mu(t)$ 遵循的随机过程，模拟一个 300 个点的轨道，见图 7-23。

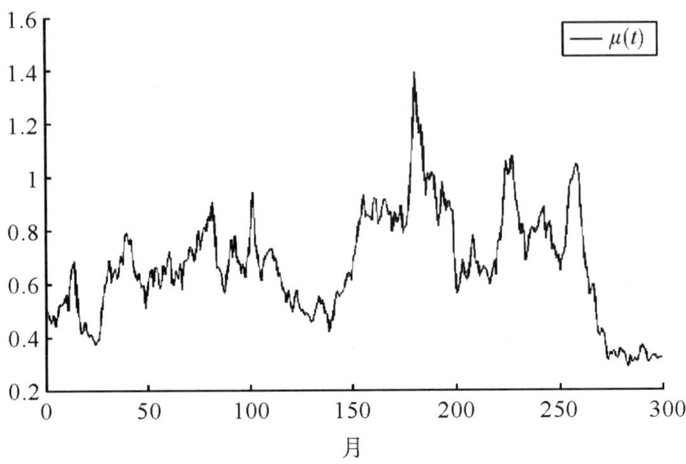

图 7-23 $\mu(t)$ 的轨道

基于这个轨道，我们找到了初值 $X(0)=1$ 的资产盈余 $X(t)$ 的轨道及分红壁 $x_1(t)$ 的轨道（见图 7-24），对应的分红点和分红数量如图 7-25 所示。

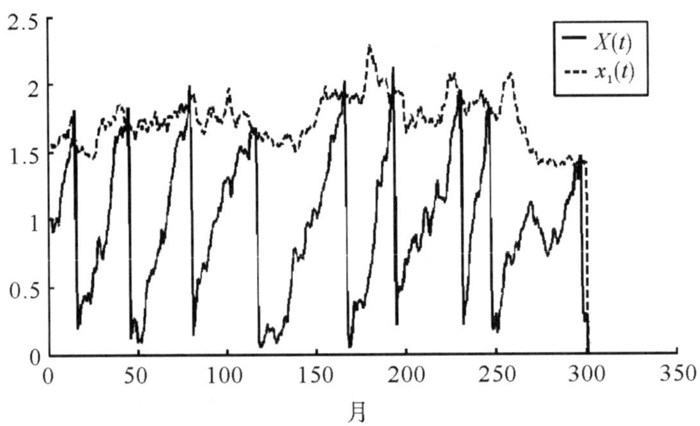

图 7-24 $X(t)$ 和 $x_1(t)$ 的轨道

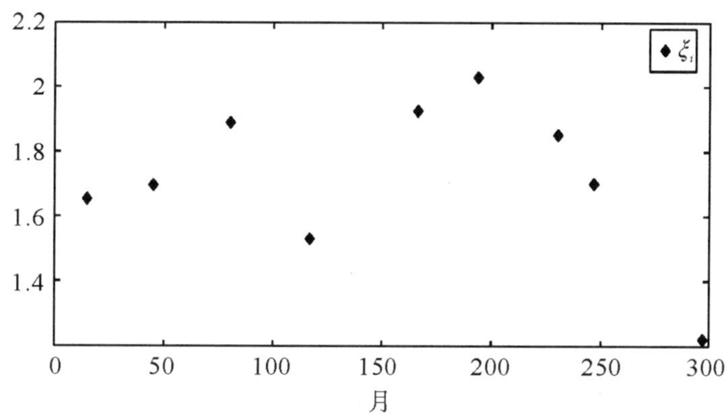

图 7-25　分红点与分红数量

例 7.5.21　设置参数 $k_1 = 0.05$，$k_2 = 0$，$K = 0.05$，$\lambda = 0.05$，$\sigma = 0.1$，$\sigma_1 = 0.3$，$k = 0.5$，$\mu(t)$ 基于例 7.5.20 轨道，得到初值 $X(0) = 1$ 的 $X(t)$、$x_1(t)$ 的轨道及对应的分红点和分红数量，如图 7-26、图 7-27 所示。

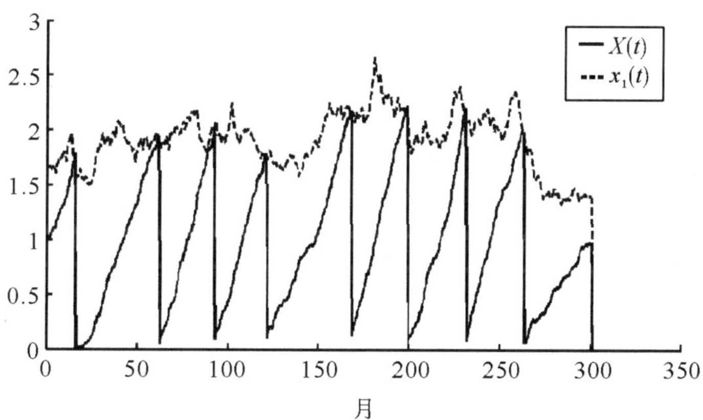

图 7-26　$X(t)$、$x_1(t)$ 的轨道

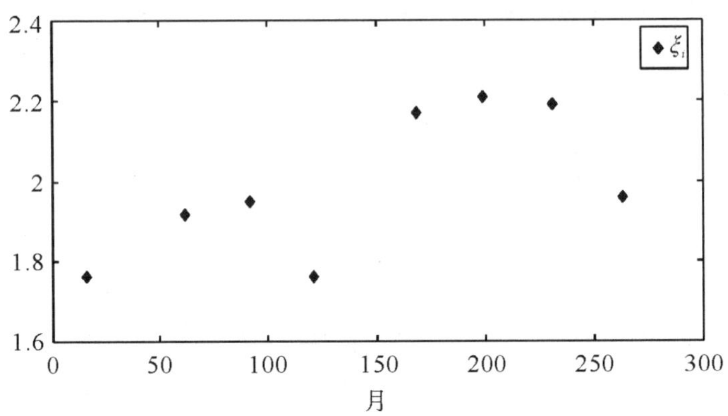

图 7-27　分红点与分红数量

例 7.5.22　设置参数 $k_1 = 0.05$，$k_2 = 0$，$K = 0.2$，$\lambda = 0.03$，$\upsilon = 0.1$，$\sigma_1 = 0.3$，$k = 0.3$，$\mu(t)$ 基于例 7.5.20 轨道，得到初值 $X(0) = 1$ 的 $X(t)$、$x_1(t)$ 的轨道及对应的分红点和分红数量，如图 7-28、图 7-29 所示。

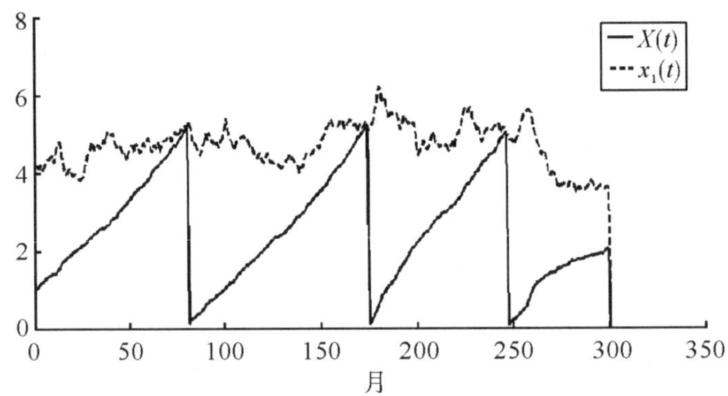

图 7-28　$X(t)$、$x_1(t)$ 的轨道

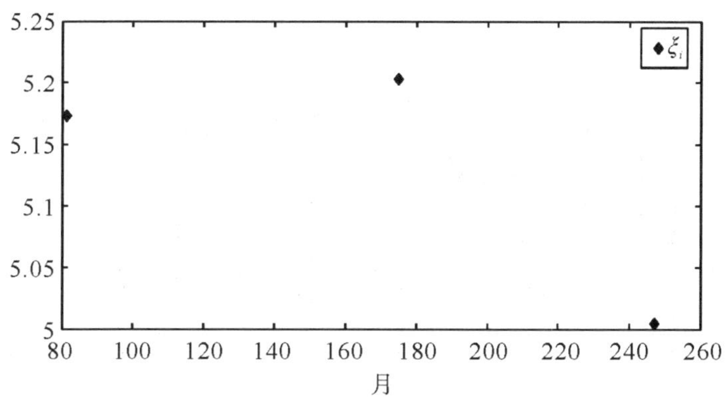

图 7-29　分红点与分红数量

例 7.5.23　设置参数 $k_1=-0.05$，$k_2=0$，$K=0.05$，$\lambda=0.05$，$\sigma=0.2$，$\sigma_1=0.2$，$k=0.7$，以 $\mu(0)=0.3$ 为初值，按 $\mu(t)$ 遵循的随机过程，模拟一个 300 个点的轨道，见图 7-30。基于这个轨道，我们得到了初值 $X(0)=0.5$ 的资产盈余 $X(t)$ 的轨道，以及分红壁 $x_1(t)$ 的轨道，如图 7-31 所示。对应的分红点和分红数量如图 7-32 所示。

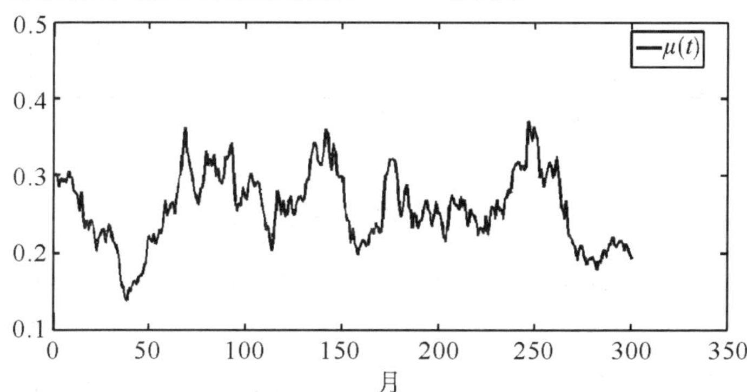

图 7-30　$\mu(t)$ 的轨道

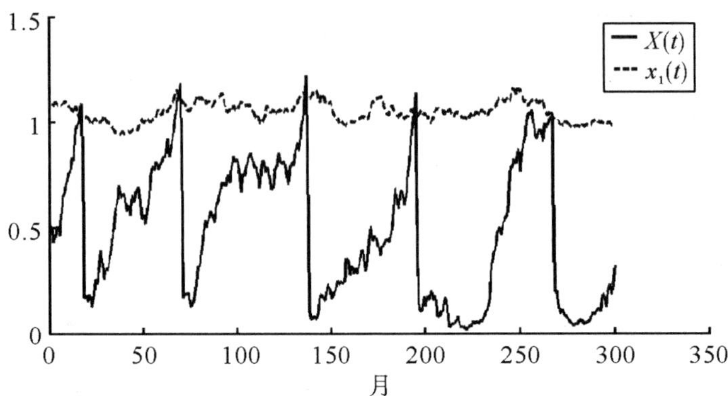

图 7-31　$X(t)$、$x_1(t)$ 的轨道

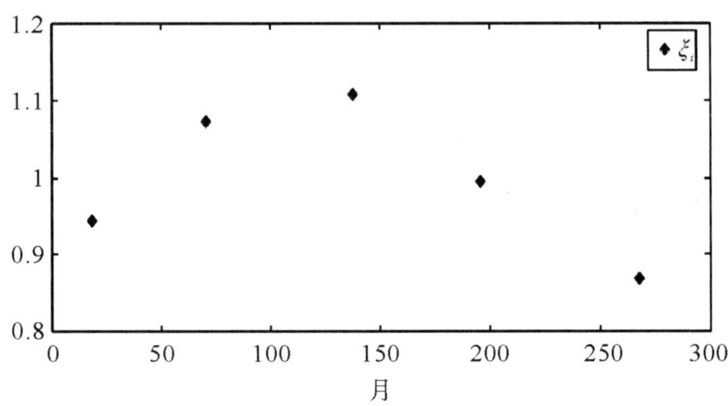

图 7-32　分红点与分红数量

例 7.5.24　设置参数 $k_1=-0.05$，$k_2=0$，$K=0.12$，$\lambda=0.05$，$\sigma=0.1$，$\sigma_1=0.2$，$k=0.5$，$\mu(t)$ 的轨道如图 7-31 所示。我们基于轨道得到了初值 $X(0)=0.5$ 的资产盈余 $X(t)$ 和分红壁 $x_1(t)$ 的轨道及对应的分红点和分红数量，如图 7-33 和图 7-34 所示。

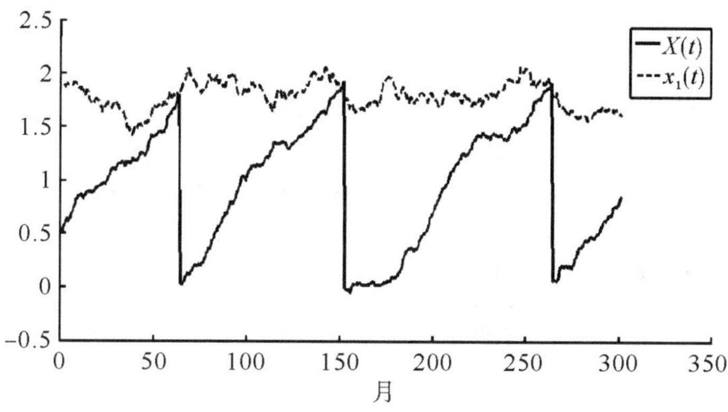

图 7-33 $X(t)$、$x_1(t)$ 的轨道

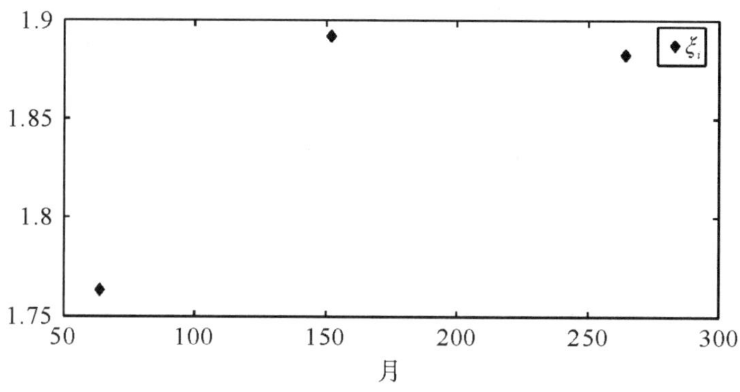

图 7-34 分红点与分红数量

例 7.5.25 设置参数 $k_1=-0.05$，$k_2=0$，$K=0.12$，$\lambda=0.05$，$\sigma=0.1$，$\sigma_1=0.2$，$k=0.5$，$\mu(t)$ 的轨道如图 7-31 所示。我们基于轨道得到了初值 $X(0)=0.5$ 的资产盈余 $X(t)$ 和分红壁 $x_1(t)$ 的轨道及对应的分红点和分红数量，如图 7-35 和图 7-36 所示。

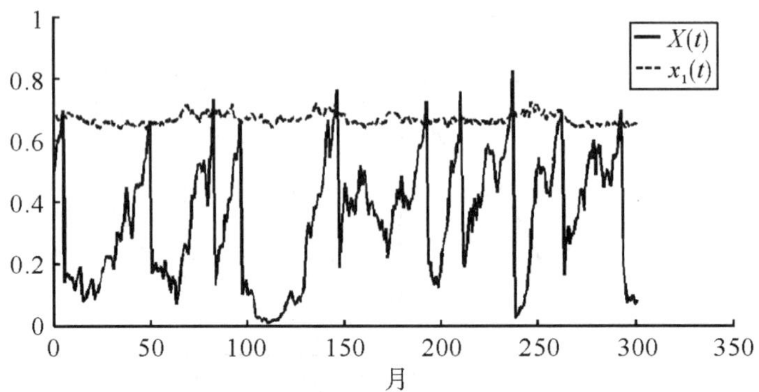

图 7-35　$X(t)$、$x_1(t)$ 的轨道

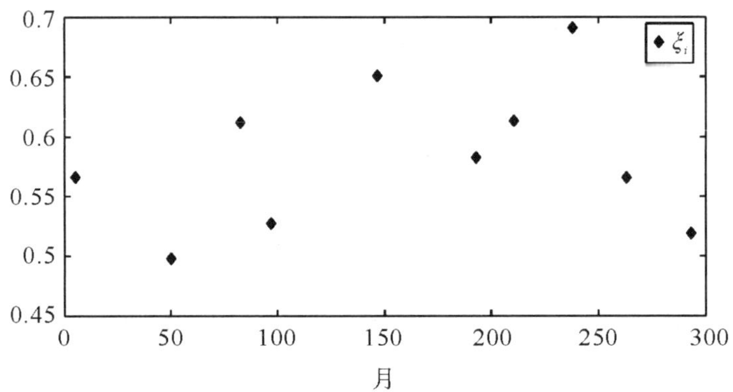

图 7-36　分红点与分红数量

从图 7-24~图 7-36 可以看出，第一，分红壁 $x_1(t)$ 是一个变化的值。第二，不同的分红点，其分红数量是不同的，分红时间间隔也不固定。第三，对同一个漂移的轨迹，分红壁越大，越不易分红。对比不同漂移轨迹分红情况可知，分红的频率除了和分红壁相关，还和漂移大小相关，漂移越小，越不易分红，这是因为漂移系数代表收益，收益越小，分红频率越低，符合现实情况。相比卡德尼拉斯（Cadenillas，2006）等得出的固定分红壁及固定分红数量，我们的结果明显更加符合实际情况。

7.6 本章小结

在本章中，我们试图寻找带有复杂随机漂移项的脉冲红利模型的最优红利策略。当然，和第 6 章一样，本章同时考虑带有交易成本、红利利率及再保险条件下的最优分红策略。本章假设这个随机漂移系数遵循拥挤环境下的人口增长模型。首先，本章把这个问题转换为一个 QVI 问题，然后尝试求解 QVI。通过恰当的方法，本章找到了值函数。其次，通过分析值函数的导数，本章找到了唯一的 QVI 问题的未知参数及自变量节点。再次，本章证明了基于我们所求的解的分红策略就是最优分红策略。最后，本章用大量的数值实验证明了分红策略存在的唯一性。同时，每次分红数量和分红时间间隔不变化，分红壁有明显变化时，分红的发生与分红壁和收益均相关。分红壁越小，分红越频繁；收益越大，分红越频繁，这与现实情况非常相符。

8 扩散系数服从特殊随机过程的最优分红策略研究

8.1 数学模型

假设（Ω，F，P）是一个概率空间，带有信息空间$\{F_t\}_{t\geqslant 0}$。$W^1=\{W_t^1;\ t\geqslant 0\}$和$W^2=\{W_t^2;\ t\geqslant 0\}$是两个适应于这个信息的布朗运动。盈余过程$\{X_t\}_{t\geqslant 0}$包含漂移项和扩散项，代表公司流动资产。公司能够使用流动资产去再次保险，以减少风险。$u(t)\in[0,\ 1]$代表再保险后的结余比例。接着，我们同样用一系列递增的分红时间$\{\tau_n;\ n=1,\ 2,\ 3,\ \cdots\}$代表分红事件，用分红数量$\{\xi_n;\ n=1,\ 2,\ 3,\ \cdots\}$代表红利。

在第6章和第7章，我们研究了漂移项的系数分别遵循几何布朗运动和拥挤环境中的人口增长过程，同时把扩散系数考虑为固定的数值。本章中，我们考虑扩散系数为随机数的情形，为研究方便，把漂移系数设成一个固定的数值。因此，带有离散的分红事件的动态控制过程$\{X_t\}_{t\geqslant 0}$可以表示如下

$$X_t=x+\int_0^t \mu u(s)\mathrm{d}s+\int_0^t \sigma(s)u(s)\mathrm{d}W_s^1-\sum_{n=1}^{\infty} I_{\{\tau_n<t\}}\xi_n \tag{8.1}$$

其中，$x>0$是一个初值，$I_{\{\tau_n<t\}}$是一个示性函数，μ是一个固定的数值。而其中的漂移系数$\sigma(t)$遵循的随机过程表示如下

$$\mathrm{d}\sigma_t=\frac{k_1}{\sigma_t}\mathrm{d}t+\sigma_1\mathrm{d}W_t^2$$

另外，假设$\mathrm{d}W_t^1$和$\mathrm{d}W_t^2$之间的相关系数是$\rho\mathrm{d}t$，即

$$\mathrm{Corr}(\mathrm{d}W_t^1,\ \mathrm{d}W_t^2)=\rho\mathrm{d}t$$

定义一个控制如下

$$\pi := (u_t, T, \xi) = (u_t; \tau_1, \tau_2, \cdots, \tau_n, \cdots; \xi_1, \xi_2, \cdots, \xi_n, \cdots) \tag{8.2}$$

如果 u_t: $\Omega \times [0, \infty) \to [0, 1]$ 是一个适用于信息空间 $\{F_t\}_{t\geqslant 0}$ 的过程，τ_i，$i=1, 2, \cdots$ 是一个关于 $\{F_t\}_{t\geqslant 0}$ 的停时，分红数量 ξ_n；$n=1, 2, 3, \cdots$ 是 $\{F_t\}_{t\geqslant 0}$ 可测的，并且满足如下限制：$0 \leqslant \xi_i \leqslant X(\tau_i -, \mu(\tau_i -))$，那么称 π 是一个可取或可以接受的控制或策略，用 $A(x)$ 表示它。

然后，定义破产时刻为 $\tau = \tau^{\pi} := \inf\{t \geqslant 0; X(t) = 0\}$，那么过程（8.1）可以重新表示如下：

$$X_t = \begin{cases} x + \int_0^t \mu u(s) \mathrm{d}s + \int_0^t \sigma(s) u(s) \mathrm{d}W_t^1 - \sum_{n=1}^{\infty} I_{\{\tau_n < t\}} \xi_n, & \tau < t \\ 0, & \tau \geqslant t \end{cases}$$

假设税率为 $1-k$，交易成本为 K，其中 $0 < k < 1$，函数 g 代表股东们的收入

$$g(\xi) = k\xi - K$$

所以，值函数就是将来分红在当前的贴现值

$$J(x, \sigma, \pi) = E_{x,\sigma}\left[\sum_{n=1}^{\infty} e^{\lambda \tau_n} g(\xi_n) I_{\{\tau_n < \tau\}}\right]$$

其中，λ 是一个贴现因子，σ 是随机过程 $\sigma(t)$ 的初始值。基于我们的模型，假设它为一个不为 0 的实数。进一步，最优目标值 $V(x, \sigma)$ 可以表示如下：

$$V(x, \sigma) = \sup_{\pi \in A(x)} J(x, \sigma, \pi) = \sup_{\pi \in A(x)} E_{x,\sigma}\left[\sum_{n=1}^{\infty} e^{\lambda \tau_n} g(\xi_n) I_{\{\tau_n < \tau\}}\right]$$

如果 $V(x, \sigma) = J(x, \sigma; \pi^*)$ 成立，那么就可以说最优控制 $\pi^* = (u^*, T^*, \xi^*)$ 是一个可取的策略。

8.2 目标函数转换

首先，和研究随机漂移时类似，我们定义一个作用在函数 $\phi(x, \sigma)$ 上的算子：$M\phi(x, \sigma): [0, \infty) \times ((-\infty, 0) \cup (0, \infty)) \to R$，具体如下：

$$M\phi(x, \sigma) \sup_{\eta}\{\phi(x-\eta, \sigma) + g(\eta): \eta > 0, x \geqslant \eta\} \tag{8.3}$$

然后，我们定义一个算子 L^u 如下：

$$L^u\varphi(x,\sigma)=\frac{1}{2}\sigma^2u^2\frac{\partial^2\varphi(x,\sigma)}{\partial x^2}+\frac{1}{2}\sigma_1^2\frac{\partial^2\varphi(x,\sigma)}{\partial\sigma^2}+\rho\sigma\sigma_1u\frac{\partial^2\varphi(x,\sigma)}{\partial x\partial\sigma}$$
$$+\mu u\frac{\partial^2\varphi(x,\mu)}{\partial x}+\frac{k_1}{\sigma}\frac{\partial^2\varphi(x,\sigma)}{\partial\sigma}-\lambda\varphi(x,\sigma)$$

定义 8.2.1　对任意的 $x\in[0,\infty)$，$\sigma\in(-\infty,0)\cup(0,\infty)$ 及 $u\in[0,1]$，函数 $v:[0,\infty)\times((-\infty,0)\cup(0,\infty))\to[0,\infty)$ 都满足如下控制问题的拟变分不等式（quasi-variational inequality）

$$\text{QVI}\begin{cases}L^uv(x,\sigma)\leqslant 0\\ v(x,\sigma)\geqslant Mv(x,\sigma)\\ (v(x,\sigma)-Mv(x,\sigma))(\max\limits_{u\in[0,1]}L^uv(x,\sigma))=0\\ v(0,\sigma)=v(x,0)=0\end{cases}\tag{8.4}$$

和随机漂移系数的研究类似，我们下面给出函数 v 对应的策略的定义。

定义 8.2.2　如果储备金过程 X_t^σ 有如下属性：

$$P\{u^v(X_t^v,\sigma_t^v)=\arg(\max\nolimits_{u\in[0,1]}L^uv(x,\sigma)),\ X_t^v\in C\}=1$$
$$\tau_1^v=\inf\{t\geqslant 0;\ v(X_t^v,\sigma)=Mv(X_t^v,\sigma)\}$$
$$\xi_1^v=\operatorname{argsup}_\eta\{v(X^v(\tau_1^v)-\eta,\sigma)+g(\eta)\}$$

对于 $n\geqslant 2$，

$\tau_n^v=\inf\{t\geqslant\tau_{n-1}^v;\ v(X_t^v,\sigma)=Mv(X_t^v,\sigma)\}$，D$\xi_n^v=\operatorname{argsup}_\eta\{v(X^v(\tau_n^v)-\eta,\sigma)+g(\eta)\}$，

那么控制 $\pi^v=(u^v,T^v,\xi^v)=(u^v;\tau_1^v,\tau_2^v,\cdots,\tau_n^v,\cdots;\xi_1^v,\xi_2^v,\cdots,\xi_n^v,\cdots)$ 就被称为与函数 v 相关的控制。

接下来，我们用定理 8.2.1 说明我们所转化的 QVI 问题的解其实就是值函数，且对应于这个解的策略就是最优策略。

定理 8.2.1　假设 $v\in C^d((0,\infty)\times((-\infty,0)\cup(0,\infty)))$ 是 QVI 问题的一个解，且存在一个 U，使得是 v 在 $0<x<U$ 时二次连续可积，在 $x\geqslant U$ 时是线性的，那么，对于任意 $x>0$ 和 $\sigma>0$，都有

$$V(x,\sigma)\leqslant v(x,\sigma)$$

进一步，如果与 v 相关的 QVI 控制（u^v，T^v，ξ^v）是可取的，那么函数 v 与值函数等价，而且，这个控制就是最优控制，即

$$V(x,\sigma)=v(x,\sigma)=J(x,\sigma;u^v,T^v,\xi^v)$$

证明：假设 τ^ε 是过程 $X=X^{(u,T,\xi)}$ 在区间 $[0,\varepsilon]$ 的首达时间。其中，

随机过程 X 是一个被可取控制 (u, T, ξ) 决定的轨道，ε 是一个小的正数。因为，$v(0, \sigma) \leqslant v(\varepsilon, \sigma)$，而且 $v(x, \sigma)$ 在区间 $x \in [x_1, \infty)$ 是线性的，根据勒贝格控制收敛定理，我们能获得如下式子

$$\lim_{T\to\infty} E_{x, \sigma}[e^{-\lambda(T\wedge\tau^{\varepsilon})}v(X(T\wedge\tau^{\varepsilon}), \sigma(T\wedge\tau^{\varepsilon}))]$$
$$= E_{x, \sigma}[e^{-\lambda(\tau^{\varepsilon})}v(X(\tau^{\varepsilon}), \sigma(\tau^{\varepsilon}))]$$
$$\leqslant v(\varepsilon, \sigma(\tau^{\varepsilon})) \tag{8.5}$$

再者，根据 $\partial v(X_s, \sigma_s)/\partial\sigma$ 和 $\partial v(X_s, \sigma_s/\partial X)$ 的有界性，我们能得到

$$E_{x, \sigma}[\int_0^{\tau^{\varepsilon}}\{e^{-\lambda t}v'(X(t), \sigma(t))\}^2 dt] < \infty \tag{8.6}$$

另外，对于任意的 $n \geqslant 1$，通过设 $t_i = t\wedge\tau^{\varepsilon}\wedge\tau_i$，我们有

$$e^{-\lambda t_n}v(X(t_n), \sigma(t_n)) - v(X(0), \sigma(0)) = e^{-\lambda t_n}v(X(t_n), \sigma(t_n)) - v(x, \sigma)$$

$$= \sum_{i=1}^{n}\{e^{-\lambda t_i}v(X(t_i), \sigma(t_i)) - e^{-\lambda t_{i-1}v(X(t_{i-1}), \sigma(t_{i-1}))}\}$$

$$= \sum_{i=1}^{n}\{e^{-\lambda t_i}v(X(t_i -), \sigma(t_i -)) - e^{-\lambda t_{i-1}}v(X(t_{i-1}), \sigma(t_{i-1}))\} +$$
$$\sum_{i=1}^{n} I_{\{\tau_i\leqslant t\wedge\tau^{\varepsilon}\}}e^{-\lambda t_i}\{v(X(\tau_i), \sigma(t_i)) - v(X(\tau_i -), \sigma(\tau_i -))\}$$

其中，$t_i - = t\wedge\tau^{\varepsilon}\wedge\tau_i -$。

根据伊藤定理，我们有

$$e^{-\lambda t_i}v(X(t_i -), \sigma(t_i -)) - e^{-\lambda t_{i-1}}v(X(t_{i-1}), \sigma(t_{i-1}))$$

$$= \int_{t_{i-1}, t_i} e^{-\lambda s}\{\frac{1}{2}\sigma^2 u_s^2\frac{\partial^2 v(X_s, \sigma_s)}{\partial X^2} + \frac{1}{2}\sigma_1^2\frac{\partial^2 v(X_s, \sigma_s)}{\partial\sigma^2} + \rho\sigma\sigma_1 u_s\frac{\partial^2 v(X_s, \sigma_s)}{\partial X\partial\sigma_s}$$
$$+ \mu u_s\frac{\partial v(X_s, \sigma_s)}{\partial X} + \frac{k_1}{\sigma_1}\frac{\partial v(X_s, \sigma_s)}{\partial\sigma} - \lambda v(X_s, \sigma_s)\}ds +$$
$$\int_{t_{i-1}, t_i} e^{-\lambda s}\sigma_s u_s\frac{\partial v(X_s, \sigma_{ss})}{\partial X}dW_s^1 + \int_{t_{i-1}, t_i} e^{-\lambda s}\sigma_1\frac{\partial v(X_s, \sigma_s)}{\partial\sigma}dW_s^2$$

进一步，从上面的方程和不等式（8.4），我们能得到如下不等式

$$e^{-\lambda t_i}v(X(t_i -), \sigma(t_i -)) - e^{-\lambda t_{i-1}}v(X(t_{i-1}), \sigma(t_{i-1}))\} \leqslant$$
$$\int_{(t_{i-1}, t_i]} e^{-\lambda s}\sigma_s u_s\frac{\partial v(X_s, \sigma_s)}{\partial X}dW_s^1 + \int_{(t_{i-1}, t_i]} e^{-\lambda s}\sigma_1\frac{\partial v(X_s, \sigma_s)}{\partial\sigma}dW_s^2$$

以及

$$e^{-\lambda\tau_i}\{v(X(\tau_i),\ \sigma(\tau_i)) - v(X(\tau_i),\ \sigma(\tau_i))\} \leqslant - e^{-\lambda\tau_i}g(\xi_i)$$

合并上面两个不等式，我们能得到

$$v(x,\ \sigma) - E_{x,\ \sigma}[e^{-\lambda t_n}v(X(t_n),\ \sigma(t_n))] \geqslant$$

$$E_{x,\ \sigma}[\sum_{i=1}^{n}\{I_{\{\tau_i\leqslant t\wedge\tau^{\varepsilon}\}}e^{-\lambda\tau_i}g(\xi_i) - \int_{(t_{i-1},\ t_i]}e^{-\lambda s}\sigma_s u_s\frac{\partial v(X_s,\ \sigma_s)}{\partial X}dW_s^1\}]$$

$$E_{x,\ \sigma}[\sum_{i=1}^{n}\{\int_{(t_{i-1},\ t_i]}e^{-\lambda s}\sigma_1\frac{\partial v(X_s,\ \sigma_s)}{\partial\sigma}dW_s^2\}]$$

对于任意 π，我们有 $v(x,\ \sigma) \geqslant J(x,\ \sigma,\ \pi)$。同时，我们考虑 π，使得

$J(x,\ \sigma,\ \pi) \geqslant 0$。所以，从 $P(\{\tau\rightarrow\infty\})=1$，我们能得到

$$\lim_{n\rightarrow\infty}\{v(x,\ \sigma) - E_{x,\ \sigma}[e^{-\lambda t_n}v(X(t_n),\ \sigma(t_n))]\}$$

$$= v(x,\ \sigma) - E_{x,\ \sigma}[e^{-\lambda(t\wedge\tau^{\varepsilon})}v(X(t\wedge\tau^{\varepsilon}),\ \sigma(t\wedge\tau^{\varepsilon}))]$$

根据（8.6），我们有

$$\lim_{n\rightarrow\infty}E_{x,\ \sigma}[\int_0^{t_n}e^{-\lambda s}\sigma_s u_s\frac{\partial v(X_s,\ \sigma_s)}{\partial X}dW_s^1] = 0$$

以及

$$\lim_{n\rightarrow\infty}E_{x,\ \sigma}[\int_0^{t_n}e^{-\lambda s}\sigma_1\frac{\partial v(X_s,\ \sigma_s)}{\partial\sigma}dW_s^2] = 0$$

所以

$$v(x,\ \sigma) - E_{x,\ \sigma}[e^{-\lambda(t\wedge\tau^{\varepsilon})}v(X(t\wedge\tau^{\varepsilon}),\ \sigma(t\wedge\tau^{\varepsilon}))]$$

$$\geqslant E_{x,\ \sigma}[\sum_{i=1}^{n}I_{\{\tau_i\leqslant t\wedge\tau^{\varepsilon}\}}e^{-\lambda\tau_i}g(\xi_i)] \tag{8.7}$$

基于（8.5），我们有

$$\lim_{t\rightarrow\infty}\{v(x,\ \sigma) - E_{x,\ \sigma}[e^{-\lambda(t\wedge\tau^{\varepsilon})}v(X(t\wedge\tau^{\varepsilon}),\ \sigma(t\wedge\tau^{\varepsilon}))]\}$$

$$= v(x,\ \sigma) - E_{x,\ \sigma}[e^{-\lambda(\tau^{\varepsilon})}v(X(\tau^{\varepsilon}),\ \sigma(\tau^{\varepsilon}))]\}$$

以及

$$\lim_{t\rightarrow\infty}E_{x,\ \sigma}[\sum_{i=1}^{n}I_{\{\tau_i\leqslant t\wedge\tau^{\varepsilon}\}}e^{-\lambda\tau_i}g(\xi_i)] = E_{x,\ \sigma}[\sum_{i=1}^{n}\{I_{\{\tau_i\leqslant t\wedge\tau^{\varepsilon}\}}e^{-\lambda\tau_i}g(\xi_i)\}]$$

那么，根据上面两个不等式和（8.7）式，我们得到

$$v(x,\ \sigma) - E_{x,\ \sigma}[e^{-\lambda(\tau^{\varepsilon})}v(X(\tau^{\varepsilon}),\ \sigma(\tau^{\varepsilon}))] \geqslant E_{x,\ \sigma}[\sum_{i=1}^{n}\{I_{\{\tau_i\leqslant\tau^{\varepsilon}\}}e^{-\lambda\tau_i}g(\xi_i)\}]$$

其中，这个等式对与 v 相关的 QVI 控制成立。假设 $\varepsilon\rightarrow 0$，那么对任意

$\pi=(u, T, \xi)$，我们有

$$v(x, \sigma) \geqslant J(x, v, \pi)$$

并且，对于与 v 相关的 QVI 控制 $\pi^v=(u^v, T^v, \xi^v)$ 成立。

8.3 寻找可能的解析解

在本章中，为简单记，我们假设 ρ 等于 0。另外，从下面的分析可以看到，我们找出的解要符合 QVI 问题的边界条件，同时可以保证 x_0 大于 0 的情形。我们定义一个点的集合如下

$$x_1=\{x \geqslant 0: v(x, \sigma)=Mv(x, \sigma)\}$$

另外，从 QVI 中，我们能够求得

$$\max_{u \in[0, 1]}\left\{\frac{1}{2}\sigma^2 u^2 \frac{\partial^2 v(x, \sigma)}{\partial x^2}+\frac{1}{2}\sigma_1{}^2 u^2 \frac{\partial^2 v(x, \sigma)}{\partial \sigma^2}+\mu u \frac{\partial v(x, \sigma)}{\partial x}\right\}$$

$$+\frac{k_1}{\sigma} \frac{\partial v(x, \sigma)}{\partial \sigma}-\lambda v(x, \sigma)\}=0 \tag{8.8}$$

对于 x 小于 x_1 及 σ 大于 0，取如下值，(8.8) 式的最大值能够达到。

$$u(x, \sigma)=-\frac{v_x \mu}{v_{xx} \sigma^2} \tag{8.9}$$

把 (8.9) 代入方程 (8.8)，我们能得到

$$\frac{1}{2} \sigma_1^2 v_{\sigma\sigma}+\frac{k_1}{\sigma} v_\sigma-\frac{1}{2} \frac{v_x^2 \mu^2}{v_{xx} \sigma^2}-\lambda v=0 \tag{8.10}$$

我们假设方程 (8.10) 有如下形式的解

$$v_1(x, \sigma)=w(\sigma) x^\gamma \tag{8.11}$$

如果 σ_1 不等于 0，那么把 (8.11) 代入方程 (8.10)，即可得到如下方程

$$w''(\sigma)+\frac{2k_1}{\sigma_1^2 \sigma} w'(\sigma)+\left(\frac{\mu^2 \gamma}{\sigma^2 \sigma_1^2(1-\gamma)}-\frac{2\lambda}{\sigma_1^2}\right) w(\sigma)=0 \tag{8.12}$$

这是一个关于 σ 二阶的偏微分方程。我们能找出 γ 一个解

$$\gamma=\gamma^*=\frac{k_1^2-k_1 \sigma_1^2}{k_1^2-k_1 \sigma_1^2+\mu^2 \sigma_1^2}$$

使得方程 (8.12) 能够很容易的求解出来，具体表示如下

$$w(\sigma)=C_1e^{\frac{\sqrt{2\lambda}\sigma}{\sigma_1}}\sigma^{-\frac{k_1}{\sigma_1^2}}+C_2e^{-\frac{\sqrt{2\lambda}\sigma}{\sigma_1}}\sigma^{-\frac{k_1}{\sigma_1^2}}$$

其中，C_1、C_2 是自由常量。所以，方程（8.10）的一个通解为

$$v_1(x,\ \sigma)=x^{\frac{k_1^2-k_1\sigma_1^2}{k_1^2-k_1\sigma_1^2+\mu^2\sigma_1^2}}\left(C_1e^{\frac{\sqrt{2\lambda}\sigma}{\sigma_1}}\sigma^{-\frac{k_1}{\sigma_1^2}}+C_2e^{-\frac{\sqrt{2\lambda}\sigma}{\sigma_1}}\sigma^{-\frac{k_1}{\sigma_1^2}}\right)$$

我们代入边界条件 $v_1(x,\ 0)=0$，发现如果 k_1 大于等于 0 时，上述表达式趋于无穷大，不符合边界条件。所以，为了上述的 $v_1(x,\ \sigma)$ 符合边界条件，本章仅仅考虑 k_1 小于 0 的情形，详细的计算过程请参考本章后面的附录 A。

我们从（8.9）式可以得到 $u(x,\ \sigma)=\mu x/(\sigma^2(1-\gamma))$。这意味着 $u(x,\ \sigma)$ 是一个关于 x 的增函数。进一步，当且仅当 x 小于等于 x_0 时，$u(x,\ \sigma)$ 小于等于 1，这里的 x_0 显然可以根据上面 $u(x,\ \sigma)$ 与 x 的关系式定义如下

$$x_0=\frac{(1-\gamma)\sigma^2}{\mu}$$

因为 k_1 小于 0，所以 $\gamma=\gamma^*$ 小于 1。μ 是收益，大于 0，所以 x_0 大于 0。

所以，基于这个事实 $u(x,\ \sigma)\in[0,\ 1]$，我们能得到，如果 $x_0\leqslant x<x_1$，那么 u 就等于 1，此时方程（8.8）就变为

$$\frac{1}{2}\sigma^2v_{xx}+\frac{1}{2}\sigma_1^2v_{\sigma\sigma}+\mu v_x+\frac{k_1}{\sigma}v_\sigma-\lambda v=0 \tag{8.13}$$

和 u 小于 1 的情况相似，我们首先假设方程的解有如下的形式

$$v_2(x,\ \sigma)=e^x\bar{w}(\sigma) \tag{8.14}$$

把（8.14）代入（8.13）中，我们可以得到如下关于 $\bar{w}(\sigma)$ 的二阶偏微分方程

$$\bar{w}''(\sigma)+\frac{2k_1}{\sigma_1^2\sigma}\bar{w}'(\sigma)+\left(\frac{\sigma^2}{\sigma_1^2}+\frac{2\mu-2\lambda}{\sigma_1^2}\right)\bar{w}(\sigma)=0 \tag{8.15}$$

设

$$\alpha_1=\frac{2k_1}{\sigma_1^2},\ \alpha_2=\frac{1}{\sigma_1^2},\ \alpha_3=\frac{2\mu-2\lambda}{\sigma_1^2}$$

同时假设

$$c_1=0,\ c_2=1-\alpha_1$$

那么 k_1 不为 0 时，我们给出方程（8.15）的两个线性无关的特解

$$\bar{w}_1(\sigma)=\sum_{m=0}^{\infty}a_{2m}\sigma^{2m}$$

$$\bar{w}_2(\sigma) = \sum_{m=0}^{\infty} b_{2m}\sigma^{2m+c_2}$$

其中

$$a_{2m} = \begin{cases} a_0 \neq 0, \ m = 0 \\ \dfrac{-\alpha}{2(1+\alpha_1)}a_0, \ m = 1 \\ \dfrac{-\alpha}{(2m)^2 + (\alpha_1 - 1)(2m)}a_{2m-2} + \dfrac{-\alpha_2}{(2m)^2 + (\alpha_1 - 1)(2m)}a_{2m-4}, \ m \geqslant 2 \end{cases}$$

$$b_{2m} = \begin{cases} b_0 \neq 0, \ m = 0 \\ \dfrac{-\alpha}{2(3-\alpha_1)}b_0, \ m = 1 \\ \dfrac{-\alpha_3}{(2m)^2 - (\alpha_1 - 1)(2m)}b_{2m-2} + \dfrac{-\alpha_2}{(2m)^2 + (\alpha_1 - 1)(2m)}b_{2m-4}, \ m \geqslant 2 \end{cases}$$

综上，我们给出方程（8.15）的一个通解

$$\bar{w}(\sigma) = C_3\bar{w}_1(\sigma) + C_4\bar{w}_2(\sigma)$$

$$= C_3\sum_{m=0}^{\infty}\left(1 + \left(-\frac{\alpha_3}{2(1+\alpha_1)}\right)\sigma^2 + \left(\frac{\alpha_3^2 - 2\alpha_2 - 2\alpha_1\alpha_2}{8(3+\alpha_1)(1+\alpha_1)}\right)\sigma^4 + \cdots\right)$$

$$+ C_4\sigma^{1-\alpha_1}\sum_{m=0}^{\infty}\left(1 + \left(-\frac{\alpha_3}{2(3-\alpha_1)}\right)\sigma + \left(\frac{\alpha_3^2 - 6\alpha_2 + 2\alpha_1\alpha_2}{8(3-\alpha_1)(5-\alpha_1)}\right)\sigma^4 + \cdots\right)$$

其中，C_3、C_4 是自由常量。

除此之外，如果我们假设方程有如下解的形式

$$v_2(x, \sigma) = e^{-x}\tilde{w}(\sigma)$$

那么通过相似的分析和计算，我们能得到方程的另一个一般解，即

$$\tilde{w}(\sigma) = \tilde{C}_3\tilde{w}_1(\sigma) + \tilde{C}_4\tilde{w}_2(\sigma)$$

其中，$\tilde{C}_3$、$\tilde{C}_4$ 是自由常量。而特解 $\tilde{w}_1$ 和 $\bar{w}_1$，以及 $\tilde{w}_2$ 和 $\bar{w}_2$ 几乎相同，唯一的区别就是，将前者里包含的 α_3 换成 $-\alpha_3$，前者即变成了后者。

基于以上的分析，方程（8.13）的一个一般解可以表示为

$$v_2(x, \sigma) = e^x\bar{w}(\sigma) + e^{-x}\tilde{w}(\sigma)$$

根据函数 v 及 v_x 在 x_0 点是连续的，我们能够得到

$$\tilde{w}(\sigma) = a_1 w(\sigma), \ \bar{w}(\sigma) = a_2 w(\sigma)$$

其中

$$a_1=\frac{\gamma x_0^{\gamma-1}+x_0^{\gamma}}{2e^{x_0}},\qquad a_2=\frac{-\gamma x_0^{\gamma-1}+x_0^{\gamma}}{2e^{-x_0}}$$

如果我们给定以上解的未知参数之间的一种关系

$$C_1=C_2=d,\ C_3=C_4=\bar{d},\ \tilde{C}_3=\tilde{C}_4=\tilde{d}$$

那么，我们有如下关系式成立

$$\bar{d}(\bar{w}_1(\sigma)+\bar{w}_2(\sigma))=\alpha_1 d(e^{\frac{\sqrt{2\lambda}\sigma}{\sigma_1}}\sigma^{-\frac{k_1}{\sigma_1^2}}+e^{-\frac{\sqrt{2\lambda}\sigma}{\sigma_1}}\sigma^{-\frac{k_1}{\sigma_1^2}})$$

$$\tilde{d}(\tilde{w}_1(\sigma)+\tilde{w}_2(\sigma))=\alpha_2 d(e^{\frac{\sqrt{2\lambda}\sigma}{\sigma_1}}\sigma^{-\frac{k_1}{\sigma_1^2}}+e^{-\frac{\sqrt{2\lambda}\sigma}{\sigma_1}}\sigma^{-\frac{k_1}{\sigma_1^2}})$$

未知参数 d、$\bar{d}$、$\tilde{d}$ 的求解将放在下一节，接下来我们将分析一下值函数的性质。

下面，对于 x 大于等于 x_1 这种情况，我们将分析 v 的值函数的一些性质。

命题 8.3.1 假设是 σ_t 适用于信息空间 $\{F_t\}$ 的一个随机过程，那么函数 v_x 在区间 $x\in(0,\ x_1)$ 上是凸的，并且，方程

$$v_x(x,\ \sigma)=k \tag{8.16}$$

在区间 $x\in(0,\ x_1)$ 内存在唯一的一个根 $\bar{x}$。如果 QVI 问题的解是唯一的，那么我们有

$$v(x,\ \sigma)=v(\bar{x}-\tilde{x})-K,\ x\geqslant x_1$$

证明： 首先，如果把时间固定在 t，那么因为 σ_t 适应于信息空间 $\{F_t\}$，所以它是一个已知且确定的数。很显然 $v_x(x,\ \sigma)$ 在区间 $x\in(0,\ x_0)$ 上是凸的，根据（8.12）式，我们很容易得到：对于 x 不大于 x_0 时，$v_{xxx}(x,\ \sigma)$ 大于等于 0。

另外，在区间 $x\in(x_0,\ x_1)$ 上，我们能得到如下结论

$$v_{xxx}(x,\ \sigma)=w(\sigma)[a_1e^x-a_2e^{-x}]>0$$

详细的分析证明请参考本章附录 B，这个不等式表示在区间 $x\in(x_0,\ x_1)$ 上 $v_x(x,\ \sigma)$ 是凸的。

接着，我们分别把 x_0+ 和 x_0- 代入方程（8.13），可以得到如下表达式

$$\frac{1}{2}\sigma^2 v_{xx}(x_1+,\ \sigma)+\frac{1}{2}\sigma_1^2 v_{\sigma\sigma}(x_0+,\ \sigma)$$

$$+\mu v_x(x_0+,\ \sigma)+\frac{k_1}{\sigma}v_\sigma(x_0+,\ \sigma)-\lambda v(x_0+,\ \sigma)=0$$

$$\frac{1}{2}\sigma^2 v_{xx}(x_0 -, \sigma) + \frac{1}{2}\sigma_1^2 v_{\sigma\sigma}(x_0 -, \sigma) +$$

$$\mu v_x(x_0 -, \sigma) + \frac{k_1}{\sigma} v_\sigma(x_0 -, \sigma) - \lambda v(x_0 -, \sigma) = 0$$

从上面两个表达式我们能看到 $v_{xx}(x_0 -, \sigma) = v_{xx}(x_0 +, \sigma)$ 。这意味着 $v_{xx}(x, \sigma)$ 在 x_0 点是连续的，因为 v、v_x、v_σ、$v_{\sigma\sigma}$ 在 x_0 点是连续的，意味着 $v_x(x, \sigma)$ 在区间 $x \in (0, x_1]$ 上是凸的。而且，对于确定的 σ ，方程（8.16）在区间 $x \in (0, x_1]$ 上有不少于 2 个的根。

接下来，关于 $v(x, \sigma) = Mv(x, \sigma)$ ，为了确保不产生一个固定的成本 K ，（8.3）式中的最大值序列 η 的极限点不应该包含 0。基于此，我们知道存在一个序列 $\eta(x, \sigma)$ ，使得

$$Mv(x, \sigma) = v(x - \eta(x, \sigma), \sigma) + k\eta(x, \sigma) - K$$

在对上面这个方程的右边项，关于 η 积分后，我们能够得到 $x - \eta(x, \sigma)$ 是方程（8.16）的一个根。进一步，如果 $v_x(x_1, \sigma) > k$ ，那么存在一个值 x_2，使得

$$x_1 - \eta(x_1, \sigma) < x_2 < x_1$$

和

$$v(x_1) - k(x_1 - x_2) > v(x_2)$$

我们设 $\eta = \eta(x_1, \sigma) - (x_1 - x_2)$ ，那么有

$$\begin{aligned}
& v(x_2 - \eta, \sigma) + k\eta - K \\
& = v(x_1 - \eta(x_1, \sigma), \sigma) + k\eta(x_1, \sigma) - k(x_1 - x_2) - K \\
& = v(x_1, \sigma) - k(x_1 - x_2) \\
& > v(x_2, \sigma)
\end{aligned}$$

根据上面这个表达式，我们能够得到 $Mv(x_2, \sigma) > v(x_2, \sigma)$ 。这是与 QVI 问题矛盾的。所以，$v_x(x_1, \sigma) \leqslant k$ 肯定成立。

这意味着在区间 $x \in (0, x_1)$ 上，方程（8.16）的解存在且唯一，我们设这个解为 $\tilde{x}$ 。

当 x 大于等于 x_1 时，设

$$v(x, \sigma) = v(\tilde{x}, \sigma) + k(x - \tilde{x}) - K$$

那么有

$$v_x(x, \sigma) = k, \quad \forall x > x_1$$

当 x 大于 x_1 时，如果 $\eta \leqslant x - x_1$，那么根据 $v(x, \sigma)$ 在这个区间上的

线性的性质，我们可以得到

$$v(x-\eta,\ \sigma)+k\eta-K=v(x,\ \sigma)-K<v(x,\ \sigma)$$

除此之外，如果 $\eta>x-x_1$，那么

$$\begin{aligned}
&v(x-\eta,\ \sigma)+k\eta-K\\
&=v(x_1-(\eta-(x-x_1)),\ \sigma)+k(\eta-(x-x_1))+k(x-x_1)-K\\
&\leqslant v(x_1,\ \sigma)+k(x-x_1)\\
&=v(x,\ \sigma)
\end{aligned}$$

上面这个等式在 $\eta-(x-x_1)$ 点成立，意味着 $v(x,\ \sigma)=Mv(x,\ \sigma)$。另外，根据 $v_x(x,\ \sigma)$ 的属性，我们能够得到如下不等式

$$\begin{aligned}
&\frac{1}{2}\sigma_1^2 v_{\sigma\sigma}(x_1,\ \sigma)+\mu uk+\frac{k_1}{\sigma}v_\sigma(x_1,\ \sigma)-\lambda v(x_1,\ \sigma)\\
&\leqslant\frac{1}{2}\sigma^2u^2v_{xx}(x_1-,\ \sigma)+\frac{1}{2}\sigma_1^2v_{\sigma\sigma}(x_1,\ \sigma)+\mu uk\\
&+\frac{k_1}{\sigma}v_\sigma(x_1,\ \sigma)-\lambda v(x_1,\ \sigma)\\
&\leqslant 0
\end{aligned}$$

那么，对于 $x>x_1$，有

$$\begin{aligned}
&\frac{1}{2}\sigma^2u^2v_{xx}(x,\ \sigma)+\frac{1}{2}\sigma_1^2v_{\sigma\sigma}(x,\ \sigma)+\mu uv_x(x,\ \sigma)\\
&+\frac{k_1}{\sigma}v_\sigma(x,\ \sigma)-\lambda v(x,\ \sigma)\\
&<\frac{1}{2}\sigma_1^2v_{\sigma\sigma}(x_1,\ \sigma)+\mu uk+\frac{k_1}{\sigma}v_\sigma(x_1,\ \sigma)-\lambda v(x_1,\ \sigma)\\
&\leqslant 0
\end{aligned}$$

基于如上所有的分析，我们可以得出结论：函数 $v(x,\ \sigma)$ 在区间 $x>x_1$ 上满足 QVI。

到目前为止，我们能推测出 QVI 问题的解的形式，即存在两个点 x_0 和 x_1，以及 $x_0<x_1$ 和未知参数 d，使得 $v_x(x,\ \sigma)$ 满足

$$v_x(x,\ \sigma)=\begin{cases}d\left(e^{\frac{\sqrt{2\lambda}\sigma}{\sigma_1}}\sigma^{-\frac{k_1}{\sigma_1^2}}+e^{-\frac{\sqrt{2\lambda}\sigma}{\sigma_1}}\sigma^{-\frac{k_1}{\sigma_1^2}}\right)\gamma x^{\gamma-1},\ 0\leqslant x<x_0\\ d\left(e^{\frac{\sqrt{2\lambda}\sigma}{\sigma_1}}\sigma^{-\frac{k_1}{\sigma_1^2}}+e^{-\frac{\sqrt{2\lambda}\sigma}{\sigma_1}}\sigma^{-\frac{k_1}{\sigma_1^2}}\right)(a_1e^x-a_2e^{-x}),\ x_0\leqslant x<x_1\\ k,\ x\geqslant x_1\end{cases}$$

除此之外，也存在另一个点 $\tilde{x} < x$，使得 $v(\tilde{x}, \mu) = k$，以及

$$\int_{\tilde{x}}^{x_1} v_x(x, \sigma)dx = v(x_1, \sigma) - v(\tilde{x}, \sigma) = k(x_1 - \tilde{x}) - K。$$

那么，我们有

$$\int_{\tilde{x}}^{x_1} (k - v_x(x, \sigma))dx = K$$

如上所示，我们给出了解的形式，以及解的一些性质，可是包含在这个解里的一些具体值仍然是未知的。我们将在下一节尝试探索这些值。

8.4 求解最优分红策略

为了找到这些未知参数，我们定义两个函数 $H(x)$ 和 $I(c)$ 如下

$$H(x) = \begin{cases} \gamma x^{\gamma-1}, & 0 \leqslant x < x_0 \\ a_1 e^x - a_2 e^{-x}, & x \geqslant x_0 \end{cases}$$

以及

$$I(d) = \int_{\tilde{x}^d}^{x_1^d} (k - d(e^{\frac{\sqrt{2\lambda}\sigma}{\sigma_1}} \sigma^{-\frac{k_1}{\sigma_1^2}} + e^{-\frac{\sqrt{2\lambda}\sigma}{\sigma_1}} \sigma^{-\frac{k_1}{\sigma_1^2}} +)H(y))dy \qquad (8.17)$$

那么，我们能够得到如下结论。

命题 8.4.1　对任何一个大于 0 的数 K，存在唯一的 d 和与其对应的节点 x_1^d 和 $\tilde{x}^d$，满足（8.17）式中的 $I(d)$ 等于 K。

证明： 和证明函数 $v_x(x, \sigma)$ 凸性的分析相似，我们知道函数 $H(x)$ 在区间 $x \in (0, x_1)$ 上也是凸的，而且，不难求出如下两个极限

$$\lim_{x \to 0} H(x) = \infty, \quad \lim_{x \to \infty} H(x) = \infty$$

所以，存在一个点 x^*，使得对于函数 $H(x)$ 的导数，我们有一个零点

$$H_x(x^*) = 0, \; x^* > x_0$$

我们令

$$\alpha = H(x^*), \; G(\sigma) = e^{\frac{\sqrt{2\lambda}\sigma}{\sigma_1}} \sigma^{-\frac{k_1}{\sigma_1^2}} + e^{-\frac{\sqrt{2\lambda}\sigma}{\sigma_1}} \sigma^{-\frac{k_1}{\sigma_1^2}}$$

那么根据 $G(\sigma)$ 与 0 的大小关系，我们分两种情况讨论：

（1）当 $G(\sigma)$ 大于 0。

那么对于 $0 < d < k/(\alpha G(\sigma))$，存在两个点 x_1^d 和 $\tilde{x}^d$，且 $\tilde{x}^d < x^* < x_1^d$，使得 $cH(\tilde{x}^d) = cH(x_1^d) = k$。并且当 $d = k/(\alpha G(\sigma))$ 时，我们有 $x_1^d = x^*$

$=\tilde{x}^d$。从函数 $H(x)$ 的凸性我们易知，当 $0<d\leqslant k/\alpha/G(\sigma)$，$\tilde{x}^d$ 是一个关于 d 的增函数，而 x_1^d 在这个区间内是一个关于 d 的减函数。所以，$I(d)$ 是一个关于 d 的连续的并且递减的函数，并且当 d 趋于 0 时，$I(\mathrm{d})$ 趋于无穷大。而且，$I(k/\alpha/G(\sigma))=0$。综上所述，对任意的 K（大于 0 的数），都存在一个值 $\hat{d}<k/(\alpha G(\sigma))$，使得

$$I(\hat{d})=\int_{\tilde{x}^{\hat{d}}}^{x_1^{\hat{d}}}(k-\hat{d}G(\sigma)H(y))dy=K \tag{8.18}$$

（2）当 $G(\sigma)$ 小于 0。

那么对于 $k/(\alpha G(\sigma))<d<0$，存在两个点 x_1^d 和 $\tilde{x}^d$，且 $\tilde{x}^d<x^*<x_1^d$，使得 $cH(\tilde{x}^d)=cH(x_1^d)=k$。并且当 $d=k/(\alpha G(\sigma))$ 时，我们有 $\tilde{x}_1^d=x^*=\tilde{x}^d$。并且 $\tilde{x}^d$ 是一个关于 d 的减函数，而 $\tilde{x}_1^d$ 在这个区间内是一个关于 d 的增函数。所以，$I(d)$ 是一个关于 d 的连续的并且递增的函数，并且当 d 趋于 0 时，$I(d)$ 趋于无穷大。而且，$I(k/\alpha/G(\sigma))=0$。综上所述，对任意的 K（大于零的数），都存在一个值 $0>\hat{d}>(\alpha G(\sigma))$，使得（8.18）式成立。

又根据 d、$\bar{d}$、$\tilde{d}$ 的关系，可以分别求得 $\bar{d}$、$\tilde{d}$ 对应的解 $\hat{\bar{d}}$、$\hat{\tilde{d}}$。

所以，函数 $v(x,\sigma)$ 最终的表达式为

$$v(x,\sigma)=\begin{cases}\hat{d}G(\sigma)x^{\gamma},\ 0\leqslant x<x_0\\ \hat{\bar{d}}(\bar{w}_1(\sigma)+\bar{w}_2(\sigma))e^{x}+\hat{\tilde{d}}(\tilde{w}_1(\sigma)+\tilde{w}_2(\sigma))e^{-x},\ x_0\leqslant x<x_1\\ v(x_1,\sigma)+k(x-x_1),\ x\geqslant x_1\end{cases} \tag{8.19}$$

那么，方程（8.18）变成

$$v(x_1,\sigma)-v(\tilde{x},\sigma)=k(x_1-\tilde{x})-K \tag{8.20}$$

其中，$x_1=x_1^{\hat{d}}$，以及 $\tilde{x}=\tilde{x}^{\hat{d}}$。

到目前为止，我们已经找到了解的未知参数，以及自变量 x 的节点。接下来我们就证明找到的这个解就是 QVI 的解，并且我们也证明了对应于解的分红策略就是最优分红策略。

定理 8.4.1　（8.19）式描述的函数 $v(x,\sigma)$ 在区间 $x\in(0,\infty)$ 上是连续可积的，且在这个区间上除去 x_1 点的余下区间中是二次连续可积的。这个函数是 QVI 的一个解。

证明：首先，很明显，我们找到的解 $v(x,\sigma)$ 在区间 $x\in[0,x_0]$ 及 $x\in[x_0,x_1]$ 都满足（8.8）式。而且，根据上文的讨论，函数 $v_x(x,\sigma)$ 在

区间 $x \in (0, x^*]$ 上关于 x 是递减的。所以，当 $x \leqslant \tilde{x}$，我们有 $v_x(x, \sigma) > k$。因为 $-v_x(x-\eta, \sigma)+k<0$，所以表达式 $v(x-\eta, \sigma)+k\eta-K$ 是一个关于 η 的减函数。这意味着当 x 处于区间 $(0, x^*]$ 时

$$Mv(x-\eta, \sigma) = v(x-\eta, \sigma) + k\eta - K < v(x, \sigma) - K < v(x, \sigma)$$

而且，对于 x 大于 $\tilde{x}$，我们能得到 $Mv(x, \sigma) = v(\tilde{x}, \sigma) + k(x-\tilde{x}) - K$。$v_x(x, \sigma)$ 是一个凸函数，在 $\tilde{x}$ 和 x_1 处都等于 k，在开区间 $(\tilde{x}, x_1)$ 上小于 k。所以

$$\begin{aligned}Mv(x, \sigma) &= v(\tilde{x}, \sigma) + k(x-\tilde{x}) - K \\ &= v(\tilde{x}, \sigma) + k(x_1-\tilde{x}) \\ &= k(x_1-x) - K = v(x_1, \sigma) - k(x_1-x) < v(x, \sigma)\end{aligned}$$

这意味着 x 处于区间 $(0, x_1)$ 时 $Mv(x, \sigma) < v(x, \sigma)$。与此同时，当 $x \in (0, x_1)$ 时，函数 $v(x, \sigma)$ 满足（8.4）式。最后，根据（8.20）式及函数 $v(x, \sigma)$ 在 x 区间 $(0, x_1)$ 上的线性性质，我们有，当 $x \in (0, x_1)$ 时，$Mv(x, \sigma) = v(x, \sigma)$。

在如下定理中本章给出最优策略的具体形式，并加以证明。

定理 8.4.2 我们定义一个控制如下

$$\begin{aligned}\pi^* &= (u^*, T^*, \xi^*) \\ &= (u_t^*; \tau_1^*, \tau_2^*, \cdots, \tau_n^*, \cdots; \xi_1^*, \xi_2^*, \cdots, \xi_n^*, \cdots)\end{aligned}$$

其中

$$u_t^* = u^*(X_t^*, \mu_t^*) = \begin{cases}\dfrac{\mu}{(\sigma_t^*)^2(1-\gamma)}X_t^*, & 0 \leqslant X_t^* \leqslant x_0 \\ 1, & X_t^* > x_0\end{cases} \tag{8.21}$$

$$\tau_1^* = \inf\{t \geqslant 0;\ X_t^* = x_1(\sigma_t)\} \tag{8.22}$$

$$\xi_1^* = x_1(\sigma_t) - \tilde{x}(\sigma_t) \tag{8.23}$$

当 n 大于 2 时，有

$$\tau_n^* = \inf\{t \geqslant \tau_{n-1};\ X_t^* = x_1(\sigma_t)\} \tag{8.24}$$

$$\xi_n^* = x_1(\sigma_t) - \tilde{x}(\sigma_t) \tag{8.25}$$

这里的 X_t^* 和 μ_t^* 分别是以下离散的随机微分方程的解

$$X_t^* = X_0^* + \int_0^t \mu_s u_s^*(\sigma_s^*, X_t^*)\mathrm{d}s + \int_0^t \sigma u_s^*(\sigma_s^*, X_t^*)\mathrm{d}W_s^1 - (x_1(\sigma_t^*) - \tilde{x}(\sigma_t^*))\sum_{n=1}^{\infty} I_{\{\tau_n^* < t\}}$$

$$\sigma_t^* = \sigma_0^* + \int_0^t \frac{k_1}{\sigma} ds + \int_0^t \sigma_1 dW_s^2$$

其中，W_t^1 与 W_t^2 相互独立。

那么控制 π^* 是与（8.19）式中函数 v 相对于的 QVI 控制。这里，v 是与最优控制 u_t^* 有关的值函数，正如

$$v(x, \sigma) = V(x, \sigma) = J(x, \sigma; \pi^*) = J(x, \sigma; u^*, T^*, \xi^*)$$

8.5 数值模拟

8.5.1 研究主要参数相互关系

例 8.5.1 固定 $\sigma = 0.8$，假设 $K = 0.2$，$\lambda = 0.07$，$\mu = 0.5$，$\sigma_1 = 0.1$，$k_1 = -0.02$，k 从 0.56 以步长 0.01 变化到 0.66。各参数的值见表 8-1，各参数和 $\hat{d}$ 的关系见图 8-1。

表 8-1 固定 $\sigma = 0.8$ 和变化 k 时各参数的值

k	$\hat{d}$	$\tilde{x}$	x_1	ξ	σ
0.56	0.194 39	0.829 56	3.354 7	2.525 2	0.80
0.57	0.198 47	0.832 71	3.332 7	2.500 0	0.80
0.58	0.202 58	0.835 86	3.310 6	2.474 8	0.80
0.59	0.206 39	0.837 96	3.299 6	2.461 7	0.80
0.60	0.210 54	0.841 11	3.277 6	2.436 5	0.80
0.61	0.214 7	0.844 26	3.255 6	2.411 3	0.80
0.62	0.218 89	0.847 4	3.233 5	2.386 1	0.80
0.63	0.222 76	0.848 45	3.222 5	2.374	0.80
0.64	0.226 98	0.851 6	3.200 5	2.348 9	0.80
0.65	0.230 88	0.853 7	3.189 4	2.335 7	0.80
0.66	0.235 14	0.856 85	3.169 0	2.312 1	0.80

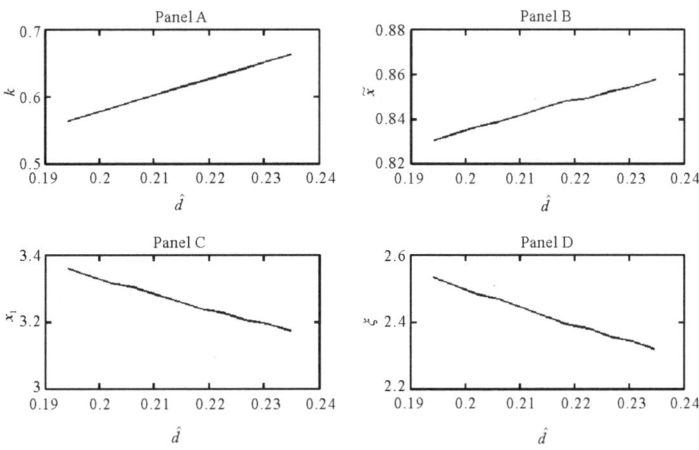

图 8-1 固定 σ = 0.8 和变化 k 时各参数和 $\hat{d}$ 的关系

表 8-1 和图 8-1 中，我们看到，固定 σ 时，$\tilde{x}$ 和 k 随 $\hat{d}$ 的增加而增加，x_1 和 ξ 与 $\hat{d}$ 的关系则相反，随着 $\hat{d}$ 的增加而减小，具体是否是增减函数的关系，我们要进行稳健性检验。

例 8.5.2 固定 $\sigma = 0.8$，设 $k_1 =- 0.02$，$\lambda = 0.08$，$k = 0.6$，$\mu = 0.5$，$\sigma_1 = 0.1$，K 从 0.1 以步长 0.01 变化到 0.2，各参数的值见表 8-2，各参数与 $\hat{d}$ 的关系见图 8-2。

表 8-2 固定 σ = 0.8 和变化交易成本 K 时各参数的值

K	$\hat{d}$	$\tilde{x}$	x_1	ξ	σ
0.10	0.161 49	0.781 17	2.406 4	1.625 2	0.80
0.11	0.159 65	0.769 69	2.478 4	1.708 7	0.80
0.12	0.158 04	0.760 30	2.541 0	1.780 7	0.80
0.13	0.156 43	0.750 90	2.605 2	1.854 3	0.80
0.14	0.155 05	0.742 55	2.661 6	1.919 0	0.80
0.15	0.153 44	0.733 16	2.725 7	1.992 6	0.80
0.16	0.152 06	0.724 81	2.782 1	2.057 3	0.80
0.17	0.150 68	0.716 46	2.840 0	2.123 6	0.80
0.18	0.149 30	0.708 11	2.897 9	2.189 8	0.80
0.19	0.147 92	0.700 81	2.955 9	2.255 1	0.80
0.20	0.146 77	0.693 50	3.004 4	2.310 9	0.80

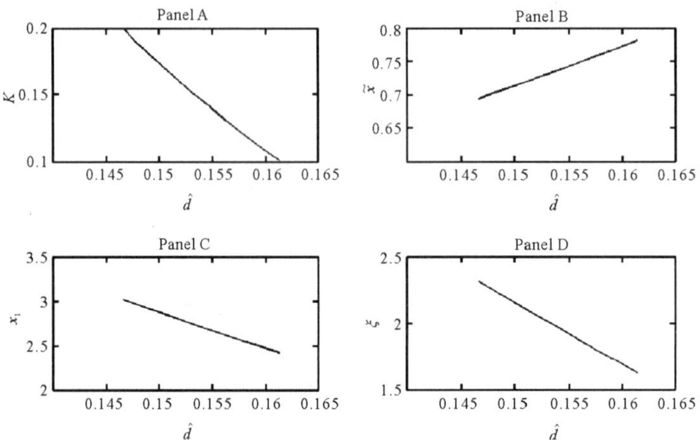

图 8-2 固定 σ = 0.8 和变化交易成本 K 时各参数与 $\hat{d}$ 的关系

从表 8-2 和图 8-2 可知，固定 $\sigma = 0.8$ 和变化交易成本时，$\tilde{x}$ 随 $\hat{d}$ 的增加而增加，K 、x_1 和 ξ 随着 $\hat{d}$ 的增加而减小。

例 8.5.3 令 $k = 0.6$，变化 σ，σ 从 0.70 以步长 0.01 变化到 0.76。$K = 0.15$，$k_1 = - 0.02$，$\sigma_1 = 0.1$，$\lambda = 0.08$，$\mu = 0.5$，我们也可求得一组未知参数和节点的值（见表 8-3）。变化 σ 时各参数和 σ 、$\hat{d}$ 的关系分别见图 8-3、图 8-4。

表 8-3 漂移系数变化时各未知参数和节点的值

σ	$\hat{d}$	$\tilde{x}$	x_1	ξ
0.700	0.317 88	0.790 09	2.650 6	1.860 5
0.710	0.294 5	0.784 25	2.668 1	1.883 8
0.720	0.272 97	0.777 29	2.686 4	1.909 1
0.730	0.253 11	0.769 17	2.704 2	1.935
0.740	0.235 15	0.763 48	2.713 5	1.95
0.750	0.218 56	0.756 76	2.722 1	1.965 3
0.760	0.203 23	0.750 87	2.729 8	1.979

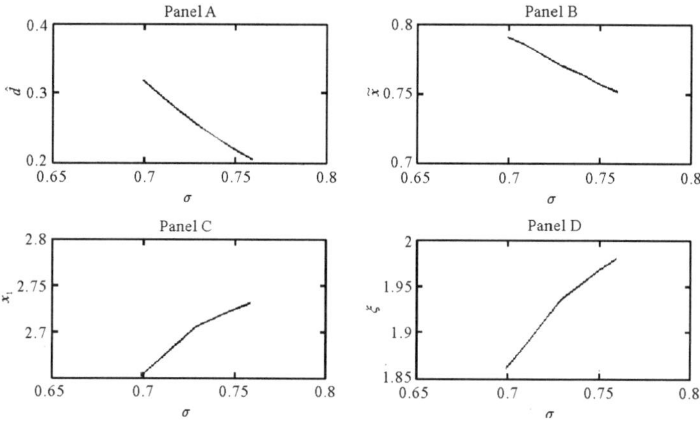

图 8-3 变化 σ 时各参数与 σ 的关系

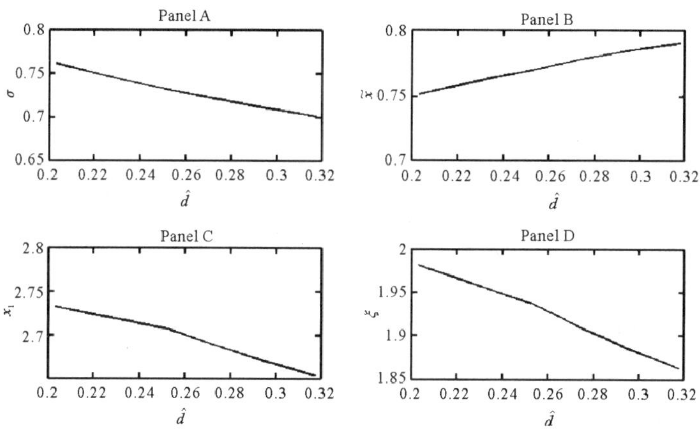

图 8-4 变化 σ 时各参数与 $\hat{d}$ 的关系

根据图 8-3，$\tilde{x}$ 、$\hat{d}$ 随着 σ 的增加而减少，x_1、ξ 随着 σ 的增加而增加。根据图 8-4，$\tilde{x}$ 随着 $\hat{d}$ 的增加而增加，σ、x_1、ξ 随着 $\hat{d}$ 的增加而减少。下面是稳健性检验。

例 8.5.4 固定 $\sigma = 0.8$，假设 $K = 0.1$，$\lambda = 0.08$，$\mu = 0.5$，$\sigma_1 = 0.1$，$k_1 = -0.02$，k 从 0.56 以步长 0.01 变化到 0.66。各参数的值和 $\hat{d}$ 的关系见表 8-4 和图 8-5。

表 8-4 固定 $\sigma = 0.8$，变化 k，各参数的值

k	$\hat{d}$	$\tilde{x}$	x_1	ξ	σ
0.56	0.149 65	0.773 86	2.450 2	1.676 4	0.80
0.57	0.152 54	0.775 95	2.442 4	1.666 4	0.80
0.58	0.155 66	0.778 04	2.423 6	1.645 6	0.80
0.59	0.158 57	0.780 12	2.415 8	1.635 7	0.80
0.60	0.161 49	0.781 17	2.406 4	1.625 2	0.80
0.61	0.164 65	0.783 26	2.387 6	1.604 3	0.80
0.62	0.167 58	0.785 34	2.379 8	1.594 4	0.80
0.63	0.170 53	0.786 39	2.370 4	1.584	0.80
0.64	0.173 73	0.789 52	2.353 2	1.563 6	0.80
0.65	0.176 69	0.790 56	2.343 8	1.553 2	0.80
0.66	0.179 66	0.791 6	2.335 9	1.544 3	0.80

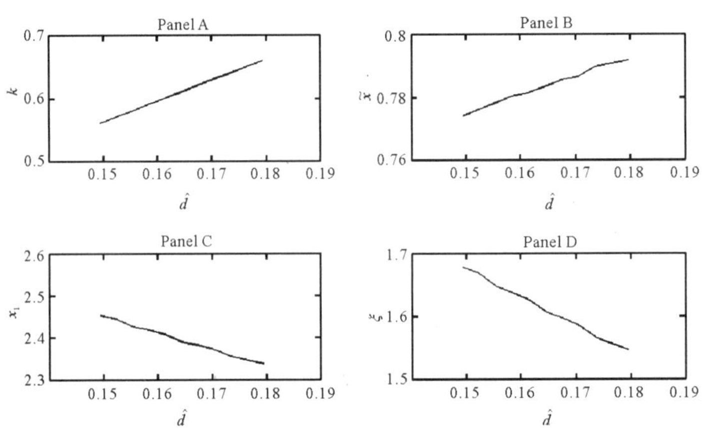

图 8-5 k 变化时各参数与 $\hat{d}$ 的关系

例 8.5.5 固定 $\sigma = 0.7$，假设 $K = 0.15$，$\lambda = 0.08$，$\mu = 0.5$，$\sigma_1 = 0.1$，$k_1 = -0.02$，k 从 0.46 以步长 0.01 变化到 0.56。各参数的值见表 8-5，各参数与 $\hat{d}$ 的关系见图 8-6。

表 8-5 固定 σ = 0.7 和变化 k 时，各参数的值

k	$\hat{d}$	$\tilde{x}$	x_1	ξ	σ
0.46	0.233 62	0.752 58	2.914 7	2.162 1	0.70
0.47	0.239 43	0.755 85	2.896 4	2.140 5	0.70
0.48	0.245 28	0.757 48	2.876 8	2.119 3	0.70
0.49	0.251 16	0.760 74	2.857 2	2.096 5	0.70
0.50	0.257 07	0.764	2.838 9	2.074 9	0.70
0.51	0.263 41	0.768 89	2.809 6	2.040 7	0.70
0.52	0.269 39	0.770 52	2.791 2	2.020 7	0.70
0.53	0.275 4	0.773 78	2.771 6	1.997 9	0.70
0.54	0.281 44	0.777 04	2.753 3	1.976 2	0.70
0.55	0.287 51	0.780 31	2.733 7	1.953 4	0.70
0.56	0.293 62	0.781 94	2.715 4	1.933 4	0.70

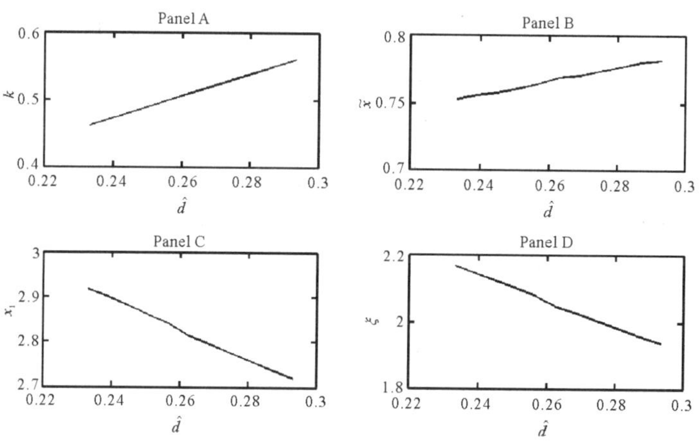

图 8-6 k 变化时各参数与 $\hat{d}$ 的关系

例 8.5.6 固定 $\sigma = 0.7$，假设 $K = 0.15$，$\lambda = 0.06$，$\mu = 0.1$，$\sigma_1 = 0.1$，$k_1 = -0.02$，k 从 0.10 以步长 0.01 变化到 0.35。各参数的值见表 8-6，各参数与 $\hat{d}$ 的关系见图 8-7。

表 8-6　固定 $\sigma = 0.7$ 和变化 k 时各参数的值

k	$\hat{d}$	$\tilde{x}$	x_1	ξ	σ
0.10	0.006 722 7	0.000 817 02	3.057 9	3.057 1	0.70
0.11	0.008 103	0.000 817 02	2.902 3	2.901 4	0.70
0.12	0.009 526 2	0.000 817 02	2.774 8	2.774	0.70
0.13	0.010 971	0.002 451 1	2.670 6	2.668 2	0.70
0.14	0.012 516	0.002 451 1	2.572 6	2.570 1	0.70
0.15	0.014 053	0.004 085 1	2.492 9	2.488 8	0.70
0.16	0.015 677	0.005 719 1	2.416 9	2.411 2	0.70
0.17	0.017 264	0.005 719 1	2.355 7	2.349 9	0.70
0.18	0.018 924	0.007 353 2	2.296 8	2.289 5	0.70
0.19	0.020 519	0.010 621	2.250 3	2.239 6	0.70
0.20	0.022 171	0.012 255	2.206 2	2.193 9	0.70
0.21	0.023 88	0.013 889	2.163 3	2.149 4	0.70
0.22	0.025 646	0.017 157	2.120 4	2.103 2	0.70
0.23	0.027 306	0.018 791	2.089 7	2.070 9	0.70
0.24	0.029 179	0.022 059	2.049 3	2.027 2	0.70
0.25	0.030 932	0.025 328	2.018 6	1.993 3	0.70
0.26	0.032 634	0.028 596	1.995 4	1.966 8	0.70
0.27	0.034 372	0.031 864	1.970 9	1.939	0.70
0.28	0.036 245	0.035 132	1.942 7	1.907 5	0.70
0.29	0.037 955	0.038 4	1.923 1	1.884 7	0.70
0.30	0.039 907	0.041 668	1.896 1	1.854 4	0.70
0.31	0.041 681	0.044 936	1.877 7	1.832 8	0.70
0.32	0.043 483	0.049 838	1.859 3	1.809 5	0.70
0.33	0.045 314	0.053 106	1.842 2	1.789 1	0.70
0.34	0.047 173	0.056 374	1.823 8	1.767 4	0.70
0.35	0.049 061	0.061 276	1.806 6	1.745 4	0.70

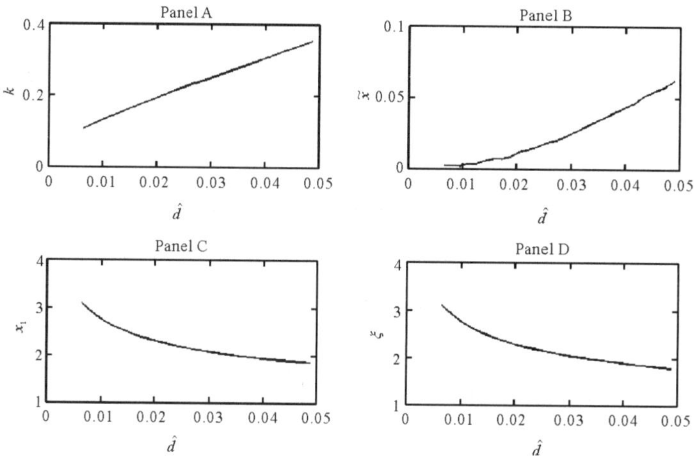

图 8-7　k 变化时各参数与 $\hat{d}$ 的关系

例 8.5.7　固定 σ = 0.8，假设 K = 0.1，λ = 0.05，μ = 0.1，σ_1 = 0.1，k_1 = -0.02，k 从 0.05 以步长 0.01 变化到 0.30。各参数的值见表 8-7，各参数与 $\hat{d}$ 的关系见图 8-8。

表 8-7　固定 σ = 0.8 和变化 k 时各参数的值

k	$\hat{d}$	$\tilde{x}$	x_1	ξ	σ
0.05	0.004 298 8	0.001 509 2	2.409	2.407 5	0.80
0.06	0.005 076 4	0.001 509 2	2.286 7	2.285 2	0.80
0.07	0.005 841 4	0.002 515 4	2.196 2	2.193 6	0.80
0.08	0.006 656 9	0.003 521 5	2.110 1	2.106 6	0.80
0.09	0.007 434 5	0.004 527 7	2.048	2.043 5	0.80
0.10	0.008 25	0.006 539 9	1.988 6	1.982 1	0.80
0.11	0.009 103 4	0.007 546 1	1.931 3	1.923 7	0.80
0.12	0.009 994 8	0.009 558 4	1.875	1.865 4	0.80
0.13	0.010 81	0.011 571	1.838 7	1.827 2	0.80
0.14	0.011 651	0.013 583	1.803 5	1.789 9	0.80
0.15	0.012 517	0.015 595	1.768 3	1.752 7	0.80
0.16	0.013 409	0.017 608	1.735 1	1.717 5	0.80

表8-7(续)

k	$\hat{d}$	$\tilde{x}$	x_1	ξ	σ
0. 17	0. 014 325	0. 020 626	1. 700 9	1. 680 3	0. 80
0. 18	0. 015 267	0. 023 644	1. 668 7	1. 645	0. 80
0. 19	0. 016 083	0. 024 651	1. 652 6	1. 627 9	0. 80
0. 20	0. 017 069	0. 028 675	1. 620 4	1. 591 7	0. 80
0. 21	0. 017 916	0. 029 681	1. 605 3	1. 575 6	0. 80
0. 22	0. 018 861	0. 032 7	1. 582 2	1. 549 5	0. 80
0. 23	0. 019 825	0. 036 724	1. 559	1. 522 3	0. 80
0. 24	0. 020 717	0. 038 737	1. 543 9	1. 505 2	0. 80
0. 25	0. 021 621	0. 041 755	1. 528 8	1. 487 1	0. 80
0. 26	0. 022 537	0. 043 767	1. 513 7	1. 47	0. 80
0. 27	0. 023 467	0. 046 786	1. 498 7	1. 451 9	0. 80
0. 28	0. 024 409	0. 049 804	1. 484 6	1. 434 8	0. 80
0. 29	0. 025 363	0. 052 823	1. 469 5	1. 416 7	0. 80
0. 30	0. 026 33	0. 055 841	1. 455 4	1. 399 5	0. 80

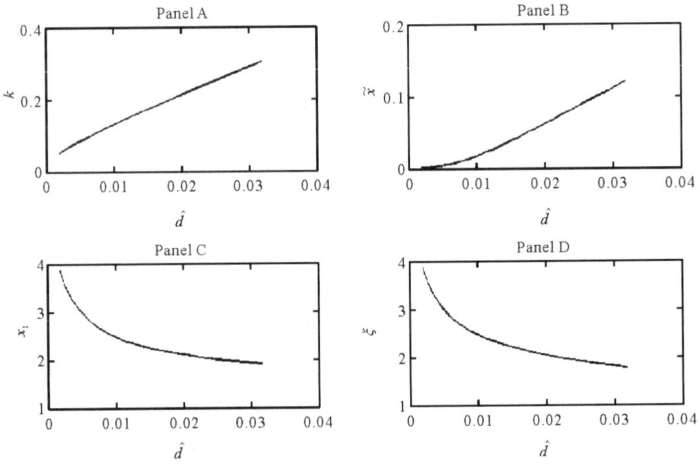

图 8-8　k 变化时各参数与 $\hat{d}$ 的关系

根据表 8-4~表 8-7 和图 8-5 至图 8-8，当固定 σ 和变化 k 时，各参

数与 $\hat{d}$ 的关系是稳健的，$\tilde{x}$ 和 k 随 $\hat{d}$ 的增加而增加，x_1 和 ξ 与 $\hat{d}$ 的关系则相反，随着 $\hat{d}$ 的增加而减小。

例 8.5.8　固定 $\sigma = 0.8$，设 $k_1 = -0.02$，$\lambda = 0.07$，$k = 0.5$，$\mu = 0.5$，$\sigma_1 = 0.1$，K 从 0.21 以步长 0.01 变化到 0.31，各参数的值见表 8-8，各参数关系的稳健性检验见图 8-9。

表 8-8　固定 $\sigma = 0.8$ 和变化交易成本 K 时各参数的值

K	$\hat{d}$	$\tilde{x}$	x_1	ξ	σ
0.21	0.168 72	0.801 23	3.556 2	2.755	0.80
0.22	0.167 37	0.792 83	3.614 5	2.821 6	0.80
0.23	0.166 03	0.785 49	3.672 7	2.887 2	0.80
0.24	0.164 68	0.777 09	3.729 4	2.952 3	0.80
0.25	0.163 34	0.769 75	3.789 2	3.019 4	0.80
0.26	0.161 99	0.761 35	3.847 4	3.086 1	0.80
0.27	0.160 65	0.754 01	3.907 2	3.153 2	0.80
0.28	0.159 57	0.747 71	3.956	3.208 3	0.80
0.29	0.158 36	0.740 36	4.009 6	3.269 2	0.80
0.30	0.157 15	0.733 02	4.064 7	3.331 6	0.80
0.31	0.156 07	0.726 72	4.113 5	3.386 7	0.80

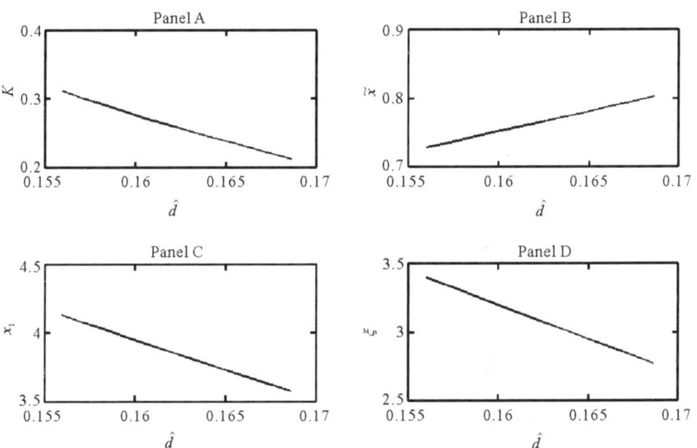

图 8-9　固定 $\sigma = 0.8$ 和变化交易成本的 K 时参数关系的稳健性检验

例 8.5.9 固定 $\sigma = 0.7$，设 $k_1 = -0.02$，$\lambda = 0.09$，$k = 0.65$，$\mu = 0.5$，$\sigma_1 = 0.1$，K 从 0.21 以步长 0.01 变化到 0.31，各参数的值见表 8-9，各参数关系的稳健性检验见图 8-10。

表 8-9 固定 $\sigma = 0.7$ 和变化交易成本 K 时各参数的值

K	$\hat{d}$	$\tilde{x}$	x_1	ξ	σ
0.21	0.240 95	0.627 51	2.750 9	2.123 4	0.70
0.22	0.239 04	0.621 01	2.794 8	2.173 7	0.70
0.23	0.236 75	0.614 52	2.848 3	2.233 8	0.70
0.24	0.234 83	0.608 02	2.893 4	2.285 4	0.70
0.25	0.233 3	0.603 15	2.929 9	2.326 8	0.70
0.26	0.231 39	0.596 66	2.976 2	2.379 5	0.70
0.27	0.229 48	0.590 16	3.021 2	2.431 1	0.70
0.28	0.227 95	0.585 29	3.059	2.473 7	0.70
0.29	0.226 04	0.580 42	3.106 5	2.526 1	0.70
0.30	0.224 51	0.575 55	3.144 2	2.568 7	0.70
0.31	0.222 98	0.570 68	3.182	2.611 3	0.70

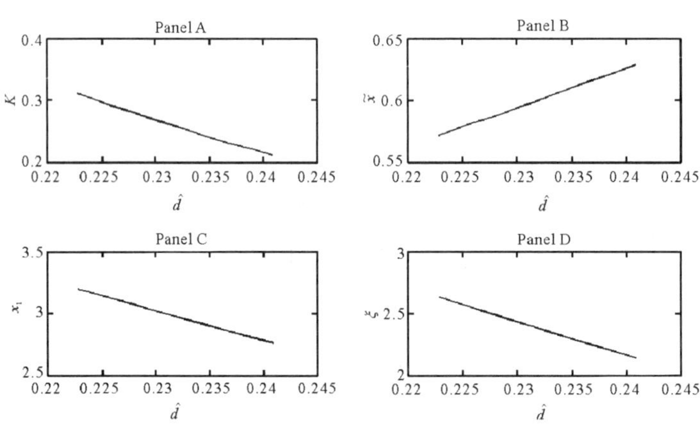

图 8-10 固定 $\sigma = 0.7$ 和变化交易成本 K 时各参数关系的稳健性检验

例 8.5.10 固定 $\sigma = 0.9$，设 $k_1 = -0.02$，$\lambda = 0.06$，$k = 0.6$，$\mu = 0.5$，$\sigma_1 = 0.1$，K 从 0.05 以步长 0.01 变化到 0.30，各参数的值见表 8-10，各参数关系的稳健性检验见图 8-11。

表 8-10 固定 $\sigma = 0.9$ 和变化交易成本 K 时各参数的值

K	$\hat{d}$	$\tilde{x}$	x_1	ξ	σ
0. 05	0. 192 7	1. 176 9	2. 468 9	1. 292	0. 90
0. 06	0. 190 19	1. 157 1	2. 579 4	1. 422 2	0. 90
0. 07	0. 187 67	1. 138 7	2. 689 9	1. 551 2	0. 90
0. 08	0. 185 66	1. 122 9	2. 779	1. 656 1	0. 90
0. 09	0. 183 64	1. 108 5	2. 869 8	1. 761 4	0. 90
0. 10	0. 181 88	1. 095 3	2. 950 7	1. 855 4	0. 90
0. 11	0. 180 12	1. 082 1	3. 031 6	1. 949 5	0. 90
0. 12	0. 178 61	1. 070 3	3. 102 7	2. 032 4	0. 90
0. 13	0. 176 85	1. 057 1	3. 185 6	2. 128 4	0. 90
0. 14	0. 175 34	1. 046 6	3. 256 6	2. 21	0. 90
0. 15	0. 174 09	1. 037 4	3. 315 8	2. 278 4	0. 90
0. 16	0. 172 58	1. 025 6	3. 388 8	2. 363 3	0. 90
0. 17	0. 171 32	1. 016 4	3. 45	2. 433 7	0. 90
0. 18	0. 169 81	1. 005 8	3. 525	2. 519 2	0. 90
0. 19	0. 168 55	0. 996 62	3. 586 2	2. 589 6	0. 90
0. 20	0. 167 42	0. 987 41	3. 641 4	2. 654	0. 90
0. 21	0. 166 29	0. 979 52	3. 698 7	2. 719 2	0. 90
0. 22	0. 165 03	0. 970 31	3. 761 8	2. 791 5	0. 90
0. 23	0. 164 02	0. 963 73	3. 813 1	2. 849 4	0. 90
0. 24	0. 162 89	0. 954 52	3. 870 4	2. 915 9	0. 90
0. 25	0. 161 76	0. 946 62	3. 929 6	2. 983	0. 90
0. 26	0. 160 75	0. 940 05	3. 980 9	3. 040 8	0. 90
0. 27	0. 159 75	0. 932 15	4. 034 2	3. 102	0. 90
0. 28	0. 158 74	0. 924 26	4. 085 5	3. 161 2	0. 90
0. 29	0. 157 73	0. 917 68	4. 138 8	3. 221 1	0. 90
0. 30	0. 156 85	0. 911 1	4. 186 1	3. 275	0. 90

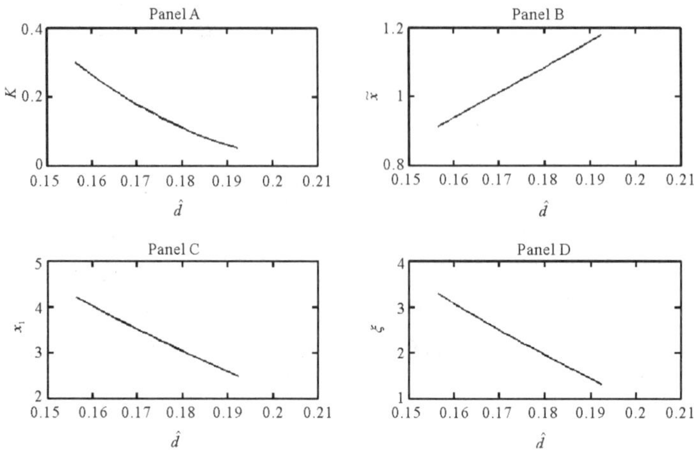

图 8-11　固定 $\sigma = 0.9$ 和变化交易成本 K 时各参数关系的稳健性检验

例 8.5.11　固定 $\sigma = 0.85$，设 $k_1 = -0.02$，$\lambda = 0.07$，$k = 0.5$，$\mu = 0.35$，$\sigma_1 = 0.1$，K 从 0.05 以步长 0.01 变化到 0.30，各参数的值见表 8-11，各参数关系的稳健性检验见图 8-12。

表 8-11　固定 $\sigma = 0.85$ 和变化交易成本 K 时各参数的值

K	$\hat{d}$	$\tilde{x}$	x_1	ξ	σ
0.05	0.084 827	0.957 53	2.108 8	1.151 3	0.85
0.06	0.083 33	0.932 35	2.196 9	1.264 6	0.85
0.07	0.082 082	0.911 37	2.273 9	1.362 5	0.85
0.08	0.080 835	0.890 38	2.349 4	1.459	0.85
0.09	0.079 587	0.870 8	2.427 7	1.556 9	0.85
0.10	0.078 34	0.849 82	2.507 5	1.657 7	0.85
0.11	0.077 342	0.834 43	2.571 8	1.737 4	0.85
0.12	0.076 344	0.817 64	2.636 2	1.818 5	0.85
0.13	0.075 346	0.802 26	2.701 9	1.899 7	0.85
0.14	0.074 598	0.791 06	2.752 3	1.961 2	0.85
0.15	0.073 6	0.774 28	2.819 4	2.045 2	0.85
0.16	0.072 851	0.763 09	2.871 4	2.108 3	0.85
0.17	0.072 103	0.751 9	2.922 8	2.170 9	0.85
0.18	0.071 229	0.737 91	2.983 6	2.245 7	0.85

表8-11(续)

K	$\hat{d}$	$\tilde{x}$	x_1	ξ	σ
0. 19	0. 070 481	0. 726 72	3. 037 1	2. 310 4	0. 85
0. 20	0. 069 857	0. 716 92	3. 081 2	2. 364 3	0. 85
0. 21	0. 069 109	0. 705 73	3. 134 7	2. 429	0. 85
0. 22	0. 068 36	0. 694 54	3. 189 3	2. 494 7	0. 85
0. 23	0. 067 737	0. 684 75	3. 235 4	2. 550 7	0. 85
0. 24	0. 067 113	0. 674 96	3. 281 6	2. 606 6	0. 85
0. 25	0. 066 489	0. 666 56	3. 328 8	2. 662 2	0. 85
0. 26	0. 065 865	0. 656 77	3. 376	2. 719 2	0. 85
0. 27	0. 065 304	0. 648 38	3. 419	2. 770 6	0. 85
0. 28	0. 064 743	0. 639 99	3. 462	2. 822 1	0. 85
0. 29	0. 064 119	0. 631 59	3. 510 3	2. 878 7	0. 85
0. 30	0. 063 62	0. 623 2	3. 550 2	2. 927	0. 85

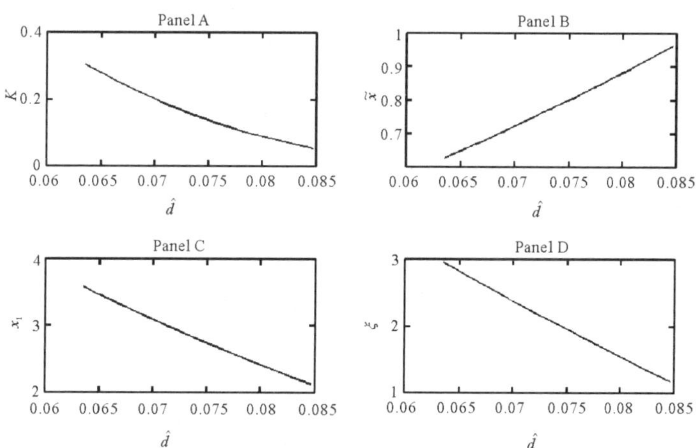

图 8-12　固定 σ = 0. 85 和变化交易成本 K 时各参数关系的稳健性检验

根据表 8-8~表 8-11 和图 8-9~图 8-12，我们可以得出结论，固定 σ 和变化交易成本时 K、$\tilde{x}$、x_1 和 ξ 与 $\hat{d}$ 的关系是稳健的，$\tilde{x}$ 随 $\hat{d}$ 的增加而增加，K、x_1 和 ξ 随着 $\hat{d}$ 的增加而减小。

例 8. 5. 12　假设 k_1 =- 0. 02，K = 0. 2，λ = 0. 08，μ = 0. 5，σ_1 = 0. 1，k = 0. 7，σ 从 0. 70 以步长 0. 01 变化到 0. 76。各未知参数和节点的值见表 8-12，各参数与 σ 关系的稳健性检验、与 $\hat{d}$ 关系的稳健性检验分别

见图 8-13、图 8-14。

表 8-12　扩散系数 σ 变化时各未知参数和节点的值

σ	$\hat{d}$	$\tilde{x}$	x_1	ξ
0.700	0.363 18	0.772 15	2.781 4	2.009 3
0.710	0.336 45	0.764 16	2.799 9	2.035 7
0.720	0.311 83	0.756 67	2.817 8	2.061 1
0.730	0.289 57	0.749 79	2.827 1	2.077 3
0.740	0.269 02	0.743 6	2.835 5	2.091 9
0.750	0.250 03	0.738 23	2.844 3	2.106 1
0.760	0.232 48	0.731 88	2.853 7	2.121 8

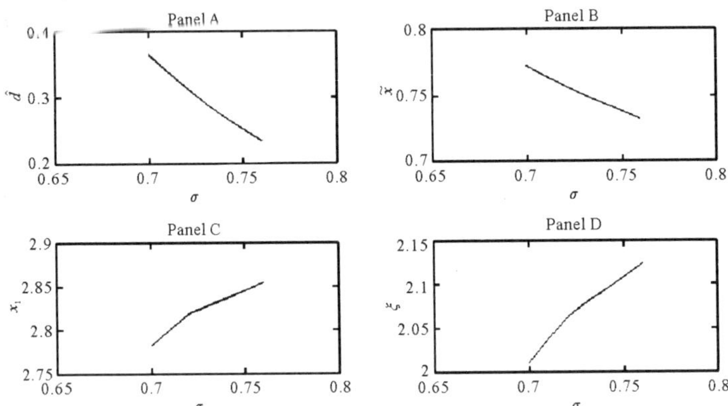

图 8-13　σ 变化时各参数与 σ 关系的稳健性检验

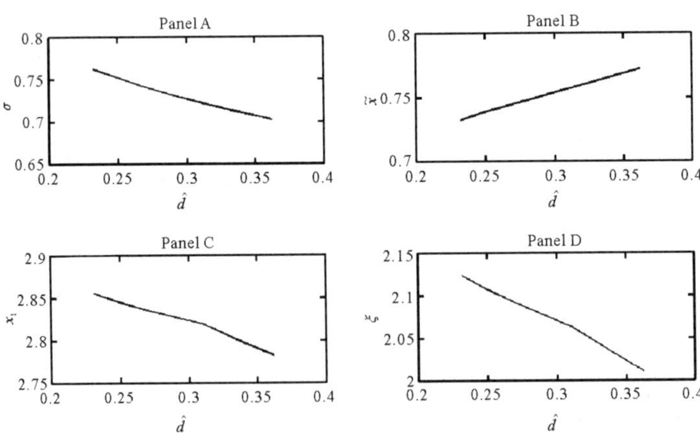

图 8-14　σ 变化时各参数与 $\hat{d}$ 关系的稳健性检验

例 8.5.13 假设$k_1=-0.02$，$K=0.15$，$\lambda=0.085$，$\mu=0.5$，$\sigma_1=0.1$，$k=0.7$，σ 从 0.78 以步长 0.01 变化到 0.83。各未知参数和节点的值见表 8-13，各参数与 σ 关系的稳健性检验见图 8-15，各参数与 $\hat{d}$ 关系的稳定性检验见图 8-16。

表 8-13 扩散系数 σ 变化时各未知参数和节点的值

σ	$\hat{d}$	$\tilde{x}$	x_1	ξ
0.780	0.178 48	0.700 03	2.489 1	1.789
0.790	0.166 46	0.696 64	2.478 9	1.782 3
0.800	0.155 31	0.693 93	2.468 8	1.774 9
0.810	0.144 97	0.691 36	2.457	1.765 6
0.820	0.135 38	0.689 87	2.446	1.756 2
0.830	0.126 7	0.688 93	2.424	1.735 1

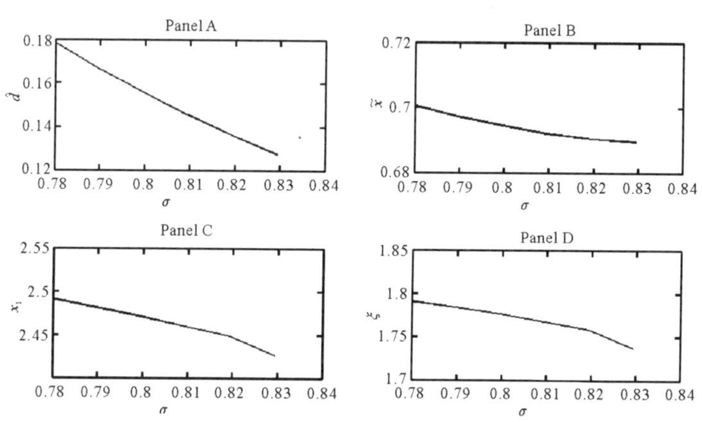

图 8-15 σ 变化时各参数与 σ 关系的稳健性检验

根据表 8-12、表 8-13 和图 8-13～图 8-16，$\tilde{x}$ 会随 $\hat{d}$ 的增加而增加，随 σ 的增加而减小。而 x_1、ξ 与 $\hat{d}$、σ 的关系，会因参数的不同而不同，它们有时会随 $\bar{c}$、μ 的增加而增加，而有时相反。所以，若 σ 固定，则 x_1、ξ 是 $\hat{d}$ 的减函数；若 $\hat{d}$ 变化，则 x_1、ξ 与 $\hat{d}$ 的关系不定。

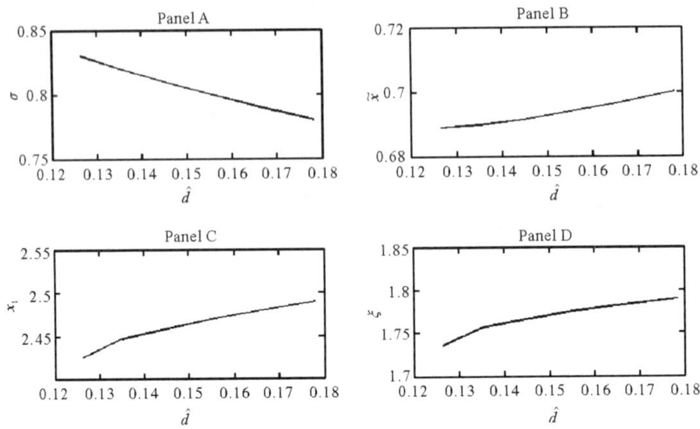

图 8-16　σ 变化时各参数与 $\hat{d}$ 关系的稳健性检验

8.5.2　模拟轨道寻找最优分红策略

例 8.5.14　设置参数 $k_1=-0.02$，$\sigma_1=0.1$，$\mu=0.5$，$\lambda=0.05$，$K=0.05$，$k=0.7$，$x_0=1$，以 $\sigma(0)=1.0$，按 $\sigma(t)$ 的随机过程，模拟 200 个点的轨道，$\sigma(t)$ 的轨道见图 8-17。

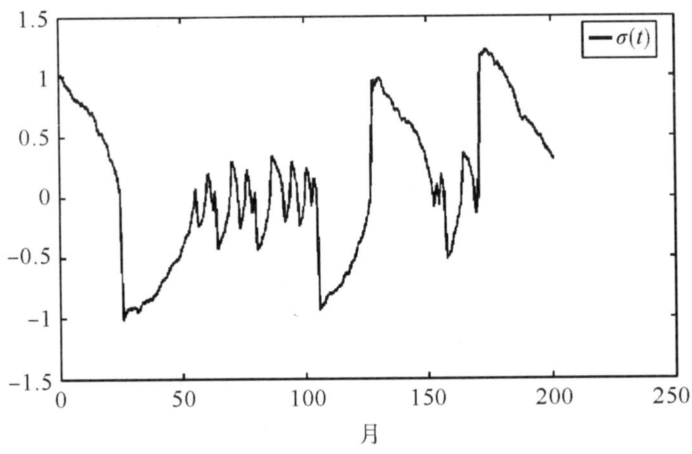

图 8-17　$\sigma(t)$ 的轨道

基于这个轨道，我们找到了初值 $X(0)=1$ 的资产盈余 $X(t)$ 的轨道和分红壁 $x_1(t)$ 的轨道，以及对应的分红点和分红数量，如图 8-18、图 8-19、图 8-20所示。

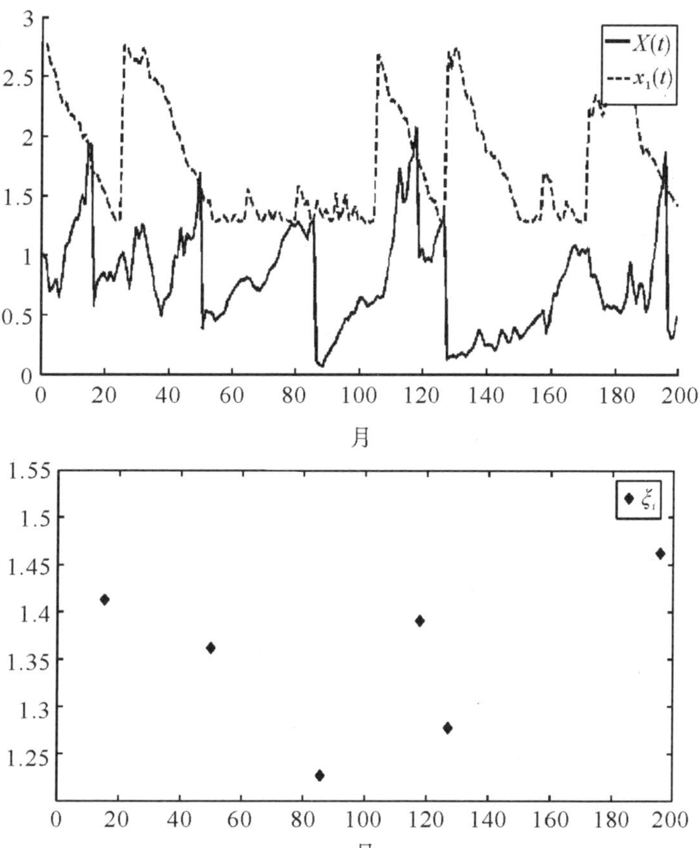

图 8-18　分红事件过程、分红点和分红数量 I

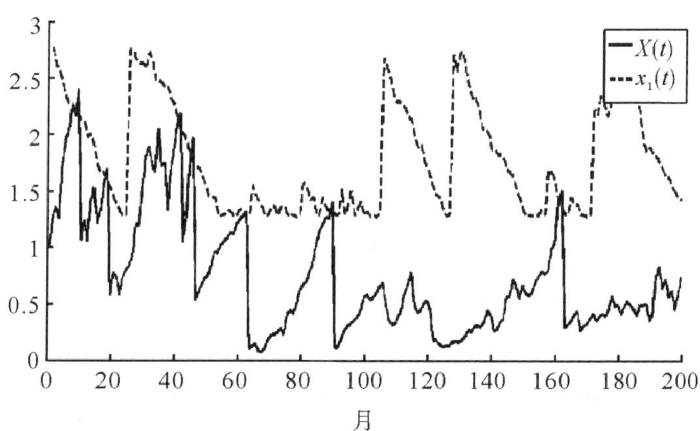

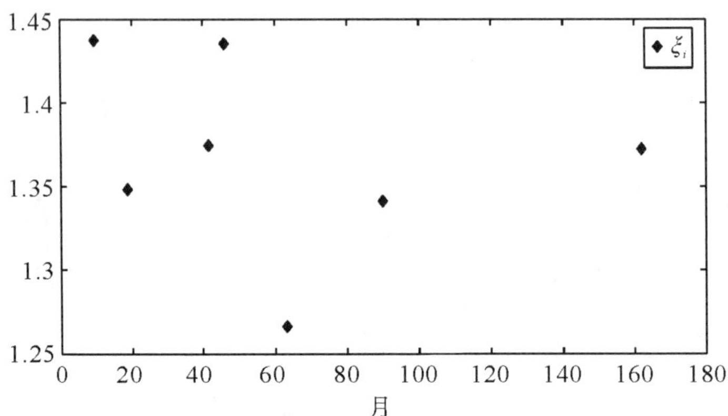

图 8-19　分红事件过程、分红点和分红数量Ⅱ

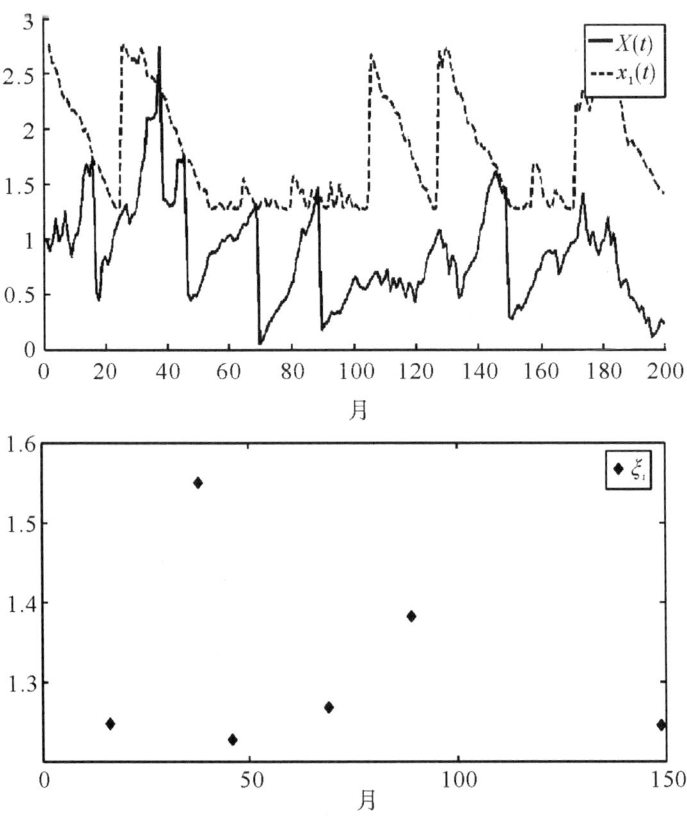

图 8-20　分红事件过程、分红点和分红数量Ⅲ

例8.5.15　设置参数 $k_1=-0.02$，$\sigma_1=0.1$，$\mu=0.5$，$\lambda=0.05$，$K=0.3$，$k=0.75$，$x_0=1$，基于轨道图8-17，我们找到了初值 $X(0)=1$ 的资产盈余 $X(t)$ 的轨道、分红壁 $x_1(t)$ 的轨道，以及对应的分红点和分红数量，如图8-21、图8-22所示。

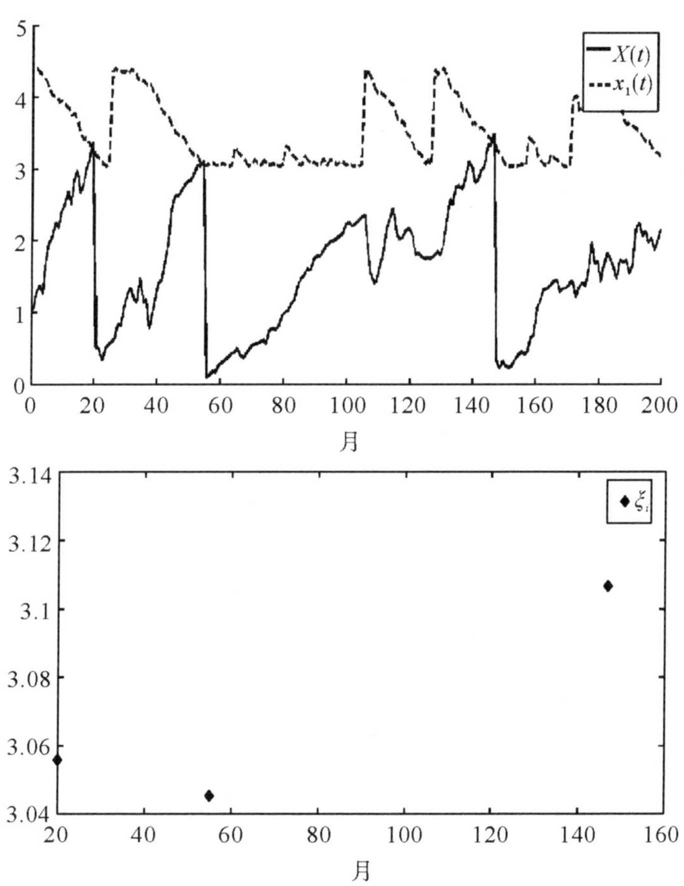

图8-21　分红事件过程、分红点和分红数量Ⅳ

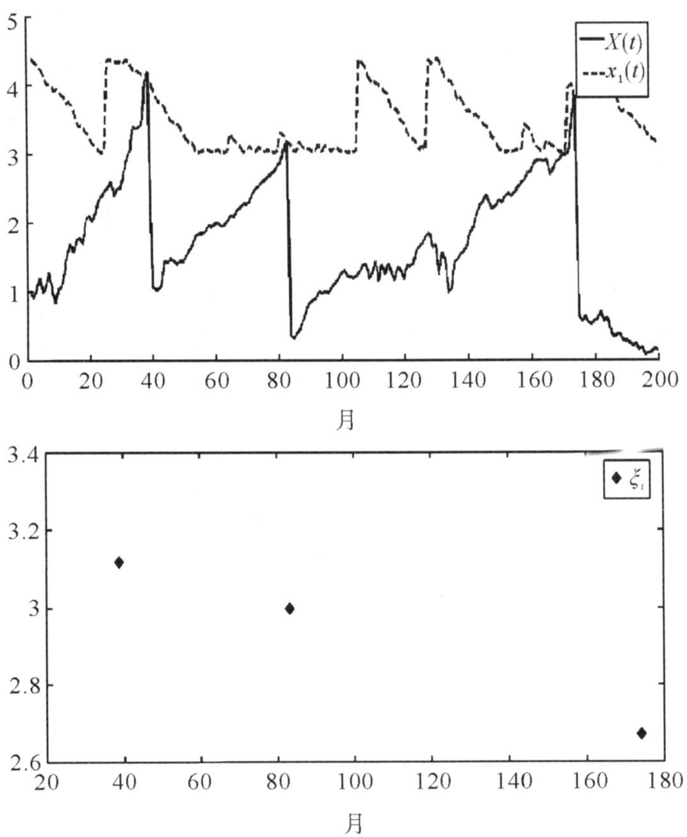

图 8-22　分红事件过程、分红点和分红数量 V

根据图 8-18~图 8-22，分红壁 $x_1(t)$ 是一个变化的值，并且不同的分红点，其分红数量是不同的，分红时间间隔也不固定。分红壁越大，分红频率越低，这是因为分红壁越大，公司收益越不容易超越分红标准，分红就越不易实现。相比卡德尼拉斯等（Cadenillas，2006）得出的固定分红壁、固定分红数量，我们的结果更加符合实际情况。下面是进一步的稳健性检验。

例 8.5.16　设置参数 $k_1=-0.05$，$\sigma_1=0.1$，$\mu=0.5$，$\lambda=0.05$，$K=0.05$，$k=0.8$，$x_0=1$，以 $\sigma(0)=0.5$ 为初值，按 $\sigma(t)$ 遵循的随机过程，模拟一个 200 个点的轨道。$\sigma(t)$ 的轨道见图 8-23。

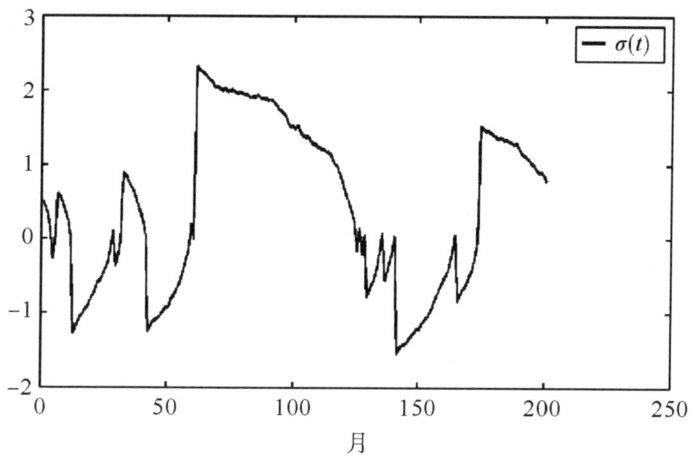

图 8-23　$\sigma(t)$ 的轨道

基于这个轨道，同样找到了初值 $X(0)=1$ 的资产盈余 $X(t)$ 的轨道和分红壁 $x_1(t)$ 的轨道，以及对应的分红点和分红数量，如图 8-24、图 8-25、图 8-26所示。

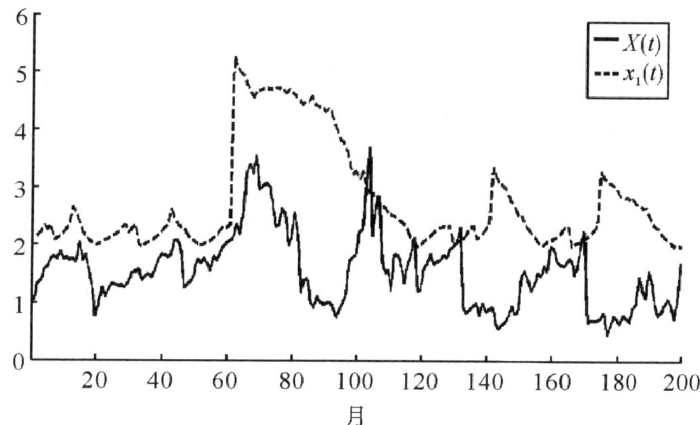

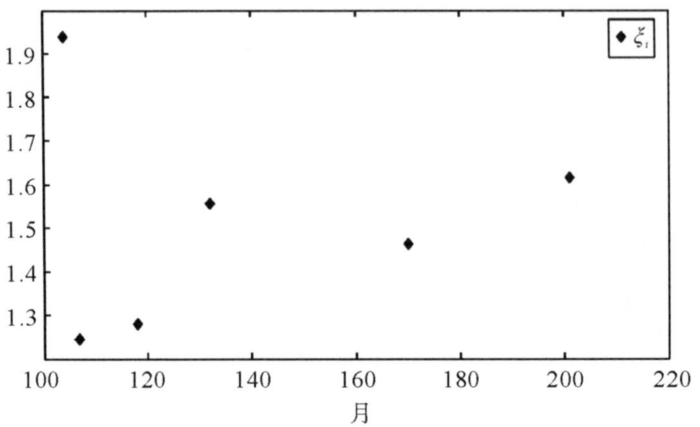

图 8-24　分红事件过程、分红点和分红数量Ⅵ

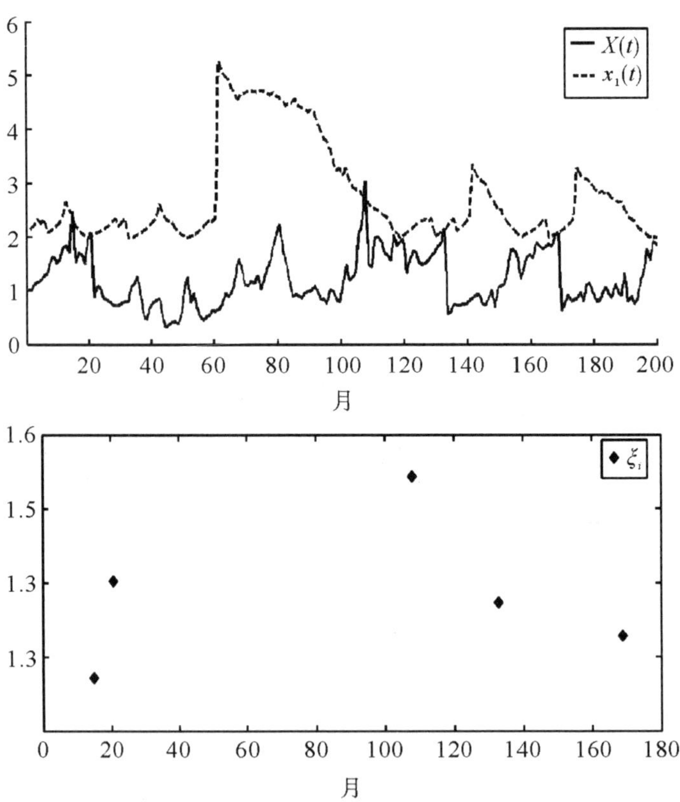

图 8-25　分红事件过程、分红点和分红数量Ⅶ

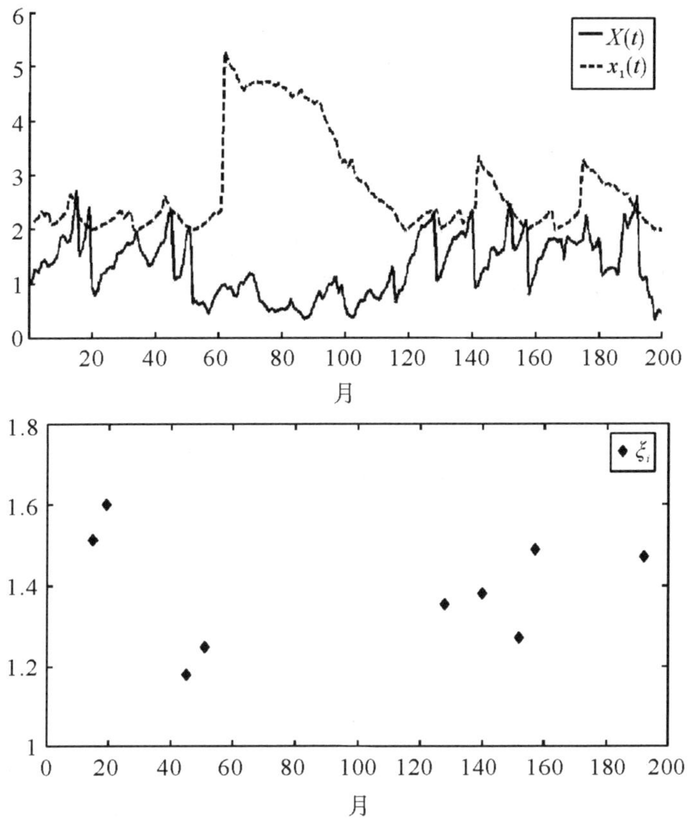

图 8-26　分红事件过程、分红点和分红数量Ⅷ

例 8.5.17　设置参数 $k_1=-0.05$，$\sigma_1=0.1$，$\mu=0.5$，$\lambda=0.05$，$K=0.3$，$k=0.75$，$x_0=1$，以 $\sigma(0)=0.5$ 为初值，基于轨道图 8-23，我们找到了初值 $X(0)=1$ 的资产盈余 $X(t)$ 的轨道和分红壁 $x_1(t)$ 的轨道，以及对应的分红点和分红数量，如图 8-27、图 8-28 所示。

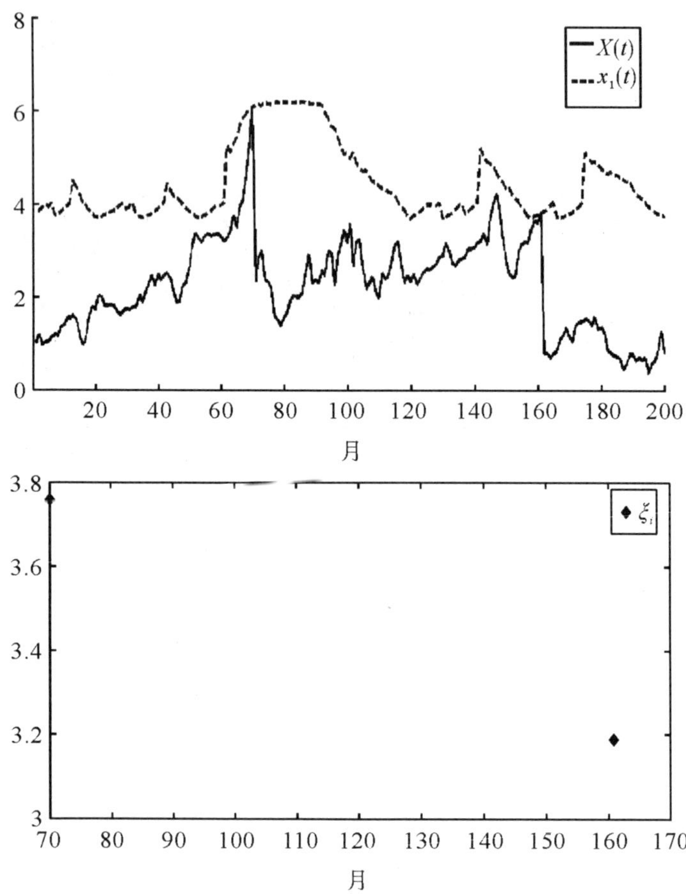

图 8-27　分红事件过程、分红点和分红数量Ⅸ

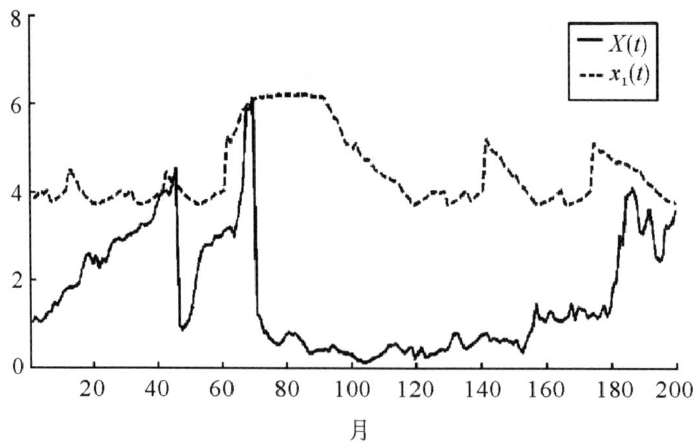

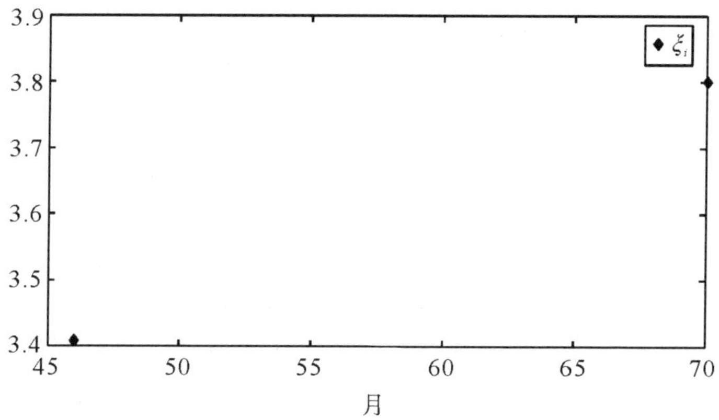

图 8-28　分红事件过程、分红点和分红数量 X

我们根据图 8-24～图 8-28 可以得出和例 8.5.14、例 8.5.15 同样的结论。

8.6　本章附录

附录 A　（1）对方程（8.12）进行求解。

解：我们知道 λ 大于 0，下面我们尝试找到如下方程的解

$$w''(\sigma)+\frac{2k_1}{\sigma_1^2\sigma}w'(\sigma)+\left(\frac{\gamma\mu^2}{\sigma^2\sigma_1^2(1-\gamma)}-\frac{2\lambda}{\sigma_1^2}\right)w(\sigma)=0 \qquad (8.26)$$

我们假设

$$\begin{cases} p=\dfrac{2k_1}{\sigma_1^2\sigma} \\ q=\dfrac{\gamma\mu^2}{\sigma^2\sigma_1^2(1-\gamma)}-\dfrac{2\lambda}{\sigma_1^2} \end{cases}$$

那么可以得到下式

$$\begin{aligned} R &= q-\frac{p^2}{4}-\frac{1}{2}\frac{dp}{d\sigma} \\ &= \left(\frac{\gamma\mu^2}{\sigma_1^2(1-\gamma)}-\frac{k_1^2}{\sigma_1^4}-\frac{2k_1}{\sigma^2}\right)\frac{1}{\sigma^2}-\frac{2\lambda}{\sigma_1^2} \end{aligned}$$

从上面的表达式可以看到，如果取

$$\gamma = \gamma^* = \frac{k_1^2 - k_1\sigma_1^2}{k_1^2 - k_1\sigma_1^2 + \mu^2\sigma_1^2}$$

那么就有

$$R = \frac{-2\lambda}{\sigma_1^2}$$

此时，再假设

$$w(\sigma) = ze^{-\frac{1}{2}\int p(\sigma)\mathrm{d}\sigma} = z\sigma^{-\frac{k_1}{\sigma_1^2}} \tag{8.27}$$

把上面这个假设代入方程（8.26），即可得关于 z 的新的非常简单的方程

$$z'' + Rz = 0$$

解上面的常微分方程，我们能够得到

$$z = C_1 e^{\frac{\sqrt{2\lambda}}{\sigma_1}\sigma} + C_2 e^{\frac{\sqrt{2\lambda}}{\sigma_1}\sigma}$$

然后把上解代入（8.27），我们可得方程（8.26）的一般解如下

$$\mathrm{w}(\sigma) = \mathrm{C}_1 \mathrm{e}^{\frac{\sqrt{2\lambda}}{\sigma_1}}\sigma^{-\frac{k_1}{\sigma_1^2}} + \mathrm{C}_2 \mathrm{e}^{-\frac{\sqrt{2\lambda}}{\sigma_1}}\sigma^{-\frac{k_1}{\sigma_1^2}}$$

其中，C_1、C_2 是可求得的数值。

（2）对方程（8.15）的求解。

解：我们知道 λ 大于 0，下面尝试找到如下方程的解

$$\bar{w}''(\sigma) + \frac{2k_1}{\sigma_1^2\sigma}\bar{w}'(\sigma) + \left(\frac{\sigma^2}{\sigma_1^2} + \frac{2\mu - 2\lambda}{\sigma_1^2}\right)\bar{w}(\sigma) = 0 \tag{8.28}$$

基于二阶偏微分方程的幂级数解法的相关知识，我们知道，在区间上有两个线性独立的解，假设他们分别为

$$\begin{cases} \bar{w}_1(\sigma) = \sum\limits_{m=0}^{\infty} a_{2m}\sigma^{m+c_1} \\ \bar{w}_2(\sigma) = \sum\limits_{m=0}^{\infty} b_{2m}\sigma^{m+c_2} \end{cases} \tag{8.29}$$

或者

$$\begin{cases} \bar{w}_1(\sigma) = \sum\limits_{m=0}^{\infty} a_{2m}\sigma^{m+c_1} \\ \bar{w}_3(\sigma) = F\bar{w}_1(\sigma)\ln\sigma + \sum\limits_{m=0}^{\infty} b_{2m}\sigma^{m+c_2} \end{cases}$$

其中，a_0、b_0 都不为 0，而 F、c_1、c_2 都是可求得的数值。

首先，把（8.26）式代入（8.27）式，得到

$$\sigma^{\bar{c}}(\sum_{m=0}^{\infty}(\bar{c}+m)(\bar{c}+m-1)\bar{x}_m\sigma^m +$$

$$\sum_{m=0}^{\infty}\alpha_1(\bar{c}+m)\bar{x}_m\sigma^m + \sum_{m=0}^{\infty}\alpha_2\bar{x}_m\sigma^{m+4} + \sum_{m=0}^{\infty}\alpha_3\bar{x}_m\sigma^{m+2}) = 0$$

其中，$\bar{c}$ 代表 c_1 或 c_2，而 $\bar{x}$ 代表 a_m 或 b_m 。

上面的方程两边同时除以 $\mu^{\bar{c}}$ ，那么基于所有幂的系数都应该等于 0，能得到如下方程组

$$\begin{cases}(\bar{c}^2-\bar{c}+\alpha x_1\bar{c})\bar{x}_0=0\\(\bar{c}^2-\bar{c}+\alpha_1\bar{c}+\alpha_1)\bar{x}_1=0\\(\bar{c}+2)(\bar{c}+1+\alpha_1)\bar{x}_2+\alpha_3\bar{x}_0=0\\(\bar{c}+3)(\bar{c}+2+\alpha_1)\bar{x}_2+\alpha_3\bar{x}_1=0\\[(\bar{c}+m)^2+(\alpha_1-1)(\bar{c}+m)]\bar{x}_m+\alpha_3\bar{x}_{m-2}+\alpha_2\bar{x}_{m-4}=0,\ m=4,\ 5,\ \cdots\end{cases}$$

对上面这个方程组进行简单的运算，我们可求得两组系数的递推式

$$a_{2m}=\begin{cases}a_0\neq 0,\ m=0\\\dfrac{-\alpha_3}{2(1+\alpha_1)}a_0,\ m=1\\\dfrac{-\alpha_3}{(2m)^2+(\alpha_1-1)(2m)}a_{2m-2}+\dfrac{-\alpha_2}{(2m)^2+(\alpha_1-1)(2m)}a_{2m-4},\ m\geqslant 2\end{cases}$$

以及

$$b_{2m}=\begin{cases}b_0\neq 0,\ m=0\\\dfrac{-\alpha_3}{2(3-\alpha_1)}b_0,\ m=1\\\dfrac{-\alpha_3}{(2m)^2-(\alpha_1-1)(2m)}b_{2m-2}+\dfrac{-\alpha_2}{(2m)^2-(\alpha_1-1)(2m)}b_{2m-4},\ m\geqslant 2\end{cases}$$

收敛半径 R 的值，我们可以很容易求解，具体如下

$$R=\lim_{m\to\infty}|\bar{x}_{2m-2}/\bar{x}_{2m}|=\infty$$

然后把上面两组设定的解代入（8.29）式，我们能计算出方程（8.28）的两个特解

$$\bar{w}_1(\sigma)=\sum_{m=0}^{\infty}a_0(1+(-\frac{\alpha_3}{2(1+\alpha_1)})\sigma^2+(\frac{\alpha_3^2-2\alpha_2-2\alpha_1\alpha_2}{8(3+\alpha_1)(1+\alpha_1)})\sigma^4+\cdots)$$

$$\bar{w}_2(\sigma)=\sigma^{1-\alpha_1}\sum_{m=0}^{\infty}b_0(1+(-\frac{\alpha_3}{2(3-\alpha_1)})\sigma^2+(\frac{\alpha_3^2-6\alpha_2+2\alpha_1\alpha_2}{8(3-\alpha_1)(5-\alpha_1)})\sigma^4+\cdots)$$

当 $k_1 \neq 0$ 时，$\bar{w}_1(\sigma)$ 与 $\bar{w}_2(\sigma)$ 不相关，所以方程（8.28）的一般解可以表示为

$$\begin{aligned}\bar{w}(\sigma) &= C_3\bar{w}_1(\sigma) + C_4\bar{w}_2(\sigma) \\ &= C_2\sum_{m=0}^{\infty}(1+(-\frac{\alpha_3}{2(1+\alpha_1)})\sigma^2+(\frac{\alpha_3^2-2\alpha_2-2\alpha_1\alpha_2}{8(3+\alpha_1)(1+\alpha_1)})\sigma^4+\cdots)+ \\ &\quad C_4\sigma^{1-\alpha_1}\sum_{m=0}^{\infty}(1+(-\frac{\alpha_3}{2(1+\alpha_1)})\sigma^2+(\frac{\alpha_3^2-6\alpha_2+2\alpha_1\alpha_2}{8(3-\alpha_1)(5-\alpha_1)})\sigma^4+\cdots)\end{aligned}$$

附录 B　当 $x \in (x_0, x_1)$ 时，不等式 $v_{xxx}(x, \mu) > 0$ 成立。

证明： 从上文我们得知，当 $x \in (x_0, x_1)$ 时，有 $v_{xxx}(x, \mu) = C(\mu)(a_1e^x - a_2e^{-x})$，下面我们来化简这个式子。

$$\begin{aligned}& v_{xxx}(x, \sigma) \\ &= w(\sigma)[a_1e^x - a_2e^{-x}] \\ &= w(\sigma)(\frac{x_0^{\gamma-1}}{2})[(\gamma+x_0)e^{x-x_0}+(\gamma-x_0)e^{-x+x_0}] \qquad (8.30) \\ &= w(\sigma)(\frac{x_0^{\gamma-1}}{2})[\gamma(e^{x-x_0}+e^{-x+x_0})+x_0(e^{x-x_0}-e^{-x+x_0})]\end{aligned}$$

这里，确定了 σ 的值，x_0 的值也就随之确定了。设 $F(x, \sigma)$，然后我们能发现它是一个关于 x 的增函数。所以，当 x 在区间 (x_0, x_1) 时，我们能得到

$$F(x, \sigma) \geqslant F(0, \sigma) = 0$$

另外，根据 x 在区间 $(0, x_0)$ 上的函数大于 0，即

$$v(x, \sigma) = w(\sigma)x^{\gamma} > 0$$

我们得到 $w(\sigma) > 0$，又因为（8.30）式余下的部分全都大于 0。所以，当 x 在区间 (x_0, x_1) 时，$v_{xxx}(x, \sigma) > 0$。

8.7　本章小结

在本章中，我们试图寻找带有随机扩散项的脉冲红利模型的最优红利策略。当然，和第 6 章和第 7 章一样，本章同时考虑带有交易成本、红利利率及再保险条件下的最优分红策略。本章假设这个随机扩散系数遵循一种特殊随机过程，首先，我们把这个问题转换为一个 QVI 问题，然后尝试

求解 QVI。通过恰当的方法，我们找到了值函数。其次，通过分析值函数的导数，我们找到了唯一的 QVI 问题的未知参数及自变量节点。再次，我们证明基于所求的解的分红策略就是最优分红策略。最后，本章用大量的数值实验证明了分红策略的合理性。同时，每次分红数量和分红时间间隔不变化，分红壁有明显变化时，分红的频率随分红壁的增大而减小，这与现实情况非常相符。

9 总结与后续研究

9.1 总结

第一个部分是最优投资组合方面的工作。我们将风险调整收益最大化的最优投资策略从原来的二维延伸到 n 维，研究了基于风险调整收益最大化的含有任意多种风险资产的静态和动态投资组合问题。本书研究一个带广义线性约束的非线性优化问题。本书通过引入辅助变量对模型进行化简，发现最优投资组合与辅助变量的非线性函数的零点有关。本书设计了二分法算法对辅助函数进行求解。为了验证我们理论的合理性，我们将该方法与传统的最小风险法进行实证比较，样本内和样本外的比较结果都显示：我们研究的最大风险调整收益法明显好于传统的最小风险法，同时，我们提出的动态投资策略也明显优于静态策略。

第二个部分是研究最优分红策略。本书通过将漂移和扩散系数随机化，扩展了卡德尼拉斯（Cadenillas，2006）等的工作，研究了包含交易成本、红利税、存在再保险的最优红利策略问题。我们首先把目标值函数转换成拟变分不等式，基于这个不等式得到一个二元二阶变系数微分方程，这类方程没有一般的解决方法，解决起来相当困难，只能根据具体情况具体分析。我们通过选择合理的微分方程的求解方法，把它化为仅仅含有一个未知变量，即只含漂移系数的二阶变系数微分方程，随后进行合理的求解。对于我们研究的符合某类随机过程的漂移系数，本书都得到了光滑解，我们也用随机控制的验证定理证明了本书找到的某个解就是值函数，基于这个解的分红策略就是最优分红策略。同时，对于本书研究的符合随机漂移的两个随机过程和符合随机扩散的一种特殊随机过程，在我们研究的参数范围内，都幸运地找到了最优策略。为了验证我们的理论，本书每章都给出了大量的数值算例，计算结果与理论分析完全一致。同时我们也欣喜地看到，本书计算出的最优分红策略相比以前成果，与现实情况更加相符。

可是，我们也看到，本书的研究有些是基于参数满足某种条件，并没有涵盖参数所有的经济上所能取值的范围，我们的后续研究会涉及这些情况。

9.2 后续研究

关于最优投资组合的后续研究如下：

首先，考虑到现实世界中收益或风险都是会随时变化的，我们拟深入研究基于最大化风险调整收益的动态投资组合问题，希望得到鲁棒和自适应的动态投资策略，使得动态风险调整收益最大化。

其次，本书模型中假设各项风险资产是可以卖空的。在资产不能卖空限制条件下的最大化风险调整收益的最优投资组合也是我们的后续研究工作。

关于最优分红策略的后续研究如下：

首先，由于 x_0 小于 0 的讨论相当复杂，本书没有包含这种情形。关于这种情况，在第 7 章中如果 k_2 不等于 0 时可能会出现，这个是我们下一个阶段准备进行的工作。

其次，我们想在模型中加入再投资，重新研究这种带随机漂移和随机扩散的最优分红策略问题。

参考文献

[1] ALBRECHER H, THONHAUSER S. Optimal dividend strategies for a risk process under force of interest [J]. Insurance: Mathematics and Economics, 2008, 43: 134-149.

[2] ALEXANDER G J, BAPTISTA A M. A comparison of VaR and CVaR constraints on portfolio selection with the Mean-Variance model [J]. Management Science, 2004, 50 (9): 1261-1273.

[3] ALEXANDER G J, BAPTISTA A M. Portfolio selection with a drawdown constraint [J]. Journal of Banking and Finance, 2006, 30: 3171-3189.

[4] ANGELIS T D, EKSTROM E. The dividend problem with a finite horizon [J]. Papers, 2017.

[5] ARCHARYA V V, GUJRAL I, KULKARNI N, ET AL. Dividends and bank capital in the financial crisis of 2007-2009 [J]. Working paper, New York University, 2012.

[6] ARCHARYA V V, LE H T, SHIN H S. Bank capital and dividend externalities [J]. Working paper, New York University, 2013.

[7] ASMUSSEN S, TAKSAR M. Controlled diffusion models for optimal dividend payout [J]. Insurance: Mathematics and Economics, 1997, 20: 1-15.

[8] AVANZI B, WONG B. On a mean reverting dividend strategy with brownian motion [J]. Insurance: Mathematics and Economics, 2012, 51: 229-238.

[9] AZCUE P, MULER N. Optimal reinsurance and dividend distribution policies in the Cramér-Lundberg model [J]. Mathematical Finance, 2005, 15: 261-308.

[10] BAI L H, GUO J Y, ZHANG H Y. Optimal excess-of-loss reinsur-

ance and dividend payments with both transaction costs and taxes [J]. Quantitative Finance, 2010, 10: 1163-1172.

[11] BELHAJ M. Optimal dividend payments when cash reserves follow a jump-diffusion process [J]. Mathematical Finance, 2010, 20: 313-325.

[12] BEN-ISRAEL A, GREVILLE T N E. Generalized inverses: Theory and applications [M]. 2th. N J: Wiley, 2002.

[13] BONELLI M, BOSSY M. Portfolio management with drawdown constraint: An analysis of optimal investment [J]. Social Science Electronic Publishing, 2017.

[14] BOYNTON W, BLOSICK G, RAINISH R F. The principal-agent problem, tracking error, and the optimal investment portfolio [J]. Applies Economics Letters, 2015, 22: 68-84.

[15] BOYNTON W, BLOSICK G, RAINISH R F. The principal-agent problem, tracking error, and the optimal investment portfolio [J]. Applies Economics Letters, 2015, 22: 68-84.

[16] CADENILLAS A, CHOULLI T, TAKSAR M, ET AL. Classical and impulse stochastic control for the optimization of the dividend and risk policies of an insurance firm [J]. Mathematical Finance, 2006, 16: 181-202.

[17] CADENILLAS A, SARKAR S, ZAPATERO F. Optimal dividend policy with mean-reverting cash reservoir [J]. Mathematical Finance, 2007, 17: 81-109.

[18] CAI J, GERBER H U, YANG H L. Optimal dividends in an Ornstein-Uhlenbeck Type Model with credit and debit interest [J]. North American Actuarial Journal, 2006, 10: 94-108.

[19] CHEN A, NGUYEN T, STADJE M. Optimal investment under VaR-Regulation and Minimum Insurance [J]. Insurance: Mathematics and Economics, 2018: 79.

[20] CHEN C, WU C. The dynamics of dividends, earnings and stock prices: Evidence and implications for dividend smoothing and signaling [J]. Journal of Empirical Finance, 1999, 6: 29-58.

[21] CHEN S, LI Z, ZENG Y. Optimal dividend strategies with time-inconsistent preferences [J]. Journal of Economic Dynamics and Control, 2014, 46: 150-172.

[22] CHENG G, ZHAO Y. Optimal risk and dividend strategies with transaction costs and terminal value [J]. Economic Modelling, 2016, 54: 522-536.

[23] CHOULLI T, TAKSAR M, ZHOU X Y. Excess-of-loss reinsurance for a company with debt liability and constraints on risk reduction [J]. Quantitative Finance, 2001, 1: 573-596.

[24] CHOULLI T, TAKSAR M, ZHOU, ET AL. A diffusion model for optimal dividend distribution for a company with constraints on risk control [J]. SIAM Journal on Control and Optimization, 2003, 41: 1946-1979.

[25] CONSIGLI G. Tail estimation and mean-VaR portfolio selection in markets subject to financial instability [J]. Journal of Banking & Finance, 2002, 26 (7): 1355-1382.

[26] DEANGELO H, DEANGELO L. The irrelevance of the MM dividend irrelevance theorem [J]. Journal of Financial Economics, 2006, 79: 293-315.

[27] DECAMPS J P, VILLENEUVE S. Optimal dividend policy and growth option [J]. Finance and Stochastics, 2007, 11: 3-27.

[28] DINGJUN Y, RONGMING W, LIN X U. Optimal dividend, capital injection and excess-of-loss reinsurance strategies for insurer with a terminal value of the bankruptcy [J]. Scientia Sinica, 2017.

[29] FERRARI G, SCHUHMANN P. An optimal dividend problem with capital injections over a finite horizon [J]. Papers, 2018.

[30] FORSYTHE G E, MALCOLM M A, MOLER C B. Computer methods for mathematical Computation [M]. N J: Prentice - Hall, Englewood Cliffs, 1977.

[31] FU C, LARI-LAVASSANI A, LI X. Dynamic mean-variance portfolio selection with borrowing constraint [J]. European Journal of Operational Research, 2010, 200 (1): 312-319.

[32] GERBER H U, COOVAERTS M J, KAAS R. On the probability and severity of ruin [J]. The Journal of the IAA, 1987, 17: 151-163.

[33] GERBER H U, SHIU E S W. Optimal dividends: Analysis with Brown motion [J]. North American Actuarial Journal, 2004, 8: 1-20.

[34] GIHMAN I I, SKOROHOD A V. Stochastic differential equations [M]. Berlin: Springer-Verlag, 1972.

[35] GRULLON G, MICHAELY R, SWAMINATHAN B. Are dividend changes a sign of firm maturity? [J] Journal of business, 2002, 75: 387-424.

[36] GUIDOLIN M, TIMMERMANN A. International asset allocation under regime switching, skew, and kurtosis preferences [J]. Review of Financial Studies, 2008, 21: 889-935.

[37] HARVEY C R, LIECHTY J C, LIECHTY M W, ET AL. Portfolio selection with higher moments [J]. Quantitative Finance, 2010, 10: 469-485.

[38] HATEMI-J A, EI-KHATIB Y. Portfolio selection: An alternative approach [J]. Economics Letters, 2015, 135: 141-143.

[39] HESSELAGER O. Some results on optimal reinsurance in terms of the adjustment coefficient [J]. Scandinavian Actuarial Journal, 1990: 80-95.

[40] HøJGAARD B, TAKSAR M. Optimal proportional reinsurance policies for diffusion models with transaction costs [J]. Insurance: Mathematics and Economics, 1998a, 22: 41-51.

[41] HøJGAARD B, TAKSAR M. Optimal proportional reinsurance policies for diffusion models [J]. Scandinavian Actuarial Journal, 1998b, 2: 166-168.

[42] HøJGAARD B, TAKSAR M. Optimal dynamic portfolio selection for a corporation with controllable risk and dividend distribution policy [J]. Quantitative Finance, 2004, 4: 315-327.

[43] HUANG X X, DI H. Uncertain portfolio selection with background risk [J]. Applied Mathematics and Computation, 2016, 276: 284-296.

[44] HUNTING M, PAULSEN J. Optimal dividend policies with transaction costs for a class of jump-diffusion process [J]. Finance and Stochastic, 2013, 17: 73-106.

[45] HWANG S, SATCHELL S E. Modelling emerging market risk premia using higher moments [J]. International Journal of Finance and Economics, 1999, 4: 271-296

[46] JENSEN M C. Agency costs of free cash flow, corporate finance, and takeovers [J]. American Economic Review, 1986, 76: 323-329.

[47] JIN Z, YIN G. An optimal dividend policy with delayed capital injections [J]. Australian and New Zealand Industrial and Applied Mathematics Journal, 2013, 55: 129-150.

[48] JIN Z, YIN G G, YANG H. Approximation of Optimal Ergodic Dividend Strategies Using Controlled Markov Chains [J]. IET Control Theory and Applications, 2018, 12 (16).

[49] JOS'E-LUIS P'EREZ, KAZUTOSHI YAMAZAKI. Hybrid continuous and periodic barrier strategies in the dual model: Optimality and fluctuation identities [J]. Applied Mathematics & Optimization, 2018 (1): 1-29.

[50] JOS'E-LUIS P'EREZ, KAZUTOSHI YAMAZAKI, XIANG YU. On the bail-out optimal dividend problem [J]. Papers, 2018.

[51] JOSEF ANTON STRINI, STEFAN THONHAUSER. On a dividend problem with random funding [J]. Papers, 2019.

[52] KANE A. Skewness preference and portfolio choice [J]. Journal of Financial and Quantitative Analysis, 1982, 17: 15-25.

[53] KAO C, WU C. Rational expectations, information signalling and dividend adjustment to permanent earnings [J]. Review of Economics and Statistics, 1994a, 76: 490-502.

[54] KAO C, WU C. Tests of dividend signalling using the Marsh-Merton model: A generalized friction approach [J]. Journal of Business, 1994b, 67: 45-68.

[55] KARLIN S, TAYLOR H M. A first course in stochastic processes [M]. New York: Academic Press, 1975.

[56] KARLIN S, TAYLOR H M. A second course in stochastic processes [M]. New York: Academic Press, 1981.

[57] KEI NOBA, JOS' E - LUIS P' EREZ, XIANG YU. On the bail-out dividend problem for spectrally negative Markov additive models [J]. Papers, 2019.

[58] KONNO H, SHIRAKAWA H, YAMAZAKI H. A mean-absolute deviation-skewness portfolio optimization model [J]. Annals of Operations Research, 1993, 45: 205-220.

[59] KONNO H, YAMAZAKI H. Mean-absolute deviation portfolio opti-

mization model and its applications to Tokyo stock market [J]. Management Science, 1991, 37: 519-531.

[60] KULENKO N, SCHIMIDLI H. Optimal dividend strategies in a Cramér-Lundberg model with capital injections [J]. Insurance: Mathematics and Economics, 2008, 43: 270-278.

[61] KUMAR P. Shareholder-manager conflict and the information content of dividends [J]. Review of Financial Studies, 1988, 1: 111-136.

[62] LAI T Y. Portfolio selection with skewness: A multiple-objective approach [J]. Review of Quantitative Finance & Accounting, 1991, 1: 293-305.

[63] LEE C F, DJARRAYA M, WU C. A further empirical investigation of the dividend adjustment process [J]. Journal of Econometrics, 1987, 35: 267-285.

[64] LEE C F, GUPTA M C, CHEN H, ET AL. Optimal payout ratio under uncertainty and the flexibility hypothesis: Theory and empirical evidence [J]. Journal of Corporate Fianance, 2011, 17: 483-501.

[65] LOW R K Y. Vine copulas: Modeling systemic risk and enhancing higher-moment portfolio optimization [J]. Accounting and Finance, 2015 (2).

[66] MAO J C. Models of capital budgeting, E-V versus E-S [J]. Journal of Financial and Quantitative Analysis, 1970, 5: 657-675.

[67] MARKOWITZ H M. Portfolio selection [J]. Journal of Finance, 1952, 7: 77-91.

[68] MARKOWITZ H. Portfolio selection: Efficient diversification of investment [M]. New York: John Wiley and Sons, 1959.

[69] MARSH T, MERTON R. Dividend behavior for the aggregate stock market [J]. Journal of Business, 1987, 60: 1-40.

[70] MENG H, SIU T K. On optimal reinsurance, dividend and reinvestment strategies [J]. Economic Modelling, 2011, 28: 211-218.

[71] MERTON R C. Lifetime portfolio selection under uncertainty: The continuous-time case [J]. Review of Economics and Statistics, 1969, 51: 247-257.

[72] MERTON R C. An intertemporal capital asset pricing model [J]. Econometrica, 1973, 41: 867-887.

[73] MERTON R. Continuous-time finance [M]. Oxford: Blackwell Publishers, 1990.

[74] MILLER M H, MODIGLIANI F. Dividend policy, growth, and the valuation of shares [J]. Journal of Business, 1961, 34: 411-433.

[75] MILLER M H, ROCK K. Dividend policy under asymmetric information [J]. Journal of Finance, 1985, 40: 1031-1051.

[76] MONGE J F. Cardinality constrained portfolio selection via factor models [J]. Papers, 2017.

[77] PAULSEN J, GJESSING H K. Optimal choice of dividend barriers for a risk process with stochastic return on investments [J]. Insurance: Mathematics & Economics, 1997, 20: 215-223.

[78] PAULSEN J. Optimal dividend payouts for diffusions with solvency constraints [J]. Finance and Stochastics, 2003, 7: 457-473.

[79] PAULSEN J. Optimal dividend payments until ruin of diffusion processes when payments are subject to both fixed and proportional costs [J]. Advances in Applied Probability, 2007, 39: 669-689.

[80] PAULSEN J. Optimal dividend payments and reinvestments of diffusion process with both fixed and proportional costs [J]. SIAM Journal on Control and Optimization, 2008, 47: 2201-2226.

[81] PFLUG G. Some remarks on the value-at-risk and the conditional value-at-risk [J]. Springer US, 2000, 49: 272-281.

[82] PORNCHAI C, KRISHNAN D, SHAHID H, ET AL. Portfolio selection and skewness: evidence from international stock markets [J]. Journal of Banking and Finance, 1997, 21: 143-167.

[83] RADNER R, SHEPP L. Risk vs. profit potential: A model for corporate strategy [J]. Journal of Economic Dynamics & Control, 1996, 20: 1373-1393.

[84] REPPEN A M, JEAN CHARLES ROCHET, SONER H M. Optimal dividend policies with random profitability [J]. Mathematical Finance, 2019 (2).

[85] ROGERS L C G, WILLIAMS D. Diffusions, markov processes, and martingales [M]. 2th. Cambridge: Cambridge University Press, 1987.

[86] ROY A D. Safety first and the holding of assets [J]. Econometric,

1952, 20: 431-449.

[87] SAMUELSON P. The fundamental approximation of theorem of portfolio analysis in terms of means, variance and higher moments [J]. The Review of Economic Studies, 1970, 37: 537-542.

[88] SCHACHERMAYER W. Optimal expected exponential utility of dividend payments in a Brownian risk model [J]. Scandinavian Actuarial Journal, 2007: 73-107.

[89] SETHI S P, DERZKO N A, LEHOCZKY J. General solution of the stochastic price-dividend integral equation: A theory of financial valuation [J]. SIAM Journal on Mathematical Analysis, 1984, 15: 1100-1113.

[90] SETHI S P, DERZKO N A, LEHOCZKY J. A stochastic extension of Miller Modigliani framework [J]. Mathematical Finance, 1991, 1: 57-76.

[91] SETHI S P, TAKSAR M. Optimal financing of a corporation subject to random returns [J]. Mathematical Finance, 2002, 12: 155-172.

[92] SETHI S P, DERZKO N A, LEHOCZKY J. General solution of the stochastic price-dividend integral equation: A theory of financial valuation [J]. SIAM J. Math. Ana, 2008, 15: 1100-1113.

[93] SHARMA A, MEHRA A. Portfolio selection with a minimax measure in safety constraint [J]. Optimization, 2013, 62: 1473-1500.

[94] SIMKOWITZ M, BEEDLES W. Diversification in a three moment world [J]. Journal of Finance and Quantitative Analysis, 1978, 13: 927-941.

[95] TAKSAR M, HøJGAARD B. Controlling risk exposure and dividends payout schemes: Insurance company example [J]. Mathematical Finance, 1999, 9: 153-182.

[96] TAKSAR M, HøJGAARD B. Controlling risk exposure and dividend pay-out schemes [J]. Mathematical Finance, 2014, 9: 153-182.

[97] TAKSAR M, ZHOU X Y. Optimal risk and dividend control for a company with a debt liability [J]. Insurance Mathematics & Economics, 1998, 22: 105-122.

[98] TAN J Y, XIAO L, LIU S Y, ET AL. Dividend-reinsurance strategy in the Sparre Andersen model [J]. Acta Mathematica Sinica, 2013, 29: 405-416.

[99] WANG X, CAI J, TANG L, ET AL. VaR measurement for stock

portfolio based on BEMD-Copula-GARCH model [J]. Xitong Gongcheng Lilun yu Shijian/System Engineering Theory and Practice, 2017, 37 (2): 303-310.

[100] WANG Y, QIU Z J, QU X M. Optimal portfolio selection with maximal risk adjusted return [J]. Applied Economics Letters, 2017, 24: 1035-1040.

[101] WEI J, YANG H, WANG R. Optimal reinsurance and dividend strategies under the Markov-modulated insurance risk model [J]. Stochastic Analysis & Application, 2010, 28: 1078-1105.

[102] WU W P, GAO J J, DUAN L I. Stochastic control for multiperiod mean variance asset-liability management [J]. Control Theory & Applications, 2015, 32: 1200-1207.

[103] YAMAZAKI A. Equilibrium equity price with optimal dividend policy under junp-dinsion processes [J]. Social Science Electronic Publishing, 2017, 20 (2): 1750012.

[104] YAO D, YANG H, WANG R. Optimal dividend and capital injection problem in the dual model with proportional and fixed transaction costs [J]. European Journal of Operation Research, 2011, 211: 568-576.

[105] YAO D J, WANG R M, XU L. Optimal impulse control for dividend and capital injection with proportional reinsurance and exponential premium principle [J]. Communications in Statistics -Theory and Methods, 2017, 46: 2519-2541.

[106] ZHOU M, YUEN K C. Optimal reinsurance and dividend for a diffusion model with capital injection: Variance premium principle [J]. Economic Modelling, 2012, 29: 198-207.

[107] ZHU J, CHEN F. Dividend optimization under reserve constraints for the Cramér-Lundberg model compounded by force of interest [J]. Economic Modelling, 2015, 46: 142-156.

[108] ZHU S S, LI D, WANG S Y. Risk control over bankruptcy in dynamic portfolio selection: A generalized mean-variance formulation [J]. IEEE Transactions on Automatic Control, 2004, 49: 447-457.

[109] 鲍品娟，费为银，胡慧敏. 部分信息情形下利率非零时的最优消费投资模型研究 [J]. 大学数学，2010 (5): 116-120.

[110] 卞世博，张熠，周金花. 非自融资策略下信用债券的最优投资

策略：以 DC 型企业年金为例［J］. 管理工程学报，2017（2）：194-199.

［111］卞世博，刘海龙. 存在违约风险时的最优资产组合［J］. 管理工程学报，2012，26（3）：28-33.

［112］陈志平，袁晓玲，郤峰. 多约束投资组合优化问题的实证研究［J］. 系统工程理论与实践，2005，25（2）：10-17.

［113］陈格，陈源坪，王一婧. 离散更新风险模型中的红利与注资的最优控制［J］. 湘潭大学学报，2018，40（1）：63-66.

［114］迟国泰，吴灏文，闫达文. 基于高阶矩风险控制的贷款组合优化模型［J］. 系统工程理论与实践，2012，32（2）：257-267.

［115］樊锦靓. 基于超额损失再保险的最优投资策略［D］. 兰州：兰州理工大学，2014.

［116］傅立群，王传玉，王照. 带扰动对偶模型中 Erlang（2）分红决策时间下的最优分红［J］. 重庆工商大学学报（自然科学版），2019（4）：84-88.

［117］傅毅，张寄洲，周翠. 含有期权的最优投资与比例再保险策略［J］. 系统工程学报，2015（2）：39-47，88.

［118］甘少波，王伟. 随机成本下再保险公司的最优投资及再保险策略［J］. 统计与决策，2017（2）：152-155.

［119］郭晨霞. 基于极端损失约束的均值-方差投资组合选择研究［J］. 时代金融，2019（18）：145-148.

［120］何朝林，孟卫东. 基于矩分析的资产组合选择［J］. 数理统计与管理，2009（1）：86-92.

［121］李亚男. 伽玛过程模型下保险公司的最优分红再保险问题［J］. 南开大学学报（自然科学版），2016（4）：16-21.

［122］李仲飞，陈树敏，曾燕. 基于时间不一致性偏好与扩散模型的最优分红策略［J］. 系统工程理论与实践，2015，35（7）：1633-1645.

［123］李洁. 基于投资约束条件的企业年金最优投资组合研究［J］. 金融理论与实践，2017（7）：81-84.

［124］林祥，杨鹏. 扩散风险模型下再保险和投资对红利的影响［J］. 经济数学，2010（1）：1-8.

［125］刘烨，马世霞. 风险模型中带贵的比例再保险和交易费用的最优分红和融资控制问题［J］. 南开大学学报（自然科学版），2016（6）：31-41.

[126] 刘澜飚，张靖佳. 中国外汇储备投资组合选择：基于外汇储备循环路径的内生性分析 [J]. 经济研究，2012 (4)：137-148.

[127] 彭胜志. 基于高阶矩的投资组合优化研究 [D]. 哈尔滨：哈尔滨工业大学，2012.

[128] 屈颖爽，陈守东，王晨. 跟踪误差约束下指数化投资组合优化的实证分析 [J]. 工业技术经济，2008 (1)：123-126.

[129] 王晓繁，马世霞. 具有时间不一致性偏好的扩散对偶模型的最优分红与注资问题 [J]. 南开大学学报（自然科学版），2018 (1)：79-90.

[130] 王永茂，祁晓玉，贠小青. 基于经典风险模型的最优分红和最优注资策略研究 [J]. 郑州大学学报（理学版），2015 (2)：40-43.

[131] 吴崇试. 数学物理方法 [M]. 2版. 北京：北京大学出版社，2003.

[132] 薛涛. 带注资的风险模型的最优效用再保险和分红策略 [D]. 天津：河北工业大学，2014.

[133] 杨建辉，林日冀. 基于遗传算法的高阶矩投资组合模型研究 [J]. 河南科学，2014，32 (5)：697-702.

[134] 杨步青，叶中行. 保险公司的最优再保险和红利分配 [J]. 系统工程，2000 (6)：23-27.

[135] 杨乐. 带有比例税的非线性风险模型的最优分红与注资问题 [D]. 北京：华北电力大学，2015.

[136] 杨鹏，林祥. 带交易费用的最优投资和比例再保险 [J]. 经济数学，2011，28 (2)：29-33.

[137] 姚定俊，郭文旌，徐林. 带交易费用和指数观察时间间隔的最优分红注资策略 [J]. 应用概率统计，2013 (5)：547-560.

[138] 尹翼凤. 比例和固定交易费用下保险公司的最优融资和分红控制 [D]. 北京：清华大学，2012.

[139] 于孝建，陈曦. 高阶矩风险平价模型能否改善投资绩效：来自中国市场的验证 [J]. 金融发展研究，2018，444 (12)：12-17.

[140] 岳毅蒙. 最小盈余约束下风险模型的最优分红策略 [J]. 甘肃科学学报，2015，27 (2)：19-24.

[141] 张爱丽，刘章，王文元. 带资本注入、交易费和税的经典风险模型的最优联合分红与注资策略 [J]. 应用概率统计，2019，35 (1)：5-31.

[142] 张雪芳，金燕生. 阈值分红策略影响下的最优投资和再保险

[J]. 黑龙江大学自然科学学报, 2019 (5): 536-543.

[143] 张保帅, 姜婷, 周孝华, 等. 投资组合优化的新方法: Mean-CoVaR 模型 [J]. 统计与决策, 2019 (11).

[144] 张卫国, 陈云霞, 杜倩. 基于可变安全第一准则和交易约束的投资组合调整模型 [J]. 系统工程, 2011 (5): 5-10.

[145] 张鹏, 黄梅雨, 彭壁玉. 具有机会约束的多阶段可信性 M-AD 投资组合优化 [J]. 华南师范大学学报 (自然科学版), 2019 (3): 94-102.

[146] 张帅琪, 刘国欣. 复合 Poisson 模型带比例与固定交易费用的最优分红与注资 [J]. 中国科学: 数学, 2012 (8): 72-88.

[147] 章小叶. 保险公司在不完备市场中的最优投资和风险控制策略 [D]. 长沙: 湖南师范大学, 2017.

[148] 郑明川, 吴晓梁. VaR 约束下的投资组合管理 [J]. 技术经济与管理研究, 2003 (6): 34-35.

[149] 周杰. 矩阵分析及应用 [M]. 成都: 四川大学出版社, 2008.

[150] 周杰明. 几类风险模型中的破产问题及最优控制问题研究 [D]. 长沙: 湖南师范大学, 2013.

[151] 周忠宝, 刘湘晖, 肖和录, 等. 基于线性反馈策略的多阶段均值-方差投资组合优化 [J]. 系统科学与数学, 2018 (9): 1018-1035.

[152] 朱淑珍. 金融风险管理 [M]. 2 版. 北京: 北京大学出版社, 2015.

[153] 朱淑珍. 金融风险管理 [M]. 3 版. 北京: 北京大学出版社, 2017.